红色画报
发展研究

（1921—1949）

夏羿 著

人民日报出版社
北 京

图书在版编目（CIP）数据

红色画报发展研究：1921—1949 / 夏羿著 . -- 北
京 : 人民日报出版社 , 2022.6
　ISBN 978-7-5115-7235-6

　Ⅰ . ①红… Ⅱ . ①夏… Ⅲ . ①中国共产党—画报—新
闻事业史— 1921-1949 Ⅳ . ① G219.29

中国版本图书馆 CIP 数据核字 (2022) 第 012296 号

书　　名：**红色画报发展研究（1921—1949）**
　　　　　HONGSEHUABAO FAZHANYANJIU(1921—1949)
作　　者：夏　羿

出 版 人：刘华新
责任编辑：张炜煜　霍佳仪
版式设计：元泰书装

出版发行：**人民日报**出版社
社　　址：北京金台西路 2 号
邮政编码：100733
发行热线：(010) 65369509 65369512 65363531 65363528
邮购热线：(010) 65369530 65363527
编辑热线：(010) 65369514
网　　址：www.peopledailypress.com
经　　销：新华书店
印　　刷：涞水建良印刷有限公司
法律顾问：北京科宇律师事务所 010-83622312

开　　本：710mm×1000mm　　　1/16
字　　数：240 千字
印　　张：17.75
版　　次：2022 年 7 月第 1 版
印　　次：2022 年 7 月第 1 次印刷

书　　号：ISBN 978-7-5115-7235-6
定　　价：58.00 元

摘　要

　　中国共产党画报事业，不仅是报刊史与图像史研究的重要组成，也是宣传史与革命史研究不可或缺的关键环节。革命年代，中共宣传体系逐步完善，新闻舆论动员力由弱变强，探索了适合中国国情的发展道路，这一过程涉及多个部分，本研究便聚焦画报这一重要类型化刊物，考察其发展演变的历史过程。

　　具体而言，全文将中共画报发展归纳为4个阶段：第一阶段为建党前后，图像宣传活动开始出现。立足城市工人阶级和乡村农民协会，各级宣传组织制作了一批以工农为主要宣传对象的画报，积极动员劳动阶级武装革命。第一次国共合作中，共产党人将大众化宣传思想植入组织系统，北伐期间，出版画报进行军事宣传。第二阶段为土地革命时期，它构成了中共画报事业的起步期。除上海等城市中受左翼思潮影响出现的红色画报外，更多面对农村根据地进行宣传。宣传部门进一步推动画报出版，组建了专门化画报宣传组织，号召农民支持中共政权建设、塑造党的革命形象、唤起了农民政治意识。第三阶段为全面抗战时期，中共画报组织渐趋壮大。一批既有图像生产技术又有革命思想基础的宣传人才进入根据地，画报事业迎来新的发展契机，一方面摄影画报在宣传系统中首次出现，另一方面视觉化宣传理念得到系统性阐发。第四阶段为解放战争爆发后，画报宣传组织进一步调整。整体上宣传工作经历了从"农村办报"到"城市办报"的宏观转变，画报宣传体系也在调整中渐趋稳定，主要表现在建立起区域性画报社、尝试运用内刊实践制度化的管理工作等。在此基础上，本书对中国共产党画报宣传事业的历史规律与价值进行总结。

中国共产党的画报事业为革命战争贡献了宣传力量，为1949年后新中国画报宣传体系的形成奠定了基础。研究认为，红色画报的历史发展以革命历程为基础，不断推动画报事业成为宣传系统的一部分，是实践农村宣传道路的重要探索，进而在视觉层面丰富了党的宣传实践。在媒体资源极为稀缺的历史时期，画报影响力并不局限在报刊本身，以摄影、电影为代表的新兴影像媒体建设也与其相关，为我们审视当下的新闻舆论工作提供了有益启发。

关键词：宣传；中国共产党；画报；图像

目　录
CONTENTS

绪　论

近代中国新闻出版业迅猛发展，不仅上海、北京等城市中出现了种类繁多的商业画报，政党也开始运用画报宣传。建党之初的中国共产党便出版了一批工农画报，此后还出现了摄影图片形式的抗战画报，直到 1949 年前各大军区都建成了颇具规模的画报社。基于此，文章尝试在画报出版物、宣传资料等相关史料梳理基础上，详细考察红色画报的发展历程，这一研究亦有其学术脉络。

一、研究缘起

据《中国共产党历史报刊名录》统计，1949 年前中共出版画报 82 种，如此丰富的历史活动并未得到系统整理，一批重要画报文献有待发掘，关于中共画报的宣传研究暂时未能深入。近年来，画报研究在新闻学、影像学等领域获得重视，研究者不仅将画报视为重要历史资料，还希望通过画报解读更为丰富的政治文化议题，为本文提供了良好基础。

首先，红色画报是近代中国画报史研究不可或缺的一部分。虽然早期画报出版较为分散，但在宣传系统中一直获得持续推动，从未间断，更接连涌现出《晋察冀画报》《山东画报》《东北画报》等较有影响力的典型刊物。其次，画报是宣传事业的重要组成。就内容而言，各个时期的画报都有针对性地进行了革命宣传，发挥了对内动员对外抗争的作用；从形式来说，文字与图片分属不同媒介形式，凭借图片的视觉性特征，画报成为报刊宣传中的独特类型；组织层面亦有实质发展，本阶段从事画报宣传的人员众多，出版机构也有几十家。

　　基于此，研究红色画报能为当前宣传研究提供新视角与新价值。所谓"新视角"，指的是此前研究多关注城市商业类画报，忽视了革命画报一翼；所谓"新价值"，一方面指画报出版成本较高，而处于困难时期的宣传系统仍坚持发展画报，其动因为何？考察这一脉络能够深入理解宣传道路中的结构性特征；另一方面，图片宣传强调将复杂、抽象、难懂的文字转换为形象、具体、生动的图片，考察画报的图像符号使用有助于从视觉层面审视形象建构的运作过程。

　　本文指称的中国共产党画报，即在各级党团组织领导下的红色画报，既有相对完善的定期出版物，又有单页、墙报类画报包括军队、政府、群众组织等各出版主体。研究立足画报本体，从整体上考察其事业层面的历史演变。进而，将画报媒体嵌入中共宣传组织与制度体系中加以理解，具体从机构建设、内容生产、人员组成、形象建构等方面展开。

二、文献综述

　　这里将考察范围稍加扩展，在近代画报与宣传研究两个层面综合梳理总结其研究现状。

（一）画报史研究

　　清末以降，近代画报出版从无到有，据彭永祥统计，已知出版画刊近2000种[①]。以《点石斋画报》《良友》为代表的兼具本土性与现代性的画报，内容丰富。当前研究取向有三：第一，以新闻史为出发点，收集、梳理与分析画报历史，总结评价其价值；第二，立足图像之历史研究，强调"左图右

---

① 彭永祥编著：《中国画报画刊（1872—1949）》，北京：中国摄影出版社，2015年，第1页。

史"，运用画报史料对社会生活、大众文化与商业社会等历史现象进行考察；第三，从视觉媒体出发，关注图像引发的传播问题，深入发掘媒介自身特征。

从新闻史出发的研究以阿英、萨空了、胡道静、彭永祥等为代表。 1931年，萨空了发表《五十年来中国画报之三个时期》，将画报分为"石印""铜版""影印凹版"三阶段，评价了《点石斋画报》的开拓性意义，将其定位为画报师祖[①]。胡道静辨析了中国画报起源，他在上海通志馆发现了若干《小孩月报》，据此提出"最早的画报为上海清心书院的《小孩月报》，其次为《瀛寰画报》，第三为清心书院所出的《图画新报》，第四才挨到《点石斋画报》"[②]。由此，画报发展史有了新的历史叙述起点。20世纪80年代，研究者再次将目光聚焦近代画报发展。彭永祥发表《旧中国画报见闻录》，他在文章中列举了清末至1949年以前出现的重要画报名录，"已收集的700多种画报，有的亲眼见过，有的只闻其名目"[③]，这是改革开放后学者首次对近代画报史做出系统性整理。21世纪以来，新闻史研究掀起了一股画报热，在城市与现代化研究背景下，学者们将目光聚焦都市画报，其中吴果中的研究较为系统，她将画报发展新划分为"萌芽（1874—1884）、近代化（1884—1907）、成熟与发展（1907—1937）、挫折与低落（1937—1949）"四阶段[④]。在此基础上，画报史研究有了更为清晰的脉络。

立足图像的历史研究以瓦格纳、陈平原、王尔敏等为代表。 德国汉学家鲁道夫·G.瓦格纳的《进入全球想象图景：上海的〈点石斋画报〉》对汉语学界影响颇大，文章系统收集了《点石斋画报》文献资料，梳理其办刊过程，深入阐释画报建立起的世界图景，他的研究让画报史料广泛地进入史学界。近年来，国内一批学者也对图像史进行深入发掘，又以陈平原的《左

---

① 祝均宙、萧斌如编：《萨空了文集》，上海：上海科学技术文献出版社，2002年，第365页。
② 胡道静：《报坛逸话》，载张静庐：《中国近代出版史料初编》，上海：群联出版社，1953年，第76页。
③ 彭永祥：《旧中国画报见闻录》，《新闻与传播研究》，1980年第3期。
④ 吴果中：《中国近代画报的历史考略》，《新闻与传播研究》，2007年第2期。

图右史与西学东渐：晚清画报研究》影响较大，全书综合选取了不同种类的画报，由此分析图画背后的晚清新文化现象，有较高学术价值。另外，黄克武主编的《画中有话：近代中国的视觉表述与文化构图》一书，收录了图像史研究的高水平成果，其中不乏对画报的关注。书中刊载王尔敏的《〈点石斋画报〉所展现之近代历史脉络》一文，系统总结《点石斋画报》的研究成果，进一步揭示出画报的历史价值。大陆学者中，吴果中的《〈良友〉画报与上海都市文化》影响较大，文章将画报与都市文化相联系，通过画报文本勾连近代中国的都市文化特征，总结了画报的历史价值。此外，研究成果还有，康无为的《画中有话：点石斋画报与大众文化形成之前的历史》、王鹏惠的《"异族"新闻与俗识：〈点石斋画报〉的帝国南方》、柯铃的《隳礼之教：清末画报的妇女图像——以 1900 年后出版的画报为主的讨论》，等等①。立足图像史的画报研究成果丰富，迄今仍是涉及画报的重要研究范式。

　　新范式的画报研究以李欧梵、叶文心等为代表。葛兆光认为，以往研究"常常是看图说话，把图像资料看成文字资料的辅助说明，这样做的结果是图像消失了"②。他所主张的画报研究应当具有图像的本体性特征。此类研究中，较有影响力的有李欧梵的《上海摩登：一种新都市文化在中国》（修订版），文章坦言对上海的研究灵感来源于本雅明的《巴黎，19 世纪的首都》，专门讲碎片与城市文化。书中广为涉及新闻图片、月份牌、广告招贴画等图像文本，研究将《良友》画报（视觉媒体）视为构造上海都市文化的媒介，深入探讨了画报媒介与社会文化的互动关系。与之类似，叶文心在《上

----

　　① 【德】鲁道夫·G.瓦格纳：《进入全球想象图景：上海的〈点石斋画报〉》，《中国学术》，2001 年第 4 期；陈平原：《左图右史与西学东渐：晚清画报研究》，香港：三联书店（香港）有限公司，2008 年；黄克武：《画中有话：近代中国的视觉表述与文化构图》，台北：中央研究院近代史研究所，1992 年；吴果中：《〈良友〉画报与上海都市文化》，长沙：湖南师范大学出版社，2007 年；康无为：《画中有话：点石斋画报与大众文化形成之前的历史》，载《读史偶得：学术演讲三篇》，台北："中央研究院"近代史研究所，1993 年，第 89 页；王鹏惠：《"异族"新闻与俗识：〈点石斋画报〉的帝国南方》，《台湾史研究》，2012 年第 19 卷第 4 期，第 81 页；柯铃：《隳礼之教：清末画报的妇女图像——以 1900 年后出版的画报为主的讨论》，《南开学报》，2013 年第 3 期。
　　② 葛兆光：《思想史研究课堂讲录：视野、角度与方法》，北京：三联书店，2005 年，第 136 页。

海繁华》中也将《良友》画报和上海市民社会的形成联系起来，深入分析了视觉媒体的现代性特征 ①。这类研究在立足画报文本的基础上，综合关注文本内容与视觉媒介自身特点，拓展了画报史研究视野。

　　经过几代学人持续努力，近代画报史研究在不同取向上相互借鉴，上文所举文献只是冰山一角。文章大体将研究脉络叙述为以上三类，但在实际情况中这三类研究往往彼此交叉，本文并非近代画报学术史专论，此处梳理全为本文研究找到恰当的学术径路。

（二）中共画报史研究综述

　　近年来，随着画报研究和党史研究发展，关于中共画报史研究有了较大突破，虽然暂无以"中国共产党画报"为题的专门著述，但相关内容已经出现，一些研究专著和研究文章多有涉及。

　　1. 研究专著

　　较早涉及中共画报研究的专著有《中国摄影发展历程》，作者吴群是新中国画报事业亲历者，曾担任晋察冀画报社社长，1949 年后成为第一批投入中共画报史研究的研究者。全书分为上、下两编，上编为"从鸦片战争后至五四运动时期"，下编为"从中国共产党诞生至新中国成立以后"。书中还梳理了左翼影像工作者的发展情况，归纳根据地与解放区的新闻摄影画页、专集和丛刊，着重介绍了晋察冀画报出版情况。全书大体按照时间顺序，宏观勾勒了中共摄影的发展历程，其中也涉及关于画报的基本内容 ②。

　　顾棣、方伟编撰了《中国解放区摄影史略》③，作者顾棣曾长期从事中共画报资料管理工作，见证了红色画报事业的建设与发展。书中内容不仅涉及解放区摄影事业的创立、发展、繁荣，同时也从摄影创作、出版事业、

---

　　①　【美】李欧梵：《上海摩登：一种新都市文化在中国》（修订版），毛尖译，北京：人民文学出版社，2010 年；叶文心：《上海繁华》，台北：时报文化出版企业股份，2010 年。
　　②　吴群：《中国摄影发展历程》，北京：新华出版社，1986 年。
　　③　顾棣、方伟：《中国解放区摄影史略》，山西：山西人民出版社，1989 年。

队伍建设、资料管理四方面展开具体分析。全书最后还附录了解放区摄影活动大记事，以及解放区摄影工作者名单。由于摄影多以画报为依托，因此本书同样是中共画报研究重要成果。

类似研究还有《中国摄影史（1937—1949）》，作者蒋齐生同样为中共画报事业参与者，1949年后就职于新华社从事摄影工作，这本摄影史大部分以中共画报为主要对象。全书两编，第一编与本文关系较大，详尽整理了延安、华北各根据地、山东地区、苏皖地区摄影活动，重点回顾了《山东画报》《华东画报》《胶东画报》《冀热辽画报》《人民画报》《华北画报》等画报画刊的办刊过程，本书较此前研究更为系统全面①。

近年来，中共画报研究有了进一步发展，顾棣编著的《中国红色摄影史录》，全书120余万字1600余幅插图，是迄今为止中共画报研究中最为系统的著述。全书分为上下两册，包括叙事篇、影像篇、档案篇三部分内容，叙事篇回顾了抗战以来各地画报社发展情况，总结了解放区影像事业的风格及历史意义。更有价值的是，档案篇摘编了顾棣日记，完整呈现1944年至1950年间作者亲历的《晋察冀画报》发展过程，这些内容都为本文提供了难能可贵的历史材料②。

上海图书馆研究员祝均宙，在系统梳理上海图书馆馆藏资料基础上，出版了《图鉴百年文献：晚清民国年间画报源流特点探究》③。全书不仅勾勒了近代画报的整体面貌，还在"黑白对垒的抗日画报和日伪画报"和"抗战胜利后复生中的画报界"两节中，总结了中共画报发展情况。不仅如此，韩丛耀及其研究团队关于"近代中国的影像史"的研究中，完成了10卷本《中国影像史》。其中第6卷、第7卷、第8卷、第10卷，分别介绍了中共画报的发行机构、根据地印刷厂、影像创作队伍、领袖形象、战地记者等，

---

①　蒋齐生：《中国摄影史（1840—1937）》，北京：中国摄影出版社，1998年。
②　顾棣：《中国红色摄影史录》，山西：山西人民出版社，2009年。
③　祝均宙：《图鉴百年文献：晚清民国年间画报源流特点探究》，新北：华艺学术集丛，2012年。

为本文研究提供了支撑①。

2. 专题文章

现有研究性文章主要包括纵向梳理、典型画报个案研究、重要画报人物研究三方面。其中，既有偏史料考证的史实性研究，也有深入辨析画报内容的理论性分析，大体研究状况如下。

（1）纵向梳理方面。马运增发表的《革命根据地和解放区出版的画报》一文，是较早考察中共画报发展历程之研究，文章整理了新中国成立前重要画报画刊 72 份，标明了一部分刊物的收藏地点，提示出整理画报史料的紧迫性②。新闻研究所新闻摄影研究室发表《根据地画报宣传一览》③，文章将中共画报归统于华北、东北、华东 3 个区域加以考察，详细介绍了延安的《抗敌画报》《前线画报》，晋察冀的《抗敌画报》《晋察冀画报》，华中的《大众画报》，山东的《山东画报》，晋冀鲁豫的《战场画报》，晋绥的《人民画报》等。系统性总结来自何扬鸣的《概述中国共产党在建国前创办的画报》，文章整体考察了 1949 年以前中共画报发展脉络，尝试将画报置于整体宣传事业中考量，弥补了此前文章系统性不足的状况④。以上纵向梳理的研究为我们廓清了中共画报史的基本面貌，为接下来的研究打下基础。

（2）个案研究方面。目前，有关中共画报史个案研究集中于《晋察冀画报》和《人民画报》两份刊物，比较重要的有：行龙的《图像历史：以〈晋察冀画报〉为中心的视觉解读》⑤，文章全面回顾晋察冀画报社的创制、演进、流布，细致展现了中共画报的基本面貌，在分析画报文本基础上，探讨政治图像所蕴藏的文化意义，文章结尾处还反思了当下图像研究中"看图说话"

①　韩丛耀、赵迎新主编：《中国影像史》，北京：中国摄影出版社，2015 年。
②　中国摄影家协会创作理论研究部编：《中国摄影史料》（第四辑）（内部资料），北京：中国摄影家协会，1982 年。
③　新闻研究所新闻摄影研究室：《根据地画报宣传一览》，《新闻研究资料》，1983 年第 2 期。
④　何扬鸣：《概述中国共产党在建国前创办的画报》，《新闻大学》，2000 年秋季卷。
⑤　行龙：《图像历史：以〈晋察冀画报〉为中心的视觉解读》，载杨念群主编：《新史学：感觉·图像·叙事》（第一卷），北京：中华书局，2007 年。

的误区，希望借由文化视角开阔画报研究视野；杨健的博士学位论文《政治、宣传与摄影——以〈晋察冀画报〉为中心的考察》①，全文 17 万字，对晋察冀画报社出版的系列刊物进行深入研究。文章立足影像宣传功能，阐释画报视觉动员机制，同时结合现代性视角将《晋察冀画报》置于政治文化的历史脉络中审视。

学界对《人民画报》也给予充分关注。其中，卜新章博士学位论文《〈人民画报〉涉农报道中农民幸福的媒介话语建构研究》②从话语分析的理论视角，系统考察《人民画报》中的农民幸福形象，文章是此类研究议题中较为系统的著述。梁君健的《政治性与艺术性：〈人民画报〉（1950—1966）办刊观念研究》③，通过对画报办刊观念的探析，阐释了图片文本所蕴藏的政治性与艺术性特征，归纳了《人民画报》办刊方针的历史变迁。此类个案研究，较为深入系统地分析了画报价值，其中的问题意识和理论关怀进一步打开了学术视野。

（3）人物研究方面。研究者们集中对中共画报的重要出版人进行考察，其中内容大致包括他们的生平经历、文艺宣传思想、作品艺术价值等。较多涉及吴印咸、沙飞、石少华、罗光达等中共画报事业发展中的核心人物。代表性文章包括：沙飞研究中，蒋齐生撰写的《沙飞和〈晋察冀画报〉》一文，勾勒了沙飞的生平事迹，评析了沙飞作品的历史价值，将其定位为"人民革命摄影事业的开拓者"④。《中国摄影家杂志》发表系列文论，包括《思索沙飞》《沙飞自述》《寻找父亲沙飞》《她使沙飞重生》等，文章涉及两方面内容：第一，沙飞的人生经历；第二，沙飞的摄影创作及其思想。在此基础

---

① 杨健：《政治、宣传与摄影——以〈晋察冀画报〉为中心的考察》，复旦大学博士学位论文，2014 年。
② 卜新章：《〈人民画报〉涉农报道中农民幸福的媒介话语建构研究》，南京师范大学博士学位论文，2017 年。
③ 梁君健：《政治性与艺术性：〈人民画报〉（1950—1966）办刊观念研究》，《国际新闻界》，2012 年第 8 期。
④ 蒋齐生：《沙飞和〈晋察冀画报〉》，《中国记者》，1992 年第 4 期。

上，文章对沙飞的历史贡献给予高度评价，明确了他对中共宣传事业做出的贡献①。值得注意的是，中山大学传播与设计学院在 2006 年成立"沙飞影像研究中心"，现已组织"战争、苦难、知识分子与视觉记忆（2008）"和"中国战争年代摄影体制的建立与意义（2010）"两届学术研讨会。会议集中了当下图像学研究众多学者，考察视野也从沙飞个人延伸至视觉政治领域。包括安哥的《走进沙飞的影像历程》、陈卫星的《历史的视觉与视觉的历史——关于沙飞的摄影作品》、何咏思的《摄影师沙飞 20 世纪 30 年代的政治题材照》、李公明的《战地摄影与中国革命话语的建构》等②。《沙飞：在祖国的天空中自由飞舞的一颗沙粒》一文将沙飞、邓拓、萧军等一批左翼文化工作者进行类比，提出彼时中共有一批文化人经历了从"个体左翼"向"组织化左翼"的转变，认为在一系列整风运动中，沙飞曾在国民党机构工作的历史背景给其造成重大精神负担③。文章还将沙飞命运与性格特征勾连，高度评价了沙飞影像的历史价值，展示了历史人物与时代相遇的复杂面向。

吴印咸研究中，倪震的《吴印咸——中国革命影像史的杰出工作者》较为全面地勾勒了吴印咸生平事迹，深入总结革命影像历史价值。另外，张益福的文章《吴印咸的教育思想》还从教育角度出发，提炼了吴印咸教育实践及其艺术思想。较有影响力的研究还包括，李少白的《论吴印咸艺术道路及其电影摄影》及其专著《背着摄影机走向延安——吴印咸传》④，文章在革命史脉络中高度肯定了吴印咸的历史功绩。

石少华研究中，杨慧林的《重读石少华晚年的几篇摄影理论文章》较

---

① 参见《中国摄影家杂志》沙飞系列专版，2015 年第 1 期。
② 会议文集：《战争、苦难、知识分子与视觉记忆》，广州：中山大学沙飞影像研究中心，2008 年。
③ 高华：《沙飞：在祖国的天空中自由飞舞的一颗沙粒》，载《革命年代》，广州：广东人民出版社，2010 年，第 221 页。
④ 参见倪震：《吴印咸——中国革命影像史的杰出作者》，《当代电影》，1996 年第 1 期；张益福：《吴印咸的教育思想》，《当代电影》，1996 年第 1 期；李少白：《论吴印咸艺术道路及其电影摄影》，《当代电影》，2005 年第 6 期；李少白：《背着摄影机走向延安——吴印咸传》，北京：中国电影出版社，2008 年。

为深入，通过考察石少华摄影理论文章，凝练了石少华的新闻摄影观念。文章还在文艺发展整体语境中，深入总结了石少华在摄影理论方面的贡献。与之类似，鲍昆的《石少华印象》详细梳理了石少华的人生轨迹，总结了石少华的新闻摄影思想，评价了石少华在影像宣传方面的贡献。康妮的《中国国家博物馆藏石少华摄影作品研究》则更多聚焦于文本，通过对石少华文稿进行分析，总结了地道战、地雷战、雁翎队等经典作品的拍摄方式，探究了图像宣传的建构性能力①。

罗光达研究中，孙慨的《罗光达的摄影及其新闻摄影观》具有代表性，文章系统梳理了罗光达的记者生涯，勾勒了他在晋察冀画报社、冀热辽画报社、东北画报社的工作经历，总结了罗光达的摄影创作观念。文章还专门对《新闻摄影常识》一书深入辨析，提炼罗光达对新闻摄影的美学认知②。此外，涉及中共画报工作者的研究还有不少，但大多被埋没在各种相关论述中，此处不再强调。

总体而言，现阶段的中共画报史研究具有以下两方面趋势：第一，中共画报研究主体越发清晰，逐步摆脱了"摄影""图片""绘画"研究的附属地位，研究者们致力通过画报自身特征阐释其历史价值；第二，研究由浅入深，出现了一些较有影响力且理论性较强的成果，学者们立足文本，从视觉动员、媒介建构等方面更为深入地考察画报史。以上研究为本文提供了支撑，在广泛借鉴前人研究成果的基础上力求有所补充。

---

① 参见杨慧林：《重读石少华晚年的几篇摄影理论文章》，《中国摄影家》，2008年第6期；鲍昆：《石少华印象》，《中国摄影家》，2008年第6期；康妮：《中国国家博物馆藏石少华摄影作品研究》，《中国国家博物馆馆刊》，2014年第11期。
② 孙慨：《罗光达的摄影及其新闻摄影观》，《中国摄影家》，2009年第4期。

三、核心史料

本文着重围绕中共画报出版物，结合出版史资料、新闻史资料、文艺史资料，以及回忆录、影集等有关史料，归统整理涉及红色画报发展的基本材料。

（一）画报出版物

文章力所能及地收集整理了一批中共画报出版物，主要包括：建党初期《友世画报》《工人画报》《农民画报》《三师画报》等，土地革命时期《红星画报》《春耕运动画报》《选举运动画报》《少共国际师画报》《红五月画报》《纪念八一画报》《三八画报》《互济画报》等，抗战时期《前线画报》《晋察冀画报》（系列）、《山东画报》《胶东画报》等，解放战争时期《东北画报》《华北画报》《华东画报》等。这些画报出版物为本文提供了史料基础。

（二）出版史资料

近代出版史资料种类众多，涉及中共画报的内容分散在不同时期的编撰中。苏区时期有《中央革命根据地新闻出版史》《中央苏区新闻出版印刷发行史》《中国共产党江西出版史》《红色记忆：中央苏区报刊图史》《江西苏区报刊研究》《川陕苏区报刊资料选编》《红色号角——川陕苏区新闻出版印刷发行工作》等。抗战胜利前后有《延安时代新文化出版史》《万众瞩目清凉山——延安时期新闻出版文史资料》（第一辑）、《延安出版业研究（1937—1947）》《山西革命根据地出版史》《中国共产党晋察冀边区出版史》《中国共产党晋察冀边区出版史资料选编》《晋察冀抗日根据地新闻出版史研究》《晋察冀抗日根据地书报传播史略》《晋绥边区出版史》《晋冀鲁豫边区出版史》《冀东书报刊史料》《太行太岳根据地报刊》《冀中报刊史》《华中解放区出版事业》等。另外，一些地方性出版资料也提及了画报内容，例如，《山东出版志资料》刊登了《战火中诞生的胶东画报社》（第一辑）、《忆渤海画报社》（第一辑）、《山东根据地画报出版》（第三辑）、《抗日战争时期的山东画报》（第三辑）、《胶东画报》（第八辑）、《平原画报》（第八辑）等文章 ①。

（三）新闻史资料

通史方面，方汉奇先生主编的《中国新闻事业编年史》汇集新闻史研究领域众多权威学者，书中有关画报发展论述主要由马运增撰稿，包括《新闻摄影图片在报刊上的出现》《摄影、图片、漫画宣传的改进与发展》《新闻摄影与图片》《新闻电影和新闻摄影》《新闻摄影和图片宣传》等几篇文章 ②。政策汇编方面，社会科学院新闻研究所编的《中国共产党新闻工作文件汇编》，刊载了中共新闻宣传的重要决议、规定、指示等，是研究宣传事业的基本史料。还有《中国共产党新闻工作文件汇编》，全书 350 万字，内容不止于政策文件，还收录了陈独秀、李大钊、蔡和森、毛泽东、恽代英等中共报刊活动家的言论文章，是了解宣传事业的重要资料。以上两部政策汇编中包括图片宣传内容。军队报刊研究方面，黄河、张之华编著的《中国人民军队报刊史》，以中共军队报刊为重点，考察了人民军队画报发展的基本面貌。由于战时画报基本在军区政治部领导下工作，因此军队画报事实上也是中共画报主体。党报史方面，李永璞的《中国共产党历史报刊名录》、钱承军的《建国前中国共产党报刊研究》、王晓岚的《中国共产党报刊发行史》、严帆的《万里播火者——红军长征岁月的新闻宣传》分别刊登了中共画报出版名录。思想史方面，郑保卫主编的《中国共产党新闻思想史》一书，全面梳理了中共各时期的新闻宣传思想，归纳总结了中共新闻思想的形成

---

① 山东省出版总社出版志编辑部：《山东出版志》，济南：山东省出版总社出版志编辑部，1986 年。
② 参见方汉奇主编：《中国新闻事业通史》（第一卷），北京：人民大学出版社，1996 年。

背景、发展特点、理论价值、实践意义等，这些新闻思想同样影响到画报。

（四）文艺史资料

画报被视为文艺刊物的重要组成。《中国人民解放军文艺史料选编》是中共文艺史料的全面总结，全书包括红军时期（上、下册）、抗日战争时期（共四册）、解放战争时期（上、下册）三部分。内容囊括部队文艺发展、军队文艺政策、文艺工作内容、文艺工作者回忆等。与本文有关的是，延安电影团、宣传队、毛泽东文艺方针、文艺刊物、解放区的摄影画报事业、晋察冀摄影等部分①。延安文艺资料中，吴本立主编的《延安文艺丛书》（16册）较为重要，内容涉及延安文艺各方面，包括歌剧、秧歌剧、民间文艺、散文等。在电影、摄影卷及美术卷、文艺理论卷、史料卷中，画报同样被视为重要对象。另外，艾克恩所著《延安文艺史》，第8章也提到了红色画报内容②。晋察冀文艺资料中，王剑青、冯健男主编的《晋察冀文艺史》系统覆盖了晋察冀边区文艺建设、诗歌创作、剧社与剧运、戏剧、音乐创作、曲艺等方面情况。其中第9章美术创作专题，论及和画报有关的木刻、漫画、连环画、宣传画情况。第10章摄影与电影专题，关注了晋察冀摄影事业开端、画报人物介绍、采编队伍建设等③。晋冀鲁豫文艺资料中，《晋冀鲁豫边区文艺史》以晋冀鲁豫根据地为考察范围，对本地区文艺情况加以勾勒，与本文有关的是《美术画刊与冀鲁豫画报》一文。东北地区的文艺史料中，张连俊等编著了《东北三省革命文化史（1919—1949）》，其中第3编第2

① 中国人民解放军文艺史料编辑部：《中国人民解放军文艺史料选编》，北京：解放军出版社，1989年。
② 吴本立、钱筱璋主编：《延安文艺丛书》（电影、摄影卷），长沙：湖南文艺出版社，1987年；吴本立、钱筱璋主编：《延安文艺丛书》（文艺理论卷），长沙：湖南文艺出版社，1987年；艾克恩主编：《延安文艺史》（上、下册），石家庄：河北教育出版社，2009年。
③ 王剑青、冯健男主编：《晋察冀文艺史》，北京：中国文联出版社，1989年。

章梳理了《东北画报》摄影内容，补充东北地区画报发展的相关资料①。

（五）回忆录、影集

回忆录方面，《中国战地摄影师访谈（1937—1949）》作为中共"口述影像"历史工程一部分，访谈几乎囊括了所有在世战地摄影师，这些摄影记者就职于各地宣传部门与画报社，此书是目前为数不多的以图片工作者为主体的回忆性文献②。此外，《新闻摄影实践百例》集成百余位摄影家所写的新闻摄影经验总结，既有在新闻摄影战线上辛勤工作的摄影记者，也有在抗日战争和解放战争中成长起来的摄影工作者③，他们中有不少来自画报社。田涌、田武的《晋察冀画报——中国红色战地摄影纪实》整理了晋察冀画报社成员的访谈资料，包括顾棣、顾瑞兰、白连生等亲历者。不仅如此，根据地回忆性资料也涉及画报，晋察冀文艺研究组编著的《文艺战士话当年》，第1、10、14辑分别刊登了晋察冀画报社成员的回忆文章④。以上回忆录增加了画报亲历者视角。

与画报有关的图片集相继出版，这些图像很好地补充了画报文本资料。摄影集方面，辽宁美术出版社出版的《老战士摄影》，集结了土地革命至解放战争期间的优秀作品，包括苏静、吕正操、沙飞、罗光达、郑景康、吴印咸、徐肖冰、张爱萍、齐观山、石少华等人拍摄的经典图片报道⑤。类似影集还有《革命战争摄影作品选集》《中国人民解放军历史资料图集》，两套作品集重点叙述了革命发展历程，其中部分内容来自《东北画报》《华北

---

① 晋冀鲁豫边区革命文化史料征集协作组：《晋冀鲁豫边区文艺史》，济南：山东文化音像出版社，1999年；张连俊、关大欣、王淑岩编著：《东北三省革命文化史（1919—1949）》，哈尔滨：黑龙江人民出版社，2003年。
② 高琴主编：《中国战地摄影师访谈（1937—1949）》，北京：中国摄影出版社，2009年。
③ 中国社会科学院新闻研究所编：《新闻摄影实践百例》，北京：长城出版社，1984年。
④ 田涌、田武著：《晋察冀画报——中国红色战地摄影纪实》，北京：金城出版社，2012年；解放军画报社：《与人民军队在一起前进·〈解放军画报〉创刊50周年纪念文集》，北京：长城出版社，2001年；晋察冀文艺研究会编：《文艺战士话当年》，北京：晋察冀文艺研究会，1986年。
⑤ 辽宁美术出版社：《老战士摄影》，沈阳：辽宁美术出版社，1983年。

画报》《华中画报》^①。另外,一些个人影集、画册也对本文有所补充,例如,靳福堂编辑的《罗光达摄影作品·论文选集》,此选集不仅呈现了罗光达在画报社工作期间的作品,还结合图片刊登了罗光达对摄影报道的理论性总结。木刻集方面,木刻与画报联系紧密,不少木刻也是画报主要内容来源。《边区根据地木刻》《抗战八年木刻选》编辑了古元、江丰等著名木刻家的经典作品。1949 年后,木刻整理工作较为系统,与画报关系较大的有中国木刻协会编印的《中国版画集》,邹雅、李平凡编的《解放区木刻》,中国美术馆编辑出版的《抗战八年木刻作品集》,江苏人民出版社的《江苏解放区画选(1940—1949)》等^②。这些木刻集内容全面,是了解中共画报及图像宣传的重要资料。漫画方面,与本文关系密切的漫画集有《红色印迹——赣南苏区标语漫画选》《红色画典:〈红色中华〉漫画通览》《红军漫画》等^③。这 3 份漫画集系统整理了土地革命时期的漫画宣传资料,又以《红色中华》和《红星报》较为经典,其中不少漫画为根据地《红星画报》所运用。

通过以上史料总结能够看出,前人为中共画报的史料收集做出了开创性贡献,取得了一批重要成果是为本文必要支撑。客观来说,现有的资料整理工作也存在一些不足。其一,系统性有所欠缺。目前,中共画报史料主题分散,缺乏更为全面的整理。其二,更多画报文本有待挖掘。画报在极其艰难的条件下起步,因数量与质量限制,保存困难以致长期被人忽略。其三,系统分析有待强化。目前,部分资料实际倾向于新闻报道,注重历史趣味与掌故回忆,学理性有所欠缺。

---

① 编辑小组:《革命战争摄影作品选集》,北京:人民美术出版社,1974 年;编辑部:《中国人民解放军历史资料图集》,北京:长城出版社,2002 年。

② 鲁迅艺术学院木刻工作团:《边区根据地木刻》,1945 年;本社编:《抗战八年木刻选》,上海:开明书店,1946 年;中国木刻协会:《中国版画集》,上海:上海晨光出版公司,1950 年;邹雅、李平凡编:《解放区木刻》,北京:人民美术出版社,1962 年;中国美术馆编,冯远主编:《抗战八年木刻作品集》,桂林:广西美术出版社,2005 年;江苏人民出版社编辑:《江苏解放区画选(1940—1949)》,南京:江苏人民出版社,1962 年。

③ 夏之明、邹征华主编:《红色印迹——赣南苏区标语漫画选》,北京:文物出版社,2006 年;阳振乐编著:《红色画典:〈红色中华〉漫画通览》,北京:中共党史出版社,2015 年;张洋主编:《红军漫画》,北京:解放军出版社,2009 年。

四、研究问题、思路与方法

本文研究问题与思路围绕两方面：一方面，中国共产党画报的历史演变呈现了怎样的面貌；另一方面，基于画报视觉传播特点，"观看"在宣传活动中体现出何种特殊性。质言之，在梳理画报史实基础上，力求呈现画报之于革命宣传的共性与特性，将画报放置于革命整体语境中加以分析。

（一）研究问题

文章以民国时期中共画报历史进程为主线，以时间为框架结构，每章叙述中重点考察三方面问题：第一，画报发展的总体状态及其成因；第二，画报事业的制度建设与变化；第三，各时期画报工作的重心及功能。具体而言，涉及以下问题。

（1）为何要发展画报？中国共产党在极为困难的条件下，仍不断推动消耗较大的画报出版。深入辨析其中缘由，能够将画报与宣传事业勾连起来，进而管窥中共革命道路演变。本文在每章开头部分，对此做出相应分析。

（2）画报发展呈现了怎样的面貌？虽然现有研究不乏对画报的具体探讨，但迄今为止其演进仍未被清晰呈现。这个问题构成了本文叙述主线，正文4章，分别围绕画报发展4个阶段。具体涉及制度建设、人员组成、工作重点等，以上方面在每章中都安排了特定板块加以阐释，并在结语部分总结。

（3）画报有何价值与影响？文章最后更为关注从画报出发能够收获哪些历史启示，即画报对中共宣传事业的贡献、对此后画报体系运行、对政治图像文化氛围形成，以及如何定位中共画报历史地位问题。此内容在本文最后一章以及结语部分将有所呈现。

（二）研究思路

本文以中国共产党革命发展史为脉络，在建党初期、土地革命战争、抗日战争、解放战争四个历史阶段基础上时序性展开叙述。当然，历史发展并非割裂存在，以上时段划分只是一种叙述方式，具体到画报亦考虑其连续性与独特性。就连续性而言，写作中各个时段并非绝对封闭，而是一种总体趋势的相对把握。因此，文章将这些具体时间划分，处理为较有弹性的时期。就独特性而言，各阶段画报发展有其自身特征，延安整风、文艺座谈会、党报改革、创办大党报等重大历史实践，都对画报产生了不同程度的影响。本文在遵循历史整体发展的基础上，注意结合画报自身的发展特点，力求共性与特性协调。由于本阶段的画报发展对1949年后的画报宣传体系建设起到了关键作用，结尾处也将视野稍微拉长。

（三）研究方法

历史研究强调，"先以科学方法决定历史之事实，再用科学方法以编比"[①]。作为报刊史研究的一部分，本文采用史料分析为主的史学方法，即通过收集画报资料，进行比较、归纳、综合的文献分析法。力求"充分地占有第一手资料，并对它进行由表及里、由此及彼、去伪存真、去芜存菁的分析，从而得出正确的符合实际的结论"[②]，同时"恰如其分地解读史料，适得其所地呈现史事，显现前人本意和史事的相互联系"[③]。

由于本文广泛涉及图画，因此在立足史学方法基础上，还充分借鉴了文本分析方法，对符号意义进行解读。作为特定媒体类型，画报很大程度上被视为文艺刊物，充分关注修辞策略、叙事结构等方面的符号学分析，深化对图像的理解。具体操作上，立足"深层的意识形态，将作品放到生产文

---

① 何炳松：《通史新义》，上海：商务印书馆，1933年，第1页。
② 方汉奇主编：《中国新闻事业通史》（第1卷），北京：中国人民大学出版社，1996年，第3页。
③ 桑兵：《治学的门径与取法》，北京：社会科学文献出版社，2014年，第6页。

本的历史语境中考察"①，这样的方法也被研究者运用到视觉文本解读中。图片不仅是"图像证史"般的文献考史，还蕴藏着文本的建构性特征，米歇尔在《图像学：形象、文本、意识形态》一书中总结道："一是就形象之讨论，二是形象之所说。"②画报图像蕴含了不少符号传播问题，关于符号学的解读思路，对本文同样具有借鉴作用。无论是斯图亚特·霍尔所称的"表征系统"，还是威廉姆森认为的"指涉系统"，抑或罗兰·巴特的"神话""迷思"等，这些理解图像的方法很大程度上都遵循了符号学解读路径，关注焦点集中在意义生产上。简单而言，符号学分析能够在呈现画报整体面貌基础上，深入解读媒体如何"建构个体成为文化成员的过程"③。文章以史料分析的史学方法为知识谱系，立足文献分析法，同时汲取文本分析与符号学分析，力求细致而深入地解读画报。

五、研究主要创新及不足

本文尝试系统梳理 1921 年至 1949 年间的红色画报演进，与以往研究相比，创新之处主要体现在以下三方面。

第一，研究内容方面。本文将中共画报发展史作为研究主体，一则丰富了近代中国画报研究面貌，二则补充了宣传研究中对视觉化媒介关注的不足。

第二，研究取向方面。相较对都市画报的集中考察，转而将中共领导下的农村画报作为新研究方向。不仅提示出商业类画报与政党画报的功能差异，更关注了革命背景、宣传道路、传播空间、技术条件等宣传因素与

---

① 贺桂梅：《"再解读"：文本分析和历史解构》，《海南师范大学学报》（社会科学版），2001 年第 1 期。

② 【美】W.J.T. 米歇尔：《图像学：形象、文本、意识形态》，陈永国译，北京：北京大学出版社，2012 年，第 2 页。

③ 【美】约翰·费斯克：《传播符号学理论》，张锦华译，台北：远流出版社，1995 年，第 25 页。

类型化报刊之互动。

第三，研究资料文献方面。文章努力向史料靠拢，尽可能地收集整理画报资料。一些封存于图书馆、博物馆的原始报刊得到发掘，廓清了历史基本面貌。

在完成选题过程中，不足也体现得较为明显：在史料收集全面性上有待增强，理论阐释的深度上有待强化，这都需要在后续研究中进一步努力深化。

第一章

建党前后中共画报活动的出现

20世纪20年代，中国共产党渐趋发展为近代中国最具号召力的政治力量，建党之初便十分重视宣传工作，在尝试走大众化宣传道路过程中，出现了种类多样的出版物，画报也在其列。第一次国共合作期间，中共将立足工农的宣传经验注入国民党文宣系统，发展出一批以工农为主要宣传对象的画报。北伐期间，国共两党合作出版画报，为军事行动提供了宣传支持。

本章重点关注建党前后中共画报发展过程。历史地看，这一时期独立且连续画报出版物较少，但商业画报与党的其它文字报刊中已经涌现出不少图像宣传文本，为画报事业的萌芽积累了必不可少的实践经验。

第一节　图像在报界的繁荣

晚清民国时期，报刊进入寻常百姓家，在现代印刷资本推动下，各大报刊加大了图片使用频率，画报也随之涌现。以上海为代表的都市中，甚至形成了颇具影响力的读图氛围，视觉阅读成为更受读者青睐的信息获取方式。与此同时，图片也广泛运用于政治表达中，政党将其纳入自己的宣传视野，革命党人最先尝试出版政党画报。就中共中央所在地上海来说，这样的报业环境为红色画报的出现提供了基础。

一种类型化刊物的突然出现，不能忽视其背后社会文化的推动力量。宣传组织希望通过更符合市民群体阅读趣味的方式来呼喊革命，报刊图像提供了可能的实践方式。进而，宣传工作充分重视画报，深入阐释了图像技术中的视觉化、艺术化传播特征，认为其有比文字报刊更强的大众化宣传效果。

一、图像在报刊中的广泛运用

图像在报刊中的运用是一个不断发展的过程，其中技术与市场是两股关键力量。早在 1878 年，《申报》就颇为得意地介绍了自己先进的图像印刷能力："本馆近从外洋购取照印字画新式机器一付于点石斋中。凡字之波折，画之皴染，皆与原本不爽毫厘。"[①]1879 年，美查在《点石斋丛画》中谈到图像印刷的逼真效果："观画之术，唯逼真而已。得真之全者，绝也，得多者，上也。循览斯谱，可谓逼真。"[②] 几乎同时，同文书局、蜚英馆、鸿文书局等一批能够印刷精致图片的书局纷纷出现，出版地点也从上海逐渐向苏州、南京等内陆地区扩散。以《点石斋画报》为代表的一批早期画报，已有能力刊登颇具时效性的新闻图片，一些启蒙观念也通过画报被大众获知[③]。

20 世纪初，机械复制的摄影照片开始刊印在报刊上，据方汉奇先生考证，"国内报刊中最先刊有新闻照片的是 1904 年在上海出版的《日俄战纪》，国内日报刊用的新闻照片，1906 年南昌知县江召棠被法国教之安杀害"[④]。此后出版技术不断发展，《新闻报》购进了波特式印刷机，1916 年又购置了三层、四层轮转印刷机，报刊印刷图像能力大大加强。《申报》对图片的使用率也逐步提高，据统计 1900 年以前（除广告）的图片平均每年出现 1 次，1910 年后每季度有 1 幅图片，1920 年后每周都能看见新闻图片。20 世纪 20 年代后，印刷技术已经能够支撑起日报对图像的需求。技术革新推动了

---

① 《本馆启事》，《申报》，1878 年 12 月 7 日。
② 尊闻阁主人：《点石斋丛画》，上海：点石斋印书局，1886 年。
③ 关于早期画报研究，学者们普遍关注了画报中蕴藏的现代性因素。参见李孝悌《走向世界，还是拥抱乡野——观看〈点石斋画报〉的不同视野》，载刘东主编：《中国学术》，北京：商务印书馆，2002 年第 3 辑。
④ 方汉奇：《我国早期报刊上的新闻照片》，《新闻业务》，1962 年第 11 期。

图像在报刊中的发展。

除了印刷技术，市场也是图画繁荣的关键因素。就中共中央所在地上海来说，几家商业大报争夺阅读市场，图画成为它们吸引读者的重要手段。例如，《时报》进行了卓有成效的都市化改革，提高图片比例是其重要变革方向，报社聘请了著名摄影家郎静山为记者，戈公振编辑的《图画周刊》被称为"为报界开一纪元"[①]。不仅如此，以消闲性和娱乐性见长的小报，也在市民群体中广受欢迎，为了吸引眼球，各色图片漫画不时出现，各种摩登形象被直接呈现出来。

在技术和市场的共同促进下，以图片为主的画报出版业发展迅速。据不完全统计，20世纪二三十年代仅上海出现的画报就不下百种。此时的画报已经能够使用铜版印刷技术，以道林纸精印，活体字排版。上海"掀起一股画报热，一时间铜版画报风起云涌"[②]，周瘦鹃言及《上海画报》时说："《上海画报》奋然崛起，如春雷之乍发，如奇葩之初胎，吾人惊魂稍定，耳目为之一新，倚虹之毅力，有足多者。"[③]包天笑同样表示："《上海画报》融汇了《图画时报》的新闻时事和《晶报》的文人小品，并二美为一，故不踵而走，成为一时风雨。"[④]这批画报凭借图片视觉传播的优势受到时人瞩目。

随着报刊对图片需求量的上升，围绕图片开展的社会活动越来越多。摄影团体开始同各大报开展合作，《时报·图画周刊》就和黑白影社建立了稳定的发稿渠道。一方面，摄影团体向报刊提供图片素材，会员获得作品展示平台；另一方面，报刊通过刊登高品质图片来吸引读者。与此同时，照相馆大批量承接报刊摄影业务，北京、上海、南京等地涌现出不少著名照相馆，包括中华、宝记、星星、王开等。这些照相馆一定程度上成为本地报刊的兼职摄影队，据《上海商业名录》记载，1920年以前上海照相馆已经

①　刘凌沧：《中国画报之回顾》，载《北洋画报》，1933年1月31日。
②　方汉奇：《中国新闻事业通史》（第2卷），北京：中国人民大学出版社，2000年，第255页。
③　周瘦鹃：《去年今日》，《上海画报》，1916年6月6日。
④　包天笑：《画报的文字》，《上海画报》，1925年9月21日。

达到 39 家，遍布城市各个区域，对新闻采集十分有利。从中能够看出图片影响力逐渐增强，并广泛参与到报业活动中。一批被称为"纸媒贵族"的画报批量出现。阅读画报甚至成为时人文化品位的象征。按郑建丽的观点，"图像逐渐摆脱叙事中文字的附属地位，取代文字成为图像新闻报道中主导媒介形式，获得了形式上的独立"①。

画报的广泛兴起对本文有两方面直接影响：一则，画报丰富原有报刊系统的同时，提高了图片生产在报业活动中的地位，画报及其图片工作者得到了业界重视；二则，画报中的图片营造了读图的社会氛围，培养了人们获取视觉感知的需求。为此后画报在政党宣传中的使用提供土壤。

二、政治图片受到报刊青睐

风起云涌的革命浪潮始终是 20 世纪上半叶中国社会主流话语，即便是娱乐内容也多少蕴含着政治因素。随着时局变化，图片对政治的表达能力受到青睐。

报刊图片对政治关照由来已久，"为了达到一定的政治目的，政论报人往往将这些栏目和内容加以工具性利用"②。清末留日学生报刊曾出现过用"写真""插画"来表达政治的案例。例如，《江苏》《云南》《夏声》《四川》等留日学生报刊不时刊登家乡的风物画，而这些风景图画寄托了留学生们对民族国家的想象。图片成为青年学生们表达革命的可见载体。图画还借鉴传统诗画，以"题词明志"形式，明确参与政治议题讨论。1907 年，《民报》刊登《猎胡图》《徐中山王莫愁湖泛舟图》，章太炎题词"以厉士卒，待后贤"③，以激发抗争精神。

---

① 郑建丽：《晚清画报的图像新闻学研究：以〈点石斋画报〉为中心（1884—1912）》，桂林：广西师范大学出版社，2015 年，第 336 页。
② 唐海江：《清末政论报刊与民众动员》，北京：清华大学出版社，2007 年，第 345 页。
③ 中国史学会编：《中国近代史资料丛刊》，上海：上海人民出版社，1957 年，第 284 页。

政治人物运用图片传递政治信号，袁世凯就曾利用照片麻痹政治对手。1911 年，《东方杂志》刊登了《渔舟写真》，图画中袁世凯一身渔翁装，安然坐于船尾，彰显其退出政坛不问世事的休闲状态。同一期还有一篇《纪广州乱世》报道，记载了革命党人发动黄花岗起义的过程。整篇报道图文结合，呈现"乱世之先声""督署之轰击""省外余党之起事""乱世之余波""肃清后之奖励"等内容，全文 8 张照片，半数拍摄革命党被捕时情形，通过照片表达了对时局的不满："正本清源之道，固在政府之整理政务以慰民望，发达经济以厚民生，而尤以采舆论以达民隐，去压制以洽民情为急，使四百州以内不复再有此惨杀之事，则记者之所望也。"① 不难看出，晚清时期图片已被运用于政治表达中。

孙中山等革命党人出版画报进行革命宣传。《时事画报》《平民画报》《广州时事画报》《真相画报》这 4 份画报前赴后继鼓动革命，开创了专门运用画报进行革命宣传的先河。《广州时事画报》号召人们进行革命活动："本报发刊于庚戌九月，为内地第一革命机关日报，以提倡大举暗杀为目的，发挥人道大同为宗旨。"② 革命党画家陈树人提出，利用画报进行宣传，"革命思潮起，波澜要助推。我遂走香江，笔政初主持。大义助攘胡，文字力鼓吹"③。

1912 年《真相画报》出版，以"监督共和政治，调查民生状态，奖进社会主义，输入世界知识"为办报宗旨④。强调针砭时弊，"本报执笔人皆民国成立曾与组织之人，今以秘密党之资格，转而秉在野党之笔政"⑤。就内容统计，各期画报中刺杀行动报道接近一半，包括张振武、方维之死（第 8 期），史坚如谋炸两广巡抚德寿（第 11 期），李沛基暗杀凤山（第 12 期），宋教仁被刺（第 14～17 期）⑥。画报紧扣"真相"意涵，既表达揭露社会黑暗的中心主旨，也彰显摄影图片对"真相"的证明。时人理解中，图片分为两类，"一

① 《纪广州乱世》，《东方杂志》，1911 年第 8 卷第 4 号。
② 潘达微：《平民报之历史》，《广州时事画报》，1912 年第 1 卷。
③ 陈树人：《寄怀高剑父一百韵》，载《战尘集》，上海：商务印书馆，1946，第 41 页。
④ 怀霜：《真相画报序》，《真相画报》，1912 年第 1 期。
⑤ 《真相画报创刊之缘起》，《真相画报》，1912 年第 1 期。
⑥ 《真相画报》，1912 年第 8、11、12、14、17 期。

类是复写的，二类是非复写的"①，画报在内容上确实极力运用图片复刻能力，革命党人牺牲场景皆不加修饰，死伤现场非常惨烈，证明了革命事迹的确实可信。在革命党看来，《真相画报》之类画报还是办得太少。

图画与政治已经形成了紧密的联系，戈公振对报刊图画的理解更为深入：

> 光复之际，民军与官军激战，照片时见于报端。图画在报纸上地位之重要，至此始露其端。近则规模较大之报馆，均已设有铜版部，图画常能与有关之新闻同时披露，已于时间上争先后，乃可喜之现象也。②

在戈公振的叙述中，能够得到三点印证：其一，彼时的大报对图画非常重视，设有专门处理图片的部门；其二，图画和新闻广泛联系，时效性上有了一定的保证；其三，时事照片兴起不仅于形式上的趣味，更和图片承载政治内容相关。或可理解，图画真正风靡，来自时人对政治的关心，这充分反映出图画传播政治内容的优势。虽然此时并未出现中共画报，但此后历史发展表明，共产党对画报的理解与运用有其相似性：两党都将画报视为鼓吹革命的武器，图片对"真相"的再现能力得到了充分重视。

就中共画报事业的发展来说，陈独秀、李大钊、瞿秋白、蔡和森等一批早期革命者，虽未直接出版画报，但这批深谙报刊行业发展规律的先行者，都在这股读图潮流中投身党的宣传事业。无论是画报业在城市中的广泛兴起，还是革命党对画报宣传的运用，都不可能不进入他们的视野，这为此后发展红色画报提供了基础。

---

① 刘半农：《半农谈影》，上海：开明书店，1927年，第11页。
② 戈公振：《中国报学史》，北京：中国新闻出版社，1985年，第202页。

第二节　走大众化宣传道路，初步尝试画报宣传

建党初期，党的各项事业都处在探索阶段，为了广泛动员普通群众，宣传逐渐走出了一条大众化道路。之所以重视大众化，就是希望让革命理念被广大民众理解，其中理论阐释和宣传社会运动具有统一性。《新青年》《共产党》《先驱》等早期报刊，皆以传播马克思主义理论为主旨。《向导》出现后，开始围绕社会焦点问题鼓动风潮，但读者仍以青年知识分子为主，在内容上无外乎"思想的激荡"，主义的最大读者是那些"有些知识而又没有充分知识"的普通知识分子[①]。就有读者这样评价《向导》："我们苦人不但看不懂也买不起，你们的文字太深了，你们那些'列宁''马克思''封建''军阀'我们确实看不懂，这是一个什么向导。"[②]这样的情况显然不利于依靠劳动阶级，一般人不仅买不起刊物，也看不懂那些理论。

本阶段宣传系统已经意识到需要更有针对性，对待普通群众和精英知识分子应有不同。内容上，逐渐参与到社会事件的讨论中，要求语言更通俗、具有煽动性。思想理念上，提倡到民间去"应当既以理论家身份，又以宣传员身份，又以鼓动员身份，又以组织者身份，到一切阶级中去"[③]。传播策略上，提倡采用多样灵活的宣传手段。也正因如此，图画以其通俗特点被纳入宣传视野中，党的筹建时期刊行了第一份宣传工人运动的《友世画报》，广大城市和农村地区相继出版了一系列工农画报，为建党而奔走的革命者

---

① 罗志田：《权势转移：近代中国的思想、社会与学术》，武汉：湖北人民出版社，1999年，第191页。
② 冬原：《豆腐涨价与向导周报》，《向导》，1926年8月6日。
③ 列宁：《列宁选集》（第1卷），北京：人民出版社，1995年，第366页。

们在探索大众化宣传道路的过程中逐步在画报上有所投入。

一、建党筹建期画报的出现：出版《友世画报》

1920年，《友世画报》由上海印刷工会的工人组织创办，发起者徐小舟、杨迪先同是工会领袖[①]。上文所提及的报业环境在此时发挥了作用。首先，较为成熟的印刷工业为中共出版画报提供人员和技术保障。《友世画报》的出版就得益于上海印刷工会支持，"工会1346人，该报的主笔和投稿，纯由印刷局的工人担任，画报是真正工人出版品，也是我们劳动界一线曙光"[②]。其次，宣传环境为画报传播创造了空间。据统计，中共在上海出版的报刊占所有报刊的46%，创办于上海的中央级报刊比例高达73%[③]。换言之，中共对画报的投入和城市宣传组织的壮大密不可分。《友世画报》具有开创性意义，主要体现在以下三方面。

其一，运用图片宣传马克思主义。 画报以提高劳工生活水平、改造社会为主旨，刊登了鼓动阶级斗争的言论，第一期便以马克思图像为封面，用英文写道"THE WORLD FRIEND"，呼吁自由平等。封面右下角地球图案，更彰显出世界无产阶级革命潮流。图片《要你的命》描绘了穷苦百姓用大车将军饷、金银、粮食送给压迫者的画面。《世界上的两种人》还表示，世界上有经济压迫者和被压迫者，号召被压迫者团结起来反抗压迫[④]。画报以简明的视觉图案，呈现了工人受压迫的现状，阶级斗争意识通过压迫与被压迫关系凸显出来。

---

① 据笔者查阅，重点地区的图书馆、博物馆均未发现藏有《友世画报》，目前仅有的一册创刊号存于民间红色收藏家程宸处。
② 《上海印刷工会》，《劳动界》，1920年12月12日。
③ 数据来源参见方汉奇主编：《中国新闻事业通史》，北京：中国人民大学出版社，1996年；钱承军：《建国前中国共产党报刊研究》，北京：中国文联出版社，2009年；徐信华：《中国共产党早期报刊研究》，武汉大学博士学位论文，2010年。
④ 天马：《要你的命》，《友世画报》，1920年；鲁晨：《世界上的两种人》，《友世画报》，1920年。

其二，**画报宣传和工人运动相结合**。《友世画报》的出现和中共工人运动密切相关，党的第一个工人组织"上海机器工会"影响广泛。为鼓励工人运动，发展起来的"上海印刷工会"出版了《友世画报》。俄国社会主义者认为宣传和鼓动有所不同，宣传更重视思想工作，而鼓动倾向于实际行动，事实上这样的区分在现实中往往合而为一[①]。1920年，陈独秀发表《真的工人团体》指出："旧的工会一大半在店东工头那里包办，要联合起来，组织真的工人团体。"[②]《友世画报》努力将宣传和革命活动联系起来，其中内容皆和现实工人运动有关。画报还和《机器工人》《上海伙友》组成宣传阵地，共同响应"组织真的工人团体"的号召，推动工会组织发展[③]。受此影响，纺织工人工会、中华海员工业联合会等群众组织纷纷成立，为1921年中国共产党的正式发起贡献了力量。

其三，**画报由早期共产主义倡导者直接指导**。画报纪略经过显示，"上海印刷工会出版物，组织上一切的责任，都是由印刷同人担任，画报并得到陈独秀、杨明斋几位扶助"[④]。作为党的创始人之一，陈独秀是早期宣传事业的重要推动者，他所创办的《劳动界》《共产党》《向导》等在宣传马列主义方面发挥着重要作用。杨明斋同样为中共早期革命者，他和陈独秀、李大钊一起为筹建各地共产主义小组积极奔走。《友世画报》在他们的直接指导下出现，提出"争取工人应有幸福，中国工人被人骑在脖子上"，建设"无阶级、无役人、无人役的社会"[⑤]。充分显示了画报为革命宣传的中心主旨（图1-1）。

早期的共产主义文字刊物以介绍革命理论为主，对社会时事介入并不明显。李达还曾表示要以理论为先导："我有一句话要声明的，我们关于主义上的讨论和批评总要根据理论说话，不要感情用事，若有关学理上的讨

---

①　刘海龙：《宣传：观念、话语及其正当化》，北京：中国大百科全书出版社，2013年，第43页。

②　陈独秀：《真的工人团体》，《劳动界》，1920年8月。

③　徐天根主编：《中共一大会址纪念馆故事》，南京：南京出版社，2014年，第41页。

④　《友世画报》，1920年。

⑤　迪先：《演说》，《友世画报》，1920年。

论，我很虚心领教，若是感情文字，就恕我不答复了。"① 与之不同，《友世画报》是一本启迪劳苦大众懂道理、争取劳动者权利的通俗读物，它的出现也成为实践大众化宣传道路的先声。

图 1-1 《友世画报》②

从现存资料看，画报体现了早期共产党宣传特征，即推广马克思主义理论，同时鼓舞工人运动。就画报本身说，得益于印刷工会技术基础，画报出版物品质很高，不仅有国际视野，还很贴近都市环境。画报中不乏油墨、肥皂、电器、银行等广告，处处体现出亲近工人阶级之定位，具有较强的生动性和可读性。《友世画报》是红色画报宣传的早期尝试，为此后中共画报的正式发展提供了起点。

---

① 李达：《无政府主义之解剖》，《共产党》，1921 年 5 月 7 日。
② 《友世画报》，1920 年。

二、创办工农画报鼓动工农斗争

传播马克思主义理论与社会动员是为一体，宣传组织提出："少说抽象的理论，多注重时事宣传。"[①] 国共合作期间，宣传对图画的使用也更加重视，一批图画登上各大报刊，依靠建立起的工会、农会，出版了一批地方性工农画报。

（一）重视图画宣传

宣传不仅在办报方针上要注重底层人群，在形式上同样要考虑群众的接受程度。特别是面对农民识字率较低的现实情况，图画宣传获得了更大的发展空间。

一方面，不断提出发展图画宣传。 1924 年至 1926 年，中共对发展图画宣传的指示不时出现，明确强调图画宣传的重要性：1924 年 5 月，《农民士兵间的工作问题议决案》提出，"印送鼓动农民的图画（花纸画片），幻灯等，广东应当出一种农民周报，沿战线的乡村里可以张贴"[②]；1926 年 1 月，江浙区委宣传部表示，"要选择适当人员，从事歌曲、画报等宣传品的创作和宣传"。同年 12 月，江浙区委农民运动委员会再次号召，"运用画报反映农民受压迫、受剥削的处境，广泛宣传发动农民群众，启发他们的阶级觉悟"[③]；湖南省第一次农民代表大会做出指示，"省农民协会要出版一种画报，选择简单有力而农民能懂的文字，做成标语及画报"[④]；1926 年 2 月，济难会要求，

---

①　卢毅：《大革命时期国共两党宣传工作比较》，《党的文献》，2014 年，第 72、78 页。
②　中央档案馆编：《中共中央文件选集》（第 1 册），北京：中共中央党校出版社，1983 年，第 249 页。
③　江苏省地方志编纂委员会编：《江苏省志·中共志》，南京：江苏人民出版社，2013 年，第 456 页。
④　人民出版社编辑：《第一次国内革命战争时期农民运动》，北京：人民出版社，1953 年，第 365 页。

"总会应供给各地宣传品。如定期的周刊或半月刊，不定期小册子、画报、照片等"①。

毛泽东对图画宣传相当重视，他认为："中国人不识文字者占百分之九十以上。全国民众只能有一小部分接受本党的文字宣传，图画宣传乃特别重要。"②他还在广州农民运动讲习所中专门开设"革命画"课程，解释了图片宣传的重要意义：

> 宣传革命道理、组织和发动农民群众，要发挥"革命画"的作用，用"革命画"启发农民觉悟，帮助他们看到不是自己命苦，使农民群众认识到阶级的压迫和剥削，一个政治口号、一条标语，配上简单明确的图画，农民就能看懂，一目了然，革命的宣传就形象化了。③

农民讲习所和特派员组织是中共进行农民运动的机制性建设，农讲所能够"批量"培养农运人才，特派员虽隶属国民党中央农民部，但大多为中共党员。在他们当中强调图画宣传的重要性，显然能起到自上而下的普及作用。此后，各地农会出版画报也都与此有关。不难发现，中共对宣传的认识逐渐清晰，明确了图像在劳动人群中的传播优势，认为"简单""明了""生动"是画报优势，宣传部门也对图画的说服效果抱有很高期待。

发展图画宣传不仅是鼓动革命的手段，也被视为中共接近工农群众的表现。毛泽东在《湖南农民运动考察报告》中指出，乡村宣传成绩全在共产党："政治宣传的普及乡村，全是共产党和农民协会的功绩。很简单的一些标语、图画和演讲，使农民如同每一个都进过政治学校一样，收效非常

① 中共中央宣传部办公室、中央档案馆编研部：《中国共产党宣传工作文献选编（1915—1937）》，北京：学习出版社，1996年，第706页。
② 毛泽东：《宣传报告》，《政治周报》，1926年4月。
③ 吴继金：《中国共产党领导的革命美术运动史》，武汉：武汉出版社，2003年，第21页。

之广而速。"①在毛泽东认识中，"图画"和其他多种传播形式都有着塑造农民作用，"图画"宣传和教育应合而为一。他在国民党担任代理宣传部长期间，还曾提出要加强图画的宣传力度：

> 目前宣传偏于市民，缺于通民；偏于文字，缺于图画。中央的去年四月起才实行，做得颇少，又偏在广东方面，分为下列三项：其一，每周供给四幅小讽刺画于广州民国日报；其二，每周出一种宣传画（间须两周或三周出一种）；其三，印刷孙中山先生廖仲恺先生之小照片。各军的政治部于图画宣传做得很不少，尤其在战时，于行军所至之处张贴图面很多，及于民众的影响很大。各民众团体的广东工农两会做了不少的图画宣传，最能激动工农群众。北京上海两处也有一点。②

毛泽东对"偏于文字，缺于图画"的批评，实际上是对宣传要面向普通群众的探索。图画在"通民"中的宣传作用被明确提出。与此同时，中共对孙中山形象的格外重视也能看出，图像符号是为宣传所格外重视的方式。此后，画报中各种领袖照层出不穷，和此时实践不无关系。毛泽东对革命画有利于发动农民的看法，也逐渐形成一种宣传理念与经验。

另一方面，运用图片参与重大事件宣传。五卅运动爆发后，《向导》持续发声，运用图片进行反帝宣传，此时虽无画报专刊，但制图方略能够看出宣传对图像符号的具体认识。《上海大屠杀与中国民族自由运动》刊登了两幅新闻图片，一张为拍摄南京路上被屠杀的群众，画面直接呈现死难者横尸街头的场景，另一张为罢工领导人顾正红遗体（图 1-2、图 1-3）。彼时，五卅运动为各大报刊关注，《申报》发表了两篇文章，但态度温和："欲明责

---

① 毛泽东：《毛泽东选集》（第 1 卷），北京：人民出版社，1991 年，第 34 页。
② 毛泽东：《宣传报告》，《政治周报》，1926 年第 6 期。

任不得不根据事实。今事实既以如此，则不得不进而求解决于公理。"① 与之相比，《向导》更具战斗性，不但直指帝国主义压迫，还号召人们加入武装暴动，发起广大民族主义运动②。在这里，刊登摄影图片有"证明""在场"的作用，按照桑塔格观点相机不仅能抓住现实，而且能够解释现实③。如此直观地呈现惨案现场，以期最大程度地展示悲怆，激发起民众反帝情绪。

图1-2 《南京路屠杀之牺牲者》④　　　图1-3 《被日人杀死之顾正红》⑤

更多情况下，漫画是图像宣传常用形式，这同样为后来画报的主要内容。各地罢工运动中，宣传部门强调各种刊物亦需注意插画⑥。政治宣传之所以选择这种形式，源于漫画突出的讽刺性和批判性。洪长泰在总结漫画宣传特点时认为："漫画强调的是直接表达，用大众化的意象，甚至是刻意粗俗的内容来取得效果。漫画内容浅白有趣，因此可以及时和有力地揭示事情的关键所在，这是其他媒介所无法比拟的。"⑦《中国青年》就曾运用漫

---

① 《学生流血之痛言》，《申报》，1925年6月1日。
② 陈独秀：《上海大屠杀与中国民族自由运动》，《向导》，1925年117期。
③ 【美】苏珊·桑塔格：《论摄影》，黄灿然译，上海：上海译文出版社，2010年，第16页。
④ 《南京路屠杀之牺牲者》，《向导》，1925年第117期。
⑤ 《被日人杀死之顾正红》，《向导》，1925年第117期。
⑥ 《职工运动决议案》，中共中央文献研究室中央档案馆编：《建党以来重要文献选编》（第3册），北京：中国文献出版社，2011年，第293页。
⑦ 【美】洪长泰：《丰子恺抗战漫画中的战争与和平》，台北：一方出版社，2003年，第2页。

画,《他们的血不是枉流了的呵》一图中，画面以上海工厂为背景，中间绘制"五卅烈士墓"，一只拳头从墓前伸出，文字写道"死难者的鲜血不会白流"，提醒人们不忘五卅惨案中死难的烈士。

整体上，强调发展图画宣传，既因图片形式灵活，便于印刷在传单和小册子上，也得益于图片在表达意义方面直观易懂，让人一目了然，适合文化水平较低的群众阅读。《宣传问题决议》认为："我们的鼓动应当使群众了解，要使极落后的工人苦力都能懂得，才能有力。所以应当用极通俗的语言文字。"[①] 根据要求："各地可根据需要出版工会杂志、传单、小册子，口号均宜十分切合群众本身实际要求。"[②] 报刊图片直观展示伤痛与牺牲，最大程度地激发了人们对帝国主义和军阀的仇恨。漫画也凭借其突出表现力，讽刺现实，将底层人所受压迫彰显出来。此时漫画和摄影两种图片宣传形式，为画报发展积累了经验。

（二）立足工农协会，发展工农画报

国共合作期间，各地涌现了一批以工农为主要宣传对象的画报出版物，这些画报依托工会农会，不仅在上海、武汉、广州等大城市有所实践，在农村地区也都进行了尝试。画报以直观易懂的图画语言，鼓动劳动阶级反对帝国主义和军阀压迫，号召工农反抗。

第一，上海等城市地区出版了一批工人画报。上海的《工人画报》较为典型，几经中断仍坚持出版。1925 年，印刷上海《工人画报》的地下党遭到拘捕，据《新闻报》记载："平民印书局印刷一种宣传共产主义之工人画报被当即检取，局主夏云门携往别处。"[③] 1926 年，上海总工会再次恢复

①　中共中央宣传部办公厅、中央档案馆编研部：《中国共产党宣传工作文献选编》，北京：学习出版社，1996 年，第 656 页。
②　中国社会科学院新闻研究所编：《中国共产党新闻工作文件汇编（上）》，北京：新华出版社，1980 年，第 1、21 页。
③　《印刷宣传共产画报之拘究》，《新闻报》，1925 年 11 月 23 日。

《工人画报》，即使在最艰苦的条件下，工会也尽力确保画报及时出版。上海区委在组织职工运动时强调："要多做临时鼓动工作。三日刊与工人画报须征求各方意见，切实改良，尤当使他定期出版。"国民党清党后画报被迫停刊，"宣传部最近在筹备的工人画报，已将印纸买好，图画人聘就，即遭此事变后，固一时尚不能筹备完好"①。

图 1-4 《打倒孙传芳特号》②

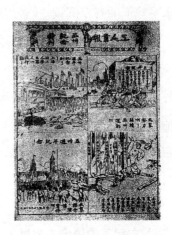

图 1-5 《五卅纪念特刊》③

《工人画报》以唤起工人觉醒，组织工人运动为主要宣传目标。第 5 期刊载了一幅挣脱重重锁链的工人形象，文字写道："我们要从帝国主义、军阀、资本家的重重压迫下解放出来，除了奋斗，就没有别的办法。"④ 对一些重大议题，画报还采用特刊加以呈现。《打倒孙传芳特号》号召民众反对军阀盘剥，图片分为"孙传芳的死日到了""打倒苛捐杂税的孙传芳""孙传芳压迫人民的罪状""人民联合起来一致打倒孙传芳"四部分（图 1-4）。以吸血场景象征孙传芳对人民的压榨，旗帜鲜明地反对军阀、反抗压迫。同

---

① 中央档案馆、上海市档案馆编：《上海革命历史文件汇集：中共上海区委文件（1926—1927）》，1986 年，第 157、406 页。
② 《打倒孙传芳特号》，《工人画报》，1926 年。
③ 《五卅纪念特刊》，《工人画报》，1926 年。
④ 《锁链》，《工人画报》，1926 年第 5 期。

样在《五卅纪念特刊》中，画报刊载了各地纪念五卅运动的情况，内容包括"五卅周年纪念到了，上海的工人学生商人一致行动，大家努力啊。继续五卅运动，大家开会演讲宣传啊。全国的工人、农人、学生、商人团结起来打倒一切帝国主义"等场景（图1-5）。画面形象地将中国描绘为被关在牢笼中的狮子，工人阶级奋力将牢笼砸碎，激发工人们民族主义意识。在反英"九七"纪念日宣传中也出现了《工人画报》的身影，号召"反对英国帝国主义炮舰政策，对英经济绝交抵制英货，撤退英国驻华一切海陆军，废除中英间一切不平等条约"①。

　　不难看出，各地工人画报已经参与到社会运动中，运用图画宣传了反帝反军阀的抗争意识，同时将宣传与组织联系起来，推动了革命运动发展壮大。

　　第二，农村地区制作农民画报。北伐前后农民协会遍及全国12个省，特别是江西、广东、湖南等南方地区。彼时农民协会，既是中共领导下的互助组织，也是各地革命机关。依托农会出版了一批针对农民的画报，如《湖北农民画报》《山东农民画报》《镰刀画报》等。

　　江西农会对画报出版颇为重视，专门成立画报股。要求"发行农民画报三期，血潮社画报三期，标语二十种，各一万份"②，内容反映农民疾苦，号召反抗统治压迫。图画《怎能受那许多人的吸吮》刻画了农民身上插满管子的悲惨状态，地主、军阀、帝国主义者不断吸血，生动表现出农民受压榨的痛苦场面。画报还号召农民们加入农会，如《农民协会是农民自己谋解放的机关》中，压迫者手持木棍用力鞭打农民，协会则用竹竿撑起被压迫的农民，一目了然地看出农会是解救农民的组织（图1-6）。另外，《江西农民画报》还尽力在图画上添加色彩，有图片刊载了廖仲恺像，整幅图

　　① 中央档案馆、上海市档案馆编：《上海革命历史文件汇集：中共上海区委宣传部组织部等文件（1925—1926）》，第437页。
　　② 人民出版社编辑：《第一次国内革命战争时期农民运动》，北京：人民出版社，1953年，第420页。

·041·

分三部分，以红蓝套色为主调，左侧描绘骨瘦如柴的农民正在劳作，文字说明写道："我们辛辛苦苦，他们却吃得快快活活，不把他们除掉，我们何以安生。"右侧图画中农民高举旗帜，呼喊："农友们快快组织起来啊。"（图1-7）画报在唤起农民反帝反军阀的同时，鼓动农民加入农会投身革命事业。

图 1-6 《农民协会是农民自己谋解放的机关》^①　　图 1-7 《农民利益的守护者》^②

1926年，湖南省农民协会出版《湖南农民画报》高举反帝反封建旗帜，鼓动农民斗争。《打倒贪官污吏土豪劣绅》《反对英帝国主义打倒奉鲁军阀》两幅图，都描绘了农民对反动势力发起进攻的场景。图画中，农民们个个魁梧有力，左右手分别掐住帝国主义者和地主脖子，更多支持者挥舞镰刀锄头向敌人扑去^③。值得注意的是，广东虽然作为北伐革命首善地区，但整体上看，画报出版多集中于广东之外，以两湖、江西为主。究其原因，北伐前后中共广东区委曾说："现在北伐了，广东既然已经统一，所以国民党左派并不需要广东的农运了，只需要北伐道上的农运了。"^④进言之，宣传有明确的现实考量，既然广东已经成为革命基地，那么就要保持稳定避免农

---

① 《农民协会是农民自己谋解放的机关》，《江西农民画报》，1927 年。
② 《农民利益的维护者》，《江西农民画报》，1927 年。
③ 《湖南农民画报》，1926 年。
④ 广州农民运动讲习所旧址纪念馆编：《广东农民运动资料选编》，广州：人民出版社，1986 年，第 99 页。

运引起动荡，真正需要宣传动员的恰恰是那些需要进一步争取的地区①。

表 1-1　大革命时期中共领导下的工农画报

出版名称	出版时间	基本概况
《友世画报》	上海·1920	上海印刷工会工人组织创办，16 开本，现见创刊号
《工人画报》	上海·1926	上海总工会，每期出版 200 份，1933 年又以老工会名义复刊了油印《工人画报》，增刊《革命画报》，现见到的有第 5、8、10、11、15、18、19、28 期
《山东农民画报》	济南·1926	山东农民运动委员会，发行周期不详
《湖北农民画报》	武汉·1926	湖北省农民协会，4 开，油光纸石印，龚士希、陈荫林编辑，目前所知中共第一份农民画报
《湖南农民画报》	长沙·1926	湖南省农民协会宣传部
《农民画报》	湖南·1926	《镰刀画报》后改名为《农民画报》
《工人画报》	湖北·1926	湖北总工会，不定期，1926 年 10 月—1927 年 7 月
《罢工画报》	广东·1926	广东省港罢工委员会，发行周期不详
《人民周刊·画刊》	广东·1927	中共广东区委，发行周期不详
《农民画报》	江西·1927	江西省农民协会筹备，发行周期不详
《血潮画报》	江西·1927	江西省农民协会宣传部，发行周期不详

综上所述，本时期出版的工农画报增强了针对底层群众的宣传力量，号召工农武装支持革命，为北伐顺利进行打下基础。画报普遍运用"压迫—反抗"的叙述模式，阶级属性一目了然，工农与压迫者（地主、土豪劣绅、帝国主义者、军阀）形成势不两立的对抗态势，努力引发劳动阶级认同感。宣传组织明确实践了图画是教育广大工农的有效方式，但由于条件所限，此时所谓画报虽称为"报"，但更接近宣传单、宣传画，而且数量较少，发行周期也不稳定。

---

① 参见梁尚贤：《国民党与广东农民运动之崛起》，《近代史研究》，1993 年第 5 期。

第三节　北伐时期国共两党的画报合作与图像宣传战

北伐时期，国共合作出版《革命画报》为军事进攻提供宣传支持。实际上，军事进程对宣传提出了更高要求，也充分凸显了宣传面临的问题，主要表现在：第一，人民识字程度非常低，标语宣传失去效力，文字宣传效果有限；第二，语言不通，非本地人不易收效，口头宣传亦面临很大障碍①。画报通俗易懂，恰好能够针对上述问题在一定程度上提升宣传效果。

一、合作出版《革命画报》

早期国民党对图画宣传亦有自己的认识，李孝悌研究就曾指出，为了获得更多民众支持，革命党善于利用白话、方言，乃至更多有地方色彩的风味戏剧、歌谣、图画对保皇党发起攻击②。第一次国共合作期间，这种多样化宣传方式的作用得到进一步发挥。其过程中，共产党人不仅在国民党宣传部门发挥作用，还参与了具体报刊出版发行工作。周恩来在《战事政治宣传大纲》中要求，加强图画宣传力量，"应携带照相机，沿途陈列于军民联欢会中，或以之赠送各表"③。1927年，国民党抵达上海后，宣传部已经能够较为熟练地出版画报，"县党部特别委员会编制三千画报，图画精美寓意明晰，殊能引起一般劳苦民众之悟，以党治国之真意"④。图片宣传在战争

---

① 曾广兴、王全营编：《北伐战争在河南》，郑州：河南人民出版社，1985年，第332、358页。
② 李孝悌：《清末下层社会的启蒙运动》，石家庄：河北教育出版社，2001年，第30页。
③ 中共中央文献研究室编：《周恩来传》，北京：中央文献出版社，2008年，第110页。
④ 《县党部之图画宣传》，《新闻报》，1927年9月21日。

中获得了实践空间。

1926 年,《革命画报》出版发行 ①, 黄埔军校特别成立政治部宣传科和画报编辑部负责筹办事宜。主编梁鼎铭时任政治部艺术股股长, 弟弟梁又铭、梁中铭都是著名画家。画报内容由编辑部和在校教官学生共同提供。形式以漫画为主, 每逢重大事件画报还会出版一些专刊, 如"五卅特刊""国民政府成立""十月革命九周年纪念特刊"等。中共参与下的《革命画报》具有以下几个特点。

其一, 中共参与的《革命画报》充分彰显了画报战斗性。编辑部不满于画报不为革命的现状, 批评指出:"画报除供人玩赏及可留作纪念外, 而无一种革命性之表现。"② 提出要运用图画进行革命动员,"我们认定绘画在艺术上, 有刺激性的可能, 对于民众有直接影响, 所以我们联合起来, 作强有力的宣传奋斗"③。如《不平等条约中之辛丑条约》就通过 6 幅漫画, 描绘了不同状态下的"被捆绑者"。除了对敌人攻击, 画报还呈现北伐军节节胜利场景, 鼓舞革命军士气。《北伐大捷战况》和《收回上海租界》中的图画突出北伐军作战勇猛, 展示了各地群众对革命队伍的拥戴。

为了配合《革命画报》, 一些漫画单页也出现在北伐进军过程中。周恩来指示:"对本军要解释此次作战的目的和意义。对敌军, 要宣传敌军官长与帝国主义勾结情形, 鼓励其士兵民族思想使其趋向革命。宣传工农群众之痛苦与其来源。宣传反革命残杀人民等等。"④ 第一军政治部要求军队, 每逢一处都要将这些漫画于军行所至处张贴。《民众的力量》就以油印方式向民众发放, 图画中各地群众手拿大棒向前挥去, 帝国主义者落荒而逃。第三军政治部也制作了《打倒张作霖张宗昌》漫画, 图片鲜明绘制了身穿和

---

① 黄埔军校的《革命画报》目前发现有第 1 至 43 期, 内缺第 19 期, 实存第 24 期。参见袁章授、楼子芳:《新发现的黄埔军校〈革命画报〉》,《杭州大学学报》, 1990 年 9 月。
② 愚父:《革命画报之使命》,《革命画报》, 1927 年第 1 期。
③ 《宣言》,《革命画报》, 1927 年第 1 期。
④ 《东征纪略》,《政治周报》, 1925 年 12 月 20 日。

服脚踩木屐的日本帝国主义者，揭示军阀与帝国主义者的附庸关系①。

图 1-8 《革命画报》②

其二，画报有限宣传了阶级主张。彼时虽然国共两党在反帝反封建上观点相同，但中共更主张无产阶级的革命斗争。萧楚女在黄埔演讲时说："政治既然是统治阶级的工具，所以一切政争，无不含有阶级性质。质而言之，所谓阶级斗争。"③ 国民党人对此十分警惕。画报对争议内容进行了调试，例如，《革命画报》创刊号第一幅画就以《工农商学兵大联合》为题，画面上的人物赤裸上身，大步向前，着重强调各阶级团结合作，而非斗争（图 1-8）。即便有关阶级斗争的内容也以世界无产阶级对中国革命声援形式出现。这样的话语策略避免了强调阶级斗争带来的分歧。

其三，北伐结束后画报走向反共。国共合作破裂后，《革命画报》再未出现阶级斗争之类言论，转而以反共清党为主。画报发表《中国共产党对

① 黄远林：《百年漫画》，北京：现代出版社，2000 年，第 102、112 页。
② 《创刊号》，《革命画报》，1926 年 5 月。
③ 广东革命历史博物馆编：《黄埔军校史料（1924—1927）》，广州：广东人民出版社，1982 年，第 237 页。

国民党的五大阴谋》《中国共产党铁蹄下的民众》《被迷惑的农工青年们快些觉悟起来回转头去打倒煽惑你们危害国民党的中国共产党》《这四个巨大炸弹是送武汉共产党到莫斯科追悼大会》《肃清一切潜伏共产党分子》《中国共产党加入本党及其失败之经过》等内容（表1-2）。这些图画以污蔑中共"反动"为主旨，借机矮化中共形象，以"爬虫""小丑""魔鬼"等图像进行污名化宣传。主编梁鼎铭，随后进入国民党《中央画刊》工作，上海清党事件后制作了一批反共图画。

表1-2　《革命画报》的文本主题

反帝反封建
《张、吴是帝国主义走狗》《军阀铁蹄下的人民》《帝国主义侵略中国》《辛丑条约》《日本帝国主义对中国的经济侵略》《列强压榨中国人民》《张作霖把满洲铁路让给日本》《北方现象》《张作霖欲借拥护不平等条约来掠取总统位置》《群猪争夺北京》《看，这就是军阀的合作》《叶开鑫铁蹄下的湖南人民》
国民革命军军事胜利
《北伐军商船大败敌军军舰》《北伐军连克武昌、南昌》《北伐大捷战况》《国民企盼国民革命军》《吴佩孚死路一条》《收回上海租界》《革命军人的观念是打倒帝国主义和军阀来解放民众》
共产党政治宣传
《各阶级积极支援北伐》《英国工人坚持罢工》《第三国际使全世界在反对帝国主义》《中俄大联合万岁》《美洲黑种工人同世界上被压迫民族联合向着帝国主义进攻》《国际青年起来反抗帝国主义》《北伐军是各阶级联合组成的》
国民党政治宣传
《革命尚未成功，同志仍须努力》《民权主义》《资本节制，平均地权》《本党联俄政策万岁》《总理事略》
与反共清党
《中国共产党对国民党的五大阴谋》《中国共产党铁蹄下的民众》《被迷惑的农工青年们快些觉悟起来回转头去打倒煽惑你们危害国民党的中国共产党》《这四个巨大炸弹是送武汉共产党到莫斯科追悼大会》《肃清一切潜伏共产党分子》《中国共产党加入本党及其失败之经过》

北伐时期，国共都注意到图片宣传的重要性，在两党通力协作下《革

命画报》顺利出版。画报为北伐斗争提供了宣传支持，取得了一定的成绩。《革命画报》开创了中共运用画报进行军事宣传的先河，首次尝试了在行军过程中用领袖照片和漫画进行政治动员。

二、国共合作破裂后的画报抗争

1927年，以蒋介石为首的国民党右派在上海反共清党，运用《中央画刊》展开攻击。与此同时，中共也通过画报进行了有力的回击。此过程中蒋介石一面进行反共活动，一面和武汉国民政府争夺政治权力。有研究表明，蒋介石并不愿用《中央日报》这一中央机关报公开激化矛盾，选择其副刊《中央画刊》抨击党内改组派。《中央画刊》在打压改组派的同时，污蔑中共和苏联是幕后元凶，煽动民族主义情绪。

（一）国民党右派在打压"改组派"的同时丑化中共形象

彼时国民党内形成了两股派系，一是以蒋介石为首的南京国民党，二是以汪精卫为首的武汉国民党。两派为争夺党内最高权力时有冲突，这种情况也表现在对中共态度方面。和蒋介石坚决反共不同，改组派态度暧昧，他们一方面警惕中共对国民党的改造，另一方面又不得不承认中共在宣传和组织方面的能力。国民党右派"清党"之后，同时对改组派和中共发起攻击。画刊将苏俄描绘成改组派幕后推手，如在《苏俄玩弄改组派之真相》中，改组派被描绘成狗的形象，背后苏俄敲着铜锣进行驱赶，以此表明苏俄对改组派的操控，将其刻画为帝国主义势力。画报还将改组派描绘为立场不稳的背叛者，在《改组派者即共产党之变相》中，图片将中共和改组派视为同路人，指责改组派反党叛变和中共合流，称中共是窃取革命果实的元凶[1]。以上内容

---

① 参见蒋亚沙等编：《民国漫画期刊集粹》，北京：全国图书馆文献微缩复制中心，2004年。

暴露了国民党内争斗激烈，《中央画刊》发挥了污蔑丑化之能事，在打压党内竞争对手的同时攻击中共和苏俄。

（二）中共运用画报揭露国民党右派反动行为

与此同时，中共也利用国民党党内矛盾发出自己的声音，南昌市党部绘制了《新军阀蒋介石甘自向坟墓里摸索前行》图片[①]。图画上，蒋介石身着军阀着装蒙住双眼，在死亡的路上摸索前行，漫画左侧墓碑上站着一双乌鸦嚎叫"欢迎"，画面营造出黑暗压抑的氛围。相较零星出现的漫画，湖南国民革命军 8 军 3 师出版的《三师画报》尤为重要，它是目前能够找到的对蒋介石国民党进行回击的军队画报。《三师画报》1927 年 5 月发刊，主要揭露国民党蒋介石反共行为，画报之所以能在湖南出版，得益于当时的政治环境。1923 年，邓中夏注意到就全国政治环境而言北京和湖南相对自由。据刘兴回忆："国民革命军因有共产党参加领导，士气旺盛，到处受到群众欢迎。参加完南昌召集会议后，会议内容着重在整编军队问题，并说蒋私心很重，唐从此就对蒋不满。"[②]当然，中共组织本身在湖南力量也很强，据 1927 年 5 月统计，中共党员总数中湖南占 35%，团员有 19%。《三师画报》能在湖南出版皆与上述原因有关。

具体而言，画报运用简单的图形符号，揭露蒋介石破坏国共合作行为。有图像表现国民党正和帝国主义者进行金钱交易，图画下方布满群众白骨，文字写道："想完成你的狗头将军的宿愿那是很容易的，只要去把你的同胞尽量压迫一下。"[③]《三师画报》还积极宣传马克思主义思想，号召劳动阶级反对统治者压迫，如《纪念共产主义先驱马克思》中，马克思形象被呈现

---

① 南昌市党部宣传部：《新军阀蒋介石甘自向坟墓里摸索前行》，载黄远林：《百年漫画》，北京：现代出版社，2000 年，第 114 页。
② 中国人民政治协商会议湖南省委员会文史资料研究会编：《湖南文史资料选辑》（第 6 辑）（内部发行），1963 年，第 78 页。
③ 《不容全国民众的蒋介石》，《三师画报》，1927 年。

出来，与之形成呼应的是，坐在铜钱上的帝国主义者正被底层群众拉下高台，反动统治者在爆炸中四分五裂。以上内容明确将蒋介石与"军阀""反动派"勾连起来，体现了画报的战斗性。（图1-9）

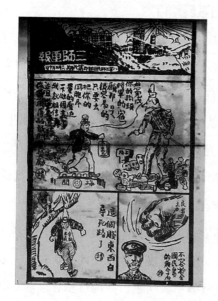

图1-9 《三师画报》①

在极为困难的条件下，宣传组织依然用画报进行反击，揭露国民党右派反动行径，号召群众继续同军阀势力做斗争。宣传方式上，画报已不满足于简单描摹，尝试使用了图像修辞，普遍地将敌人的"滑稽""丑陋"刻画出来。此时画报宣传力量仍很薄弱，实际效果亦难以和此后相比。据北伐时期郭沫若回忆，由于北伐进展速度超出预料，宣传队要跟上作战部队已经十分困难，更勿论什么宣传了②。据此，我们不能否认画报对战时宣传的贡献，亦不能夸大其影响，整体上中共画报事业处于萌发阶段。

---

① 作者不详，《三师画报》，1927年。
② 郭沫若：《革命春秋》，上海：海燕书店，1947年，第287~331页。

小　结

20世纪20年代，印刷资本业发展迅猛，图像在报刊中得到广泛运用，读图成为时人较有兴趣的阅读方式。中共尝试出版画报进行革命宣传，《友世画报》的出现具有开创意义。画报不仅宣传马克思主义，还广泛与工人运动联系，是发展红色画报事业的先声。

建党初期，中共立足上海展开革命活动，逐步确立了走大众化的宣传道路。中央多次提出发展图片宣传。第一次国共合作时期，依托各地工会和农会，实践了一批工农画报，鼓动工农反帝反军阀。北伐期间，国共两党合作出版《革命画报》支持了北伐军事行动。国民党"清党"后，中共通过画报抨击了右派反动行为。

此过程中，画报宣传亦有明显不足。第一，建党初期的画报大多停留在单页宣传画上，未能出现长期稳定的固定刊物。第二，彼时中共尚未建立稳定的根据地，组织力量也相对薄弱，画报影响力有限。但总体而言，这一时期开展的画报实践具有重要价值，既补充完善了宣传体系，也推动了大众化宣传道路。建党前后中共画报发展呈现出以下几点特征。

其一，面向普通群众的宣传定位。在中共宣传体系中不同报刊各有宗旨，《新青年》是探讨理论园地，倾向于高级知识分子们得出"科学"结论。《向导》类刊物面向知识青年，通过针砭时弊的方式将革命意识传播出去，而画报之类通俗读物更多面对一般民众，负责大规模群众宣传。

其二，与革命活动结合的宣传方法。根据苏联宣传经验"报纸是集体的组织者"，要使宣传具有效果，就不能仅仅停留在口头上，要使全体党员参与其中，通过宣传巩固组织。我们能够在《友世画报》和各类工农画报中看出画报宣传和工农运动之结合。

其三，整体化的宣传内容。此时画报以鼓动工农革命为办刊目的，但这些内容并不"就事论事"，而是一种整体揭露。画报更倾向于将整个世界按阶级斗争框架重新建构，输出的信息并不针对某一事件，侧重整体提供一个"概念"。

其四，画报为宣传的理念。虽然这一时期中共新闻宣传理论仍未形成，但通过画报的发展能够看出，所谓图像的"艺术性""娱乐性"都不曾掩盖"政治性"。画报为宣传的理念在此后历史进程中被不断强化，但对其功能的认知与定位从此时起就是明确的。

正因如此，文章将这一阶段称为画报事业发展的孕育期。北伐失败后，中共从城市转入地下，开始探索工农武装割据的革命道路，面对农村环境画报发展也迎来新阶段。

第二章

土地革命时期中共画报事业正式起步

　　第一次国共合作破裂后，中共探索出了一条工农武装割据道路，伴随着红军主力在苏区站稳脚跟，根据地发展进入相对稳定阶段，历经五次反"围剿"长征大幕随之开启。在此期间，党的宣传事业始终因时因势调整，画报出版也迎来新阶段。出版了红军第一份画报《红星画报》，发展了一批内容丰富的单页画报。这些画报传播了党的政治主张，为唤起农民政治意识贡献力量。长征期间，创办画报的现实条件尤为困难，但零散出现了一些图画宣传品。本章重点考察土地革命时期中共画报事业的整体面貌，分析画报与农村武装割据道路的互动。

第一节　立足农村：根据地发展画报的迫切性

　　大革命失败后，党的宣传组织遭受打击，经历连续城市暴动和起义，最终于 1927 年至 1934 年在江西、福建、广东三省间建立起中央革命根据地。进入农村后，斗争环境发生改变，主要表现在以下三方面。第一，由于国民党欺骗性宣传，农民对中共有抵触情绪。据后来长期担任领袖摄影师的徐肖冰回忆说，敌人将共产党"画成魔鬼或猛兽模样，说他们吃小孩大腿，全身都是毛"[1]，所到之处"群众被国民党、地主谣言吓得躲到深山老林去，

---

　　① 　侯波、徐肖冰口述，刘明银整理：《带翅膀的摄影机——侯波　徐肖冰口述回忆录》，北京：北京大学出版社，1999 年，第 39 页。

村里常空无一人"①。第二，农民文化水平较低，很多情况下听不懂深奥的宣传词汇。张国焘回忆："要使他们懂得大会所讨论的问题，很是费力的事情，这里的乡下人没有直接接受过革命的洗礼，他们以为大致都不外是替天行道的'法语'而已。"②第三，农村经济状况较差。从毛泽东在寻乌和兴国调查来看，贫农占农村人口的百分之五六十，过着无粮食洞满身的生活，物质基础十分薄弱。

面对上述情况，新的宣传问题也随之而来：一方面，中共亟须重建遭到破坏的宣传体系，以完备党组织；另一方面，宣传需适应农村环境，以期通过思想建设获得农民认同。历史地看，宣传虽然强调立足工农，但底层群众政治觉悟仍显不足，他们不到万不得已，几乎对政治不闻不问。根据大革命经验，农民的革命意识很难自发形成，需要从外部灌输，集宣传与教育于一体。为此，中共再次将画报纳入宣传视野，意图通过通俗的图画语言更好地传播主张，画报也相应具有了农村特色。

一、重建中共宣传体系的内在要求

中共走上武装割据道路后，重建党的宣传体系迫在眉睫。1929 年，毛泽东在古田会议上重申宣传的重要性，"红军打仗不是单纯为了打仗而打仗，而是为了宣传群众、组织群众、武装群众，并帮助群众建立革命政权才去打仗的"③。重建宣传体系过程中，既需保持宣传系统完备，也要求媒体形态更贴近农民。基于这两点需求宣传有了继续发展画报的内在动力。

一则，宣传品种类有待丰富。博古坦言："成为国内战争中鼓励前进的喇叭，经济战线上的哨兵，保卫党的总路线而斗争的卫士……创办有影响

---

① 中国人民解放军文艺史料编辑部编：《中国人民解放军文艺史料选编：红军时期》，北京：解放军出版社，1986 年，第 198~199 页。

② 张国焘：《我的回忆》（第 3 册），北京：东方出版社，1998 年，第 185~187 页。

③ 毛泽东：《毛泽东文集》（第 1 卷），北京：人民出版社，1991 年，第 79 页。

的党报能在最短时期中得到满足。"① 为快速完善党报体系，宣传工作采取了不少措施：其一，一批党报机构陆续成立；其二，组织起基层宣传队伍，着手建立通讯员制度；其三，各地规划通讯网络，要求"这个通讯网必须满布全党与各群众团体"②。据此逐步建立了中央报刊、省级报刊、特委报刊、中心县委报刊、县级报刊五级党报系统，宣传体系也随之建立（表 2-1）。

表 2-1　苏区时期中共报刊系统

中央级报刊系统
中共中央、中共苏区中央局出版的报刊，中央工农民主政府出版的报刊，中央军委及直属部队出版的报刊，群众团体的中央机构出版的报刊
省级报刊系统
中共省委出版的报刊，省苏维埃政府出版的报刊，省军区及主力部队出版的报刊，群众团体的省级机构出版的报刊
特委报刊系统
中共各特委机关出版的报刊，少共各特委机关出版的报刊
中心县报刊系统
中共各中心县委机关出版的报刊，少共各中心县委机关出版的报刊
县级报刊系统
中共各县委出版的报刊，县苏维埃政府出版的报刊，县赤卫队出版的报刊，群众团体的县级机构出版的报刊

较短时间内恢复的宣传系统有待逐步完善，其中农村出版条件不佳，宣传品比较单一是为主要问题。1929 年，第四军在《宣传须知》中就曾指出："壁报出得很少，革命歌谣简直没有，画报只有几张。"③ 杨尚昆总结："目前宣传最大问题是宣传品千篇一律，宣传鼓动工作是要用各种方式去进行的，我们在苏区内所采用的方式，实在是太简单太狭窄了，而且是偏重在文字上的宣传。宣传品的内容应该彻底改善，千篇一律的宣传品，实际上只是

---

① 博古：《愿〈红色中华〉成为集体的宣传者和组织者》，《红色中华》，1933 年 8 月 10 日。
② 资料征集协作小组编：《湘赣革命根据地》，北京：中共党史资料出版社，1991 年，第 218 页。
③ 严帆：《中央革命根据地新闻出版史》，南昌：江西高校出版社，1991 年，第 17 页。

浪费纸头。口头宣传，活的宣传应该很广泛地采用起来。"①

　　这里所说的"方式太过狭隘"，实际指出了中共对各种宣传品的需求；"偏重文字""口头宣传"则强调，除了文字出版物还需要其他形式宣传。一直以来，共产革命者始终意识到，"文字媒体适宜于说明较为复杂的道理，需要阅读者有较强理解力，口头宣传则适于传达强烈情感"②。这里虽未直接言及画报，但此后宣传活动证明，"口头宣传"能够和画报联系，宣传队、演讲队也常用画报配合"口头宣传"。画报出版物发展缓慢，整个宣传品种类显得单调，确实制约了农村根据地宣传工作。

　　二则，宣传要更贴近农民。农村环境对宣传做出了特别的规制，根据地群众文化程度较低，识字者不过十之一二，所谓思想、主义、革命等宏大命题难以获得共鸣。普通农民几乎没有看报的习惯，连苏区少先队这样的青年组织，文化水平也低得很，队员80%不能写字。③甚至农村社会改革者也大多认为，中国人口多在农村，但那里积弊严重，需要彻底重建农村④。宣传组织对此理解深刻，要充分动员农民，宣传教育最为重要，困难的是如何获取宣传教育成效。为此，比较宽泛的路径是，对精英人员要以党的理论统一思想，对农民则需要将革命意识从外部灌输进去。长期以来，中共采用"两极传播"宣传模式，即以知识阶层为纽带，向基层群众传播革命意志。但进入农村后，中共失去了工人、青年、学生等重要"宣传者"，提倡的"到民间去"也失去了依靠对象，原本"意见领袖"所起的"释意"模式难以维系。

　　进一步，宣传要贴近农民，形式和内容上都需更加通俗。1929年，中央提出："注意一般群众的宣传工作，不可只是空洞的高呼口号，一切宣传

---

① 江西省、福建省文化厅革命文化史料征集工作委员会：《中央苏区革命文化史料汇编》，南昌：江西人民出版社，1994年，第160页。
② 列宁：《列宁选集》（第1卷），北京：人民出版社，1995年，第361~362页。
③ 《提高少先队员的文化水平》，《青年实话》，1933年3月19日。
④ 【美】洪长泰：《到民间去：中国知识分子与民间文学（1918—1937）》，董晓萍译，北京：中国人民大学出版社，2015年，第19页。

工作应尽可能地群众化。"①张闻天也表示:"我们所采取的宣传鼓动的形式不外都是传单与标语,大都是限于死的文字。由于中国一般文化程度落后,这种宣传鼓动方式也就不能变为群众的,常常是限于少数人。"②从宣传工作看来,缺乏"群众性"体现在,仅仅局限在文字类,大多集中在标语和传单,内容不够通俗,形式不够多样。解决办法是,要利用图画、利用唱歌、利用戏剧。

农村根据地给中共提供武装割据空间的同时,也带来了农民群众尚未启蒙的现实困境。在此情形下,中共一方面号召消灭文盲,创建补习学校进行思想政治教育,另一方面强调宣传要贴近农民,通过文字以外的宣传方式,广泛唤醒他们的政治意识。质言之,以图画为主的画报因其通俗的媒介特征再次受到关注。

二、提出运用画报开展对农宣传

探索农村革命道路,始终没有忘记立足农民,在了解农民群体特质的基础上,图画被认为是对农宣传的有效方式。相关创办画报的指示层出不穷。

井冈山时期毛泽东在给中央的报告中就曾表示:"文字宣传,如写标语等,也尽力在做。每到一处,壁上写满了口号。唯缺绘图的技术人才,请中央和省委送几个来。"③毛泽东始终认为,对农宣传是党的重要工作,前文提及他极为推崇"革命画",苏区时期进而要求将图画与墙报结合起来,将宣传画张贴于各地④。在他的推动下,中共宣传工作决议明确指出:

---

① 江西省、福建省文化厅革命文化史料征集工作委员会:《中央苏区革命文化史料汇编》,南昌:江西人民出版社,1994年,第15页。
② 江西省、福建省文化厅革命文化史料征集工作委员会:《中央苏区革命文化史料汇编》,南昌:江西人民出版社,1994年,第152页。
③ 中国摄影家协会理论研究部编:《中国摄影史料》(第1辑)(内部刊物),1981年,第13页。
④ 毛泽东:《红军宣传工作问题》,载《毛泽东新闻工作文选》,1983年,第15页。

编印发行画报画册及通俗小册子。为要适合于一般工农群众的兴趣，与一般比较落后的女工童工苦力工人农民的文化水平，党必须注意编印发行画报画册及通俗小册子的工作，党报须注意用图画及照片介绍国际与国内政治及工农斗争情形，画册则用联环画附加通俗解释编成小册子……内容不宜太繁复，最好能做到工农群众都能了解，能普遍发到成千成万的工农群众中去。①

基层组织同样将画报宣传视为工作重点：1929年，江西省委提出"加紧工运中宣传鼓动工作，建立壁报、画报特刊"②；1931年，中央再次要求提高地方组织办画报的能力，"各地的党部，应该教育工农群众自己来编辑画报，自己来印刷与散发"③；闽西苏维埃政府也表示，"画报在宣传教育上是很重要的，同时也比较适合群众阅读，画报内容先由宣传科长授意，画好后要经过审查"④；苏区赤色工会响应中央号召，在《任务和目前的工作决议》中提出"发行画报，宣传维护苏维埃政权，反对帝国主义国民党进攻苏区"⑤；直到1934年第五次反"围剿"时，中央紧急通知"出版画报和通俗小册子，以推广拥护红军的宣传鼓动，回答反动报纸对红军的污蔑和武断宣传"⑥。对画报及图像的重视在宣传系统中贯彻。

反复的宣传指示的确起到了效果，傅钟记录画报在军队中发展时表示："绘画在许多部队发展得很广泛。在连队里时常有墙报，或者单幅画，或者

---

① 中国社会科学院新闻研究所编：《中国共产党新闻工作文件汇编》（上），北京：新华出版社，1980年，第55页。
② 江西省、福建省文化厅革命文化史料征集工作委员会编：《中央苏区革命文化史料汇编》，南昌：江西人民出版社，1994年，第94页。
③ 中央档案馆编：《中共中央文件选集》（1931年卷），北京：中共中央党校出版社，1983年，第265页。
④ 《闽西苏维埃政府文化部宣传委员会检阅过去宣传工作规定今后宣传计划》，《红报》，1930年7月24日。
⑤ 中央档案馆编：《中共中央文件选集》（1931年卷），北京：中共中央党校出版社，1983年，第540页。
⑥ 中共江西省委党史资料征集委员会：《江西党史资料》（第21辑），1992年，第98页。

连环画。有的也不断选入高级领导机关出版的画报里，大部分是画实际事情，而且同样富有宣传教育意义。"[①] 不仅如此，高层领导也介入图画宣传中，"周恩来、陈毅发表重要文章时配有图画，当时没有照相制版器材及白报纸，画报都是石印的，报社也常常举办图画和相片的展览会，《红星报》根据指示刊登了收集图画和征求摄影干部的启事"[②]。能够看出宣传部门对画报的重视。中共在农村根据地发展画报具有以下意义。

首先，丰富了宣传手段，体现出因地制宜的宣传策略。宣传组织尽一切可能工作，据何长工回忆："当时每个士兵除了一支枪外，还要提一只桶，到处写标语，打土豪发动群众。"[③] 出版画报体现了中共宣传的灵活性和多样性。其次，回应了宣传提倡"喜闻乐见"的要求。"马克思主义大众化"和"党群关系"对宣传实践影响深远，这两方面虽出发点不同，但着眼点都集中在如何获得群众认同上。宣传品能否被群众接受，直接关系到党和群众距离，影响政治主张能否为民众所理解。最后，明确了画报宣传特点。画报能弥补文化水平较低者的阅读障碍，以图解方式传播主张。画报更贴近群众喜好，以视觉方式引起农民兴趣。本阶段宣传方面逐渐意识到画报的重要性、紧迫性与特殊性，并在逐步丰富原有报刊宣传种类的同时，将画报建设成一个独立系统，这为此后中共进一步发展农村画报提供了基础。

①　《中国人民解放军文艺史料选编：红军时期》，北京：解放军出版社，1986年，第27页。
②　王文彬编著：《中国现代报史资料汇辑》，重庆：重庆出版社，1996年，第706页。
③　何长工：《何长工回忆录》，北京：解放军出版社，1987年，第258页。

第二节 "充实起来的艺术股"：画报宣传组织建设

苏区时期，宣传工作从两方面着手为画报发展提供条件：一方面，毛泽东提出"充实艺术股"后，一批有绘画专业技能的人才被聚集起来，为出版画报提供支持；另一方面，中共将画报宣传置入"农民俱乐部""演讲"等多种形式中，尝试多样化传播方式。与此同时，红军第一份画报《红星画报》出版，一批类似"生产小报""纪念小报"的单页画报涌现。整体上，画报宣传在人员、传播方式、内容三方面进行探索，画报事业的雏形建立起来。

一、集中绘图人才，革新传播方式

虽然仍面对国民党多次"围剿"，但和此前分散于各地情况相比，革命根据地有了长足发展。1931 年中华苏维埃共和国成立后，苏区是红色中国运动最活跃地区，这为画报出版提供了条件，并率先在人员组织与传播方式两方面加以调试。

（一）成立"工农美术社"，发掘基层绘图人才

画报出版需要有绘图技能的人才。1933 年，集中美术工作者的想法得以实现，"工农美术社"是中华苏维埃共和国的第一个美术出版机构。毛泽东在《红军宣传工作问题》中指出："军政治部宣传科的艺术股，应该充实起来，出版石印的或油印的画报。为了充实艺术股，应该把全军绘画人才

集中工作。"①美术社在中央教育人民委员部指导下工作，全社初期有成员十几人，蔡乾任负责人，这很大程度上改变了绘画人员的分散状态，"开辟了无产阶级美术运动新纪元"②。

"工农美术社"自身定位明确，高举美术为斗争的创作理念，提出"艺术是我们一种尖锐的武器，为创造广大工农大众的艺术"③。工作安排上，美术社分为图画、摄影、雕刻3个小组，实际工作中相互配合。为了更好地收集美术作品，美术社还曾在《红色中华》中刊登征求美术作品启事："工农美术社决定于本年广州暴动六周年纪念日在赤色首都成立大会，举行第一次工农美术展览会，如有革命的美术作品，如国画、雕刻、相片、艺术化墙报，寄来瑞金工农美术社。"④同时，美术社号召白区的革命美术家来补充苏区美术工作。

美术社具备一定专业水准，在苏区艰苦条件下显得难能可贵。其中，宣传员的素养最为关键，阿伪在《关于宣传鼓动员》中表示："建立真正坚持原则而能力高强的宣传员，还需专门化，分配他们工作，为他们宣传提供要点，告诉他们宣传鼓动的技术，不断地训练他们。"⑤具备专业水平人才聚集后，美术社很快投入画报出版中，先后刊行了《革命画集》《苏联社会主义建设画集》《苏联青年》等画报画刊。《苏联社会主义建设画集》以介绍苏联社会主义建设为主要内容，动员根据地群众拥护中共政权，支持苏联社会主义事业。据《红色中华》记载："苏联青年画刊，经过长期几位美术家的努力，收集了不少宝贵资料，内容丰富，形式精美。"⑥

各地区也开始发掘绘图人才，基层组织更多承担了美术工作。赣西南

---

① 毛泽东：《红军宣传工作问题》，载《毛泽东新闻工作文选》，北京：新华出版社，1983年，第21页。
② 《红色中华》，1934年5月25日。
③ 《征求社员及美术器械》，《青年实话》，1933年10月1日。
④ 《征求革命美术作品启示》，《红色中华》，1934年5月25日。
⑤ 阿伪：《关于宣传鼓动员》，《青年实话》，1934年5月。
⑥ 《红色中华》，1934年5月25日。

特委提出："画报建立应迅速找画报人才，出版画报使宣传更加深入。"[①] 为了让更多的绘图人才投入宣传工作，宣传组织鼓励知识分子参与工作，洛浦就曾表示："我们不但应该尽量用这些知识分子，而且为了吸收这些知识分子参加苏维埃的文化教育工作，我们还可以给他们以优待。"[②] 不仅如此，各地成立的列宁学校也都开设美术课，涌现出黄亚光、贻周、赵品三、尚智、胡烈、沈乙唐等一批图画宣传工作者。印刷厂在实践中培养了熟悉制图的师傅，中央印刷厂主任潘子仁所领导的刻字部，便承担着刻绘版画和图册工作。基层绘图人员的加入，充实了图画宣传队伍，一批图画集得以出版发行，包括《敌人在红军面前发抖》《世界革命导师马克思像》《李宁之像》《李卜克内西之像》等[③]。

"工农美术社"将现有绘图人员聚集起来，宣传工作有了自己的第一个美术组织，也为出版画报提供了支持。各地区通过开办绘画课，培养绘图人员，起到了补充作用。就实际情况而言，苏区时期的画报工作者仍然十分紧缺。

（二）俱乐部与讲演，画报传播新方式

集中阅读宣传品不仅能节约有限的出版资源，还可以在组织指导下获取信息。为了最大限度地发挥画报宣传能力，宣传工作尝试了新的传播方式。其一，在农民俱乐部中增加阅读画报内容，有组织地宣传教育。其二，运用"画报演讲"，深入群众开展宣传活动。这两种新的传播方式，都将画报和其他宣传活动联系起来。宣传部门认为斗争年代，"一切工作都应当是为着动员群众，来响应共产党和苏维埃政府。都应当是为着革命战争，为

---

① 洪荣华主编：《中央苏区新闻出版印刷发行工作》，福州：福建人民出版社，1993年，第65页。
② 洛甫：《论苏维埃政权的文化教育政策》，《斗争》，1933年9月15日。
③ 严帆：《中央苏区新闻出版印刷发行史》，北京：中国社会科学出版社，2009年，第378页。

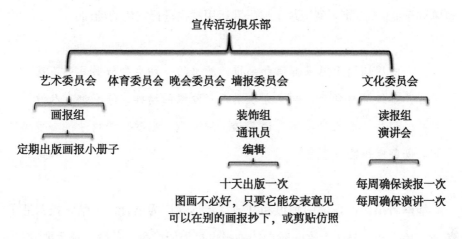

图 2-1　农民俱乐部中的画报宣传

着反对封建及资产阶级意识的战争"①。在毛泽东等宣传领导者们看来，一切传播活动都是宣传，这种"泛宣传"观念使各种载体能够毫无障碍地对接起来，共同为政治服务。

　　第一，依托"农民俱乐部"进行传播。"农民俱乐部"作为"主义学校"的一种，是宣传教育的主要场所。据《红色中华》报道："中央苏区的江西、福建、粤赣、瑞金等地，有 1917 个俱乐部，参加这些俱乐部文化生活的固定会员有 9.3 万余人。"② 按规定，俱乐部下设阅报组、读书班、识字组，"每一俱乐部之下须有墙报，游艺股要分为图画等股，组织图画（壁画布景画标语画）"③。"艺术委员会"设有专门画报组，以便定期出版画报小册子。"墙报委员会"负责整理各地画报，进行翻印后加以运用。"文化委员"定期组织读报组和演讲会，确保每周一次读报活动，画报也在其中（图 2-1）。不仅如此，俱乐部还设有列宁室，各类画报被悬挂在墙上，一些图画宣传品

────────────

　　① 《俱乐部纲要》，载张挚、张玉龙主编：《中央苏区教育史料汇编》，南京：南京大学出版社，2016 年，第 126 页。
　　② 《中华苏维埃共和国中央执行委员会与人民委员会对第二次全国苏维埃代表大会的报告》，《红色中华》1934 年 1 月 26 日。
　　③ 《俱乐部纲要》，载张挚、张玉龙主编：《中央苏区教育史料汇编》，南京：南京大学出版社，2016 年，第 126 页。

也陈列于此。《红旗》就记录了俱乐部运用画报进行宣传的场面：

> 四周墙壁上贴满标语和画报，屋里的一切桌凳与器具虽不及资产阶级那样华丽，却充分表示无产阶级的精神，每晚都有人做政治报告，有人讲故事、说笑话、演新剧、唱歌、呼口号，全乡男女每晚相聚一堂。①

能够看出，俱乐部中画报和其他宣传形式广为结合，张贴画报营造了革命宣传空间，事实上这一时期的画报也更类似革命招贴画。更重要的是，画报还参与到集体"读报"活动中，以集体讨论形式深入解读画报的主题思想，组织起来的阅读更具制度性，宣传教育功能也被最大限度地发挥出来。"读报"在此后延安时期以"读报组""扫盲课"形式延续下来，并且在20世纪50年代社会主义建设时期发挥着更为重要的作用。

就苏区时期画报宣传而言，广泛张贴和组织化阅读都相当必要，既有助于农民们准确地解读图片中心思想，也能发挥每一幅画报的最大功效。总体而言，运用俱乐部进行画报传播有几点好处：一是俱乐部中画报能够反复利用，适应了数量不足的出版现状；二是俱乐部读报活动具有组织性，通过集体读报，画报教育功能被最大化地显现；三是俱乐部中画报和其他宣传品一起进行革命宣传，相互补充提升了宣传效果。

第二，以"画报讲演"的方式进行宣传。"画报讲演"将口头宣传与画报宣传很好地结合起来，受到广大农民的欢迎。《红色中华》中就曾记载过"画报讲演"时的热烈气氛：

> 不消一刻工夫，小孩们把画围住了，大家争看"人公子"，我

---

① 《闽西工农兵政府下的群众生活》，《红旗》，1930年2月22日。

们宣传员就向他们说："回去叫你们家的人都来看，我们还要一幅幅讲给你们听……"观众集中了，我们的宣传员便指着画报逐条讲解给他们听。他们听着，实在高兴，不容易懂得我们的宣传内容，"哦，不给我们看，我们就不大听得懂你们的话"。

后来男同志也来了不少，他们更看得有味道，有一个男同志竟哈哈大笑起来，他说："你们看这个白鬼子被红军杀得四脚朝天……蛮有味道。"

有一次是逢集市日，我们便准备了反日反帝的画报演讲。头一天把反帝画报仔细地向宣传员解释每章画报内容和作用，使宣传员经过这个训练，有充分的把握向观众解释。

有人问"这个人公子拿的什么，怎么跪地下呢"，宣传员解释说"跪在地下那个是帝国主义的走狗蒋介石，手上拿的是中国地方送给帝国主义"。又来一个问题"拿把刀子割人心肝的是什么人"，"这是帝国主义法西斯刽子手，屠杀的是中国工农"。一个农民愤怒极了地说帝国主义国民党真凶啊。

画报讲演的图画要着色，更能引起观众的注意；画报的内容要浅显通俗化，群众易于看懂；宣传员对每张画报应充分地了解，避免误解画意；宣传员要学会启发，使观众互相解答，使宣传能广泛深入；组织画报讲演方式到各村办法更灵活，前一种布置较浪费时间，收容观众也有限。大家看得不愿意走，总是在追问每张画的内容。自从这两次画报讲演收着很好的宣传成效后，我们更普遍地应用了这一方式。①

通过以上文章能够看出，"画报讲演"对原有宣传方式有所突破。就内

---

① 戈丽：《宣传鼓动的又一新方式：画报讲演》，《红色中华》，1934年9月11日。

容而言，"画报讲演"在浅显易懂的基础上进行了精心编排。上述关于"帝国主义法西斯""帝国主义走狗"内容中，画报为农民们的贫苦现状找到了解释路径，"蒋介石和帝国主义的压迫"是根据地贫苦的根源。能够看出，图画中的因果关系表现清晰。新闻生产中，一件事能够登上报刊皆源于一些"新闻价值"，故事内容通常要经过编辑们的挑选，"选出特定活动的出彩部分，剔掉那些无法引起兴趣的部分"①。发表出来的内容是经过筛选的部分。这种选择过程也在图片中得到体现，"杀头""跪下"是上述画报中的视觉"刺点"，点明了农民受压迫的悲惨命运。敌人"四脚朝天""落荒而逃"则显现了敌我斗争中的优势地位，鼓舞农民斗争气势。类似经过编排的"关键场景"是"画报讲演"的特点，它试图在读者阅读过程中留下深刻印象。就传播过程而言，"画报讲演"具有明显引导性。"画报讲演"作为一种观看活动，其本身就包含宣传场景的搭建，"离开观看活动，就不存在观看的主体和被观看对象"②。这种"观看活动"一般选择人流量较大的中心地区，演讲前宣传员经过训练充分把握方向，全面地向观众解释图画内容。从以上案例能够看出，宣传员们在群众阅读过程中不断点题，一幅幅地讲给群众听，避免其误解画意。其间，讲解员始终处在引导位置，担当引领者和掌控者角色，他们决定了读者们看到什么、需要看什么。"画报讲演"的过程中，讲解员控制着基本的互动结构，费尔克拉夫将类似的沟通过程称为"互动控制"③，确保宣传中心主旨得到准确阐释，与读者沟通的话题得到应有选择和更换，进而在"问—答"的互动过程中引导意义的输出。"画报讲演"即是这样的互动过程。将画报宣传嵌入"俱乐部"和"讲演"中，也适应了农村没有大规模出版画报的物质条件。就结果而言，各种宣传方式的结

---

① 【美】赫伯特·甘斯：《什么在决定新闻》，石琳、李洪涛译，北京：北京大学出版社，2009年，第112页。
② 李鸿祥：《图像与存在》，上海：上海世纪出版集团，2011年，第68页。
③ 【英】诺曼·费尔克拉夫：《话语与社会变迁》，殷晓蓉译，北京：华夏出版社，2003年，第130页。

合能够互相取长补短，起到了不错的宣传动员效果。

二、《红星画报》及其图画符号的使用

1932 年，红军第一份画报《红星画报》创刊，画报由工农红军总政治部出版，红星社具体编辑，这是中共政权领导下的第一份军队画报。画报采用石印印刷，原定半月刊，但因条件所限实际上为不定期出版。内容包括宣传马列主义、介绍党的方针、反映军事作战情况、支持国际工人运动、传播日常生活知识，等等。画报封面采用红黑蓝套印，每期设置主图一幅，编辑部提出："要成为启发教育红色战士的良好材料，要成为宣传苏维埃一切策略主张的喇叭。"[①]歌曲《山地军歌》集中体现了画报的战斗性，"我们都是无敌的红军，爬高山如平地，奋勇前进，哪怕它峰高坡陡，坑深路又小，迈步地前进，不要稍留停，让我们艰苦耐劳，英勇和善战，这一次的胜利必定属于我们"[②]。《红星画报》是一份较为轻松的军队刊物，从发行数量和精美程度来说远超此前的画报，开创了军队画报先河。其主要特征包括：

其一，画报从 1932 年创刊，连续发行两年，是苏区时期发行时间最长的画报出版物，代表了当时出版画报最高水平。时间性与公共性是新闻报道的重要特征，画报立足时间节点，有了回应现实事件的能力。譬如，每逢反"围剿"战斗打响，画报都会集中刊登鼓动军民积极对敌作战内容。其二，画报编辑视野并不局限根据地，国际共产主义运动也是其关注重点。1934 年，第 4 期封面绘制了苏联红军图书馆；第 5 期封面又刊登了苏联红军俱乐部大厅，列宁、斯大林、鲁迅、朱德等革命领袖像接连出现（图 2-2）。结合《革命画集》《苏联社会主义建设画集》《苏联青年》等画刊来看，画报对中苏

---

① 《红星画报》第 1~7 期合订本藏于中国革命军事博物馆。第 11 期收于民间藏家，这一期极有可能是最后一期。
② 《山地军歌》，《红星画报》，1932 年第 3 期。

同盟关系极为重视，鼓舞根据地军民士气。其三，画报和其他报刊展开合作，相同的图片出现在不同刊物中。例如，第 7 期刊登的《党支部是游击队的火车头》同时被《红星报》第 3 期刊载（图 2-3）。

图 2-2 《红星画报》[①]　　　　图 2-3 《党支部是游击队的火车头》[②]

　　具体而言，画报在图文结合基础上，对图片宣传方式做了适当探索，主要体现在以下几方面。

　　第一，弱化漫画幽默性，直观呈现政治意图。漫画形式简练，广泛用于政治宣传。一般而言，漫画幽默性是一种较为细腻的心理活动，观看者需读懂图片背后隐含的意义。时人普遍认为，"漫画以讽刺为界限（它的特长为讽刺），表现方法具特殊性（如幽默感）"[③]。林语堂曾说："凡善于幽默的人其诙谐必愈幽稳，而善于鉴赏幽默的人，其欣赏尤在静默的领会，幽默愈幽而愈妙。故译为幽默。"[④] 然而，就革命宣传来说，善于隐晦表现的漫画并不能满足宣传所期待的直观性，画报有意识地调整漫画的表达倾向，在保留简单线条和讽刺性基础上，将那些深奥婉转的幽默情节省去，将政治主张鲜明地彰显出来。图画中"好人"与"坏人"、"我们"与"他们"一

　　① 　《红星画报》，1934 年第 1~7 期。
　　② 　《党支部是游击队的火车头》，《红星画报》，1934 年第 7 期。
　　③ 　毕克官：《中国漫画史话》，天津：百花文艺出版社，2005 年，第 4 页。
　　④ 　林语堂：《"幽默"杂话》，《晨报副刊》，1924 年 6 月 9 日。

目了然。《红星画报》对漫画的表现方式有所弃扬，这里的"漫画"更倾向于一种"政治素描"，此后的画报大多汲取了这一经验。

第二，刊载连环画运用图片故事进行宣传。连环画是《红星画报》常用形式，这种连载的呈现方式，既方便了政治议题深入阐发，也有利于故事全面铺陈。画报第7期刊登连环画《发扬阶级友爱，为巩固部队而斗争》，通过6张图画描绘了阶级有爱6个细节，包括"帮助新战士打草鞋""帮助新战士补棉衣""教新战士认字""帮助病员背枪背包袱""帮助病员打床铺""帮助病员拿药和水洗脚"几部分（图2-4）。连环画将阶级友爱的政治主张逐步落实，形成了若干证明阶级友爱的图画场景，增强了画报图片的劝服能力。此后，中共画报对连环画的使用比例一直较高，特别是典型报道方式兴起后，连环画的编排结构承载了英雄们的典型事迹，甚至木刻、摄影等其他内容也都借鉴了连环画的呈现方式。

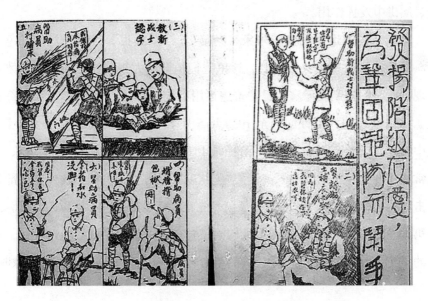

图2-4 《发扬阶级友爱，为巩固部队而斗争》①

---

① 佚名：《发扬阶级友爱，为巩固部队而斗争》，《红星画报》，1934年第7期。

第三，**图像与口号结合**。一直以来，口号是宣传极为重视的政治表达方式，陈独秀曾说："'打倒帝国主义''打倒军阀'这两个口号，是我们分析并归纳中国一切乱源而定出的，始终是我们一切政策之骨干。"[①] "反帝""民族主义""苏维埃"等口号多为中共所提出[②]，这种制造口号的速度和传播口号的能力让国民党颇为紧张："中共所造的怪名词具有伏魇之力，受之者如被伏魇，立即瘫痪而退。"[③] 图片和口号结合产生了相互辅助的效果：一方面，口号充当了图画的文字说明，向读者解释图画的主旨意义；另一方面，图画同样将概念化的口号直观地展现出来，帮助读者提纲挈领地理解口号。现存《红星画报》中所提口号包括"反对日本帝国主义侵略中国的暴行""拥护红军驱逐日本帝国主义出中国""国民党的卖国罪状""整师加入红军去""把红旗插入全中国""动员起来，武装保卫苏区""武装保卫秋收""爱护自己的武器要和爱护眼睛一样"等[④]。"图片＋口号"的组合形式，也在游行、集会、演讲中发挥作用。

第四，**尝试运用图像符号象征功能**。《红星画报》《红星报》《红色中华》同为苏区时期中央级报刊，这里我们稍微放大视野，形成一定基数后发现，此时的报刊图像宣传已经普遍运用了符号象征功能。据统计，《红星报》1931年12月11日创刊至1933年5月15日，共刊登图画30组。《红色中华》1931年至1934年间，刊登图画141组。纵观内容，表现正面形象时，通常使用"火车头""旗帜""镰刀""红星"等符号。例如，在《党支部是游击队的火车头》中[⑤]，"火车头"就是党在军政生活中领导地位的象征。画报第11期封面，描绘了帝国主义和国民党在惊涛骇浪中被吞噬的情景，这里的"巨浪"同样表征了一种巨大的革命力量。相反，刻画敌人负面形象时，

① 陈独秀：《本报三年来革命政策之概观》，《向导》，1925年9月7日。
② 王建伟：《民族主义政治口号史研究（1921—1928）》，北京：社会科学文献出版社，2011年。
③ 蒋介石：《谨告全国国民党同志书》，《时事新报》，1927年5月16日。
④ 《红星画报合集》，1934年第1~7期。
⑤ 佚名：《党支部是游击队的火车头》，《红星画报》，1934年第7期。

通常用"老鼠""狗""猪"等符号象征腐朽与毁灭。表现敌人残暴时，以"尖刀""大炮""骷髅"等符号代表"流血""杀戮""死亡"。[①]霍尔认为，图像中的符号"是各种概念、观念和感情，以使别人用与我们表现它们时大致相同的路数读出、译解或阐释其意义"[②]。借由符号画报鲜明地呈现出政治意图。

对一直强调贴近农民的中共宣传来说，《红星画报》的出版有其重要价值。此后延安时期的《前线画报》承接于此。

三、围绕重要议题出版单页画报

建立苏维埃政权后，宣传内容涉及政权建设各个方面，一批主题式画报应运而生。这些画报单页，每张围绕一个核心议题，具有很强的针对性。涌现出《春耕运动画报》《少共国际师画报》《选举运动画报》《工农妇女起来参加革命战争》《加紧准备大检阅画报》《工农战斗画报》《纪念八一画报》等一批刊物（表2-2）。从时间上来看，中华苏维埃共和国成立后画报出版进入快速期，不仅中央出版了不少单页画报，各地区政府也都有出现。这些画报极大地丰富了宣传品种类，发挥了单页画报的灵活性特点。

表2-2　土地革命时期中共出版的画报

时间	画报	核心主题	详情
1930	《闽西画报》	不详	闽西苏维埃政府主办，闽西画报社发行
1930	《永定画报》	不详	永定县苏维埃政府文化建设委员会

---

①　【英】布鲁斯·米特福德、菲利普·威尔金森：《符号与象征》，周继岚译，北京：三联书店，2012年，第51、224页。

②　【英】斯图尔特·霍尔：《表征：文化表征与意指实践》，徐亮、陆兴华译，北京：商务印书馆，2013年，第7页。

续表

时间	画报	核心主题	详情
1932.2	《春耕运动画报》	扩大农业生产	中央土地人民委员部出版
1932.2	《红军优待条例画集》	红军优待条例	中国工农红军总政治部出版
1932.12	《红星画报》	宣传苏维埃一切主张	中国工农红军总政治部红星社编辑
1933	《红五月画报》	纪念工人反抗	中华全国总工会苏区执行局出版
1933.6	《少共国际师画报》	号召青年加入红军	中共苏区少共中央局编辑
1933.4	《互济画报》	纪念"四一二"，支援革命战争经费	中央苏区互济总会筹委会编辑出版
1933	《瞄准画报》	庆祝军队胜利	湘鄂赣省军区政治部出版，现存第 2 期
1933.8	《选举运动画报》	参与选举	第二次全国苏维埃代表大会委员会
1933	《纪念八一画报》	纪念工农红军成立	湘鄂赣省委编辑出版
1934.3	《三八画报》	妇女儿童拥护红军	反帝拥苏总同盟、全总执行局、少先队总队共同出版
1934	《苏联社会主义建设画集》	苏联社会建设	工农美术社筹备会编辑出版
1934.4	《援助白区工人罢工斗争画报》	支持白区工人罢工，反抗阶级压迫	中华全国总工会苏区执行局出版

（一）结合工作任务，出版主题画报

1932 年，《红色中华》发表社论，强调围绕任务开展工作的重要性："革命一天天紧张地向前发展，我们的任务，也一天天重起来。为要抓紧时机完成自己的任务，要很紧张很实际地去进行一切工作，才能完成自己应尽的责任。"① 动员农民从事劳动生产是画报的重要议题，《春耕运动画报》应运而生。选举是中共大力推进的政治活动，《选举运动画报》集中呈现了人

---

① 项英：《实行工作的检查》，《红色中华》，1932 年 2 月 24 日。

民当家的新气象。扩红是中共立足根据地的工作重点，《少共国际师画报》鼓动青年加入红军。以上这 3 份画报，代表了中共结合工作任务出版主题画报的情况。

首先，农业生产决定了中共能否在根据地生存。梅城在《整理苏区现有生产》中表示："闽赣两省主要出产的是粮食，但是这两年来有走向减少的现象，以瑞金说去年比前年减少百分之卅，春天快要到了这是刻不容缓的一件事。"①《春耕运动画报》针对春耕运动进行宣传，画报由土地人民委员部编辑出版，16 开石印单面墨稿印刷，共 12 幅图画。描绘了展开春耕劳作各场景，中心位置绘制了农民两手托起沉甸甸的木桶的形象，展示农民力量。木桶上印有"斗争"二字，号召农民"努力进行扩大的春耕运动，努力春耕为增加二成生产而斗争，努力春耕，发展苏区经济，改善工农生活"（图 2-5）。

其次，开展选举运动是苏维埃政府反复强调的政治活动。翻阅《红色中华》能够发现，这段时间中共中央反复说明选举意义、价值，希望通过选举活动进行宣传。毛泽东强调，选举不仅是政治活动，更重要的价值在于"粉碎敌人新的围剿，反对帝国主义的瓜分，扩大苏维埃运动于全中国"②。宣传工作表示："内务部教育部及一切文化教育机关，必须广泛地进行宣传组织工作。"③ 在此基础上，《选举运动画报》于 1933 年 8 月出版，由第二次全国苏维埃代表大会委员会编辑，石印单面墨稿印刷（图 2-6）。画报鼓动群众参加选举，"在苏区之内，要动员所有宣传机构和群众团体，进行普遍的宣传鼓励工作，使每个苏维埃公民都知道召集苏联大会的意义，争取最大多数劳动群众参加苏维埃选举"④。画报以"丰碑"为视觉中心，展示广大工农通过选举向敌人发起进攻的场面，左右两边分别绘制"选民大会"和"红军烈士纪念碑"，一名身着农民服饰的人物登台高呼，台下群众纷纷响

---

① 梅城：《整理苏区现有生产》，《红色中华》，1933 年 2 月 10 日。
② 毛泽东：《今年的选举》，《红色中华》，1933 年 9 月 6 日。
③ 中央人民委员会：《关于选举运动的指示》，《红色中华》，1933 年 8 月 21 日。
④ 中共中央组织局：《关于第二次全苏大会准备工作的决定》，《红色中华》，1933 年 9 月 6 日。

应，人们热情高涨。画报还刊登"红军烈士纪念碑""开展查田斗争""在选举运动中扩大红军""在选举运动中经济动员"等内容，提醒农民们选举权利来之不易①。

图 2-5 《春耕运动画报》②　　　　图 2-6 《选举运动画报》③

最后，扩大红军队伍是军事工作的重中之重。战时条件下，"党和群众不得不一齐军事化。怎样对付敌人，怎样作战，成为日常生活的中心问题"④。"少共"既是国际共运史上的重要组成，也是中共在青少年中开展训练的军事组织，起初有 14 个国家参加，由第三国际领导，中国共产党青年团成立后也加入其中。在此背景下，《少共国际师画报》于 1933 年 6 月出版，由少共中央局负责编辑，黑白石印印刷（图 2-7）。画报共 12 张图片，分别描绘各地少年们加入少共国际师的场景，包括"城市青年带领着许多劳苦工农报名""乡队长鼓励队员加入少共师""模范连长在誓师大会后带领整连加入少共师""母女在回家途中鼓励儿子加入少共师""家长看了创立少共师后告诉孩子""青年妇女宣传丈夫加入少共师"。随后 4 幅图画包括"青年们加入少共师后的幸福情景""完成扩红任务后得到了许多光荣的

---

① 《扩大选举运动》，《选举运动画报》，1933 年 8 月 8 日。
② 《春耕运动画报》现藏于北京国家图书馆，2016 年在"红色记忆——纪念中国共产党成立 95 周年馆藏文献展"中对外展出。
③ 《选举运动画报》，1933 年。
④ 毛泽东：《毛泽东选集》（第 1 卷），北京：人民出版社，1991 年，第 63 页。

奖品""工农群众集体慰问少共国际师"以及"充满朝气的小战士们装束齐整奔赴前线"。画报中刊登的歌曲这样写道："炮火连天响，战号频吹，决战在今朝……展开胜利的进攻，消灭万恶的敌人，完成革命胜利。"[①]

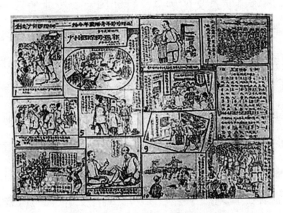

图2-7　《少共国际师画报》[②]

从以上画报能够看出，画报参与了苏维埃建设时期在经济、政治、军事上的重要议题。这些画报主题聚焦鼓动群众响应号召，和连续出版画报相比，不仅传播方式灵活，表达也相对直接，宣传内容一目了然。

（二）围绕纪念节日，出版主题画报

"纪念"本身具有极强的政治动员功能。保罗·康纳顿认为，"有关过去的意象和有关过去的记忆知识，是通过操演来传达和维持的"[③]。宣传很早就注意到围绕纪念日工作的重要性。彼时，5月甚至成为纪念活动频繁出现的"红五月"。第一周就有五一和五四，月底还有五卅。形塑记忆过程中媒介通常起到重要作用，安德森研究表明，大众媒介在民族主义记忆形成过

①　《上前线去》，《少共国际师画报》，1933年6月11日。
②　《少共国际师画报》长58厘米，宽37厘米。
③　【美】保罗·康纳顿：《社会如何记忆》，纳日碧力戈译，上海：人民出版社，2000年，第40页。

程中处于核心位置，"正是大众媒体通过图像和语言的重复，产生了民族主义所必需的团结"①。如果说纪念节本质上是意义重新操演，那么媒体为这样的操演提供了舞台。时人认为，图画对纪念日的呈现具有广泛动员效果："画报是以图画形容事实意义的妙品，譬如国家有庆典的日子或雪耻日，若我们只通过演讲纪念的意义，则只限于一部分人明白，只有识字的人了解，所以画报的宣传效力有为广大。"②宣传工作也围绕纪念日出版了多种画报。

《红五月画报》重温了中共提高劳动者权益的政治主张，指出五一劳动纪念最初是要求工作时间减少与限制，但后来纪念意义逐渐扩大，不仅是要求减少工作时间，更能综合呈现中国工人的悲惨情形，指明是由于资本帝国主义的压迫及土豪劣绅买办阶级剥削造成的。画报号召劳动人民反抗统治压迫，在显著位置刻画了一名工人受到不公待遇的情景，所画人物全身被锁链缠绕，罢工示威工人们最终被军警带走，图绘了国民党的黑暗统治（图2-8）。

《纪念八一画报》由湘鄂赣省委为纪念八一反帝战争和工农红军成立专门刊印。十月革命以后，共产国际为铭记"一战"时苏联和德国的战争，将8月1日定为反对帝国主义动员日。中共作为共产国际的一个支部，每年八一都要举行相应的八一国际赤色日纪念活动。《中国共产党为"八一国际赤色日"宣言》号召："全世界无产阶级与被压迫民族，都要在共产国际口号下动员起来，打倒帝国主义，打倒国民党。"③同年，《关于"八一"纪念运动的决议》再次表示："掀起反帝反国民党运动的高潮。"④《纪念八一画报》主题为"反对帝国主义进攻苏联，实行武装保卫苏联"。图片中苏联地图作为中共与国民党激战背景，号召群众夺取民族革命战争胜利，提出粉碎国

---

① 【美】车尼迪克特·安德森：《想象的共同体：民族主义的起源与散布》，吴叡人译，上海：人民出版社，2005年。
② 文声：《标语画报宣传效力》，《乐园》，1930年第3期。
③ 《中国共产党为"八一国际赤色日"宣言》，《红旗》，1927年7月24日。
④ 《关于"八一"纪念运动的决议》，《红色中华》，1933年7月11日。

民党第四次"围剿"，争取湘西革命首先胜利。此外，还有图片绘制了工农红军高举旗帜，对头戴礼帽的帝国主义代言人国民党发起进攻的场景（图2-9）。

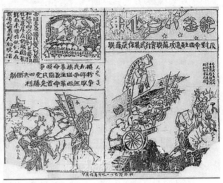

图2-8　《红五月画报》①　　　　　图2-9　《纪念八一画报》②

　　以纪念为主题的画报，重温政治主张的同时，更多为当下政治需要，纪念要想发挥作用需要将历史"延伸到现在和将来的其他事件的叙事中"③。简单来说，纪念画报往往呼应当下政治需要，发挥切实的动员作用。《三八画报》绘制了妇女编织棉衣缝补鞋袜场面，号召妇女以实际行动支援红军（图2-10）。同样《互济画报》以铭记"四一二"为主题，纪念被捕党员群众的同时，鼓励苏区群众援助遇难工友。图画中，各地群众为前线红军捐钱捐物（图2-11）。这样的动员具有普遍性，上文所提及的《红五月画报》也提出，在5月间掀起支援红军的风潮。以上画报不约而同地描绘了各种支援行动，类似"每个工人在红五月做一双布鞋慰劳红军""加入红军去""每个工人领导农民在五月捐助红军给养""把阶级异己分子及贪污腐败分子清理出公会"等反映现实需求的纪念话语接连出现。

---

① 《红五月画报》，1933年4月20日。
② 《纪念八一画报》，1933年。现存湖南省博物馆。
③ 刘东主编：《实践与记忆》，北京：商务印书馆，2014年，第82页。

 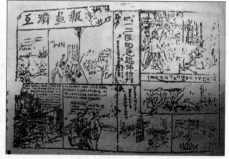

图2-10 《三八画报》① 　　　　　　图2-11 《互济画报》②

　　总体上，以纪念为主题的画报，一方面号召群众身体力行加入组织，动员群众为党提供必要的物资支持，另一方面希望凝聚广大群众认同，树立政权合法性。不可忽视的是，这样的主题式画报凸显灵活性的同时，也显得不太系统。杨尚昆在《转变我们的宣传鼓动工作》中将办纪念画报比喻为"发寒热病症"，署名"阿伪"的作者同样也认为："我们要抓紧各个纪念节，去进行我们的宣传鼓动工作，但是不应当限于纪念节。"③由于实际条件制约，这种运动式宣传更多是策略性选择。

（三）主题式画报宣传的主要特征

　　从以上内容能够看出中共对主题式画报的投入，纵观此类画报具有一些普遍特征。

　　第一，以政治为中心统摄各议题。画报内容丰富，但无论何种主题，始终以政治为立足点，形成了一套动员式的表述框架。例如，春耕运动号召

---

　　① 《三八画报》，由反帝拥苏总同盟、全总执行局、少先队总队出版，工农印刷社编绘，1934年3月。
　　② 《互济画报》，由中央苏区互济总会筹委员编辑出版，石印4开画报，1933年4月12日。
　　③ 阿伪：《关于宣传鼓动员》，《青年实话》，1934年5月。

农民投入生产劳动，具体的表述中，生产具有了战斗作用："春耕不仅关系苏区工农群众日常生活需要的改善，同时关系巩固与加强苏区与红军向外发展的力量。"①画报进而表示，农业生产是武器，"今年努力春耕就能充裕红军粮食，粉碎敌人大举进攻争取革命战争的全部胜利，不仅是在前方火线上拿出冲锋精神来消灭敌人，更是克服敌人封锁来充裕红军战费"②。图片中的"投石图"，清晰地表明劳动与政治联系，画面中农民高大魁梧，高举刻有"春耕"的石头砸向前方，地主与反动军人落荒而逃。为了突出"春耕"爆发的政治力量，图中农民甚至跨出一只脚伸到画框之外，文字表示："努力春耕充实战争经济打倒帝国主义国民党。"③画报中的春耕运动，不仅为了满足对粮食的需求，还被阐发为政治军事斗争方式。与之相似，其他画报也都具有类似叙述框架。《红五月画报》《纪念八一画报》《互济画报》中群众们要用扩红、捐粮、纺衣等方式支援战斗，从中能够看出政治的主导地位。

　　第二，广大工农为表现主体。阶级意识在画报中体现明显。《春耕运动画报》所描绘的动员场景包括"乡代表议会""贫农团会""雇农工会会员"。这些图画都突出了农民的主体地位，图片中的口号由贫农协会提出："为增加二成生产而斗争。"④《选举运动画报》同样突出农民选举，参加选举的人们手持农具衣着朴素，皆以典型的农民形象示人。类似的《红五月画报》和《互济画报》以工人为主要表现对象，画报各个场景的中心人物皆为工人领袖。这样的画面安排有其现实观照。1930年，中共提出"无代价立即没收豪绅地主的财产土地，没收的土地归农民代表会议处理，分配给无地和少地的农民耕种"⑤。画报强调的雇农公社是中共领导下的劳动互助组织，"农村中农民互相帮助、做工，使一方面劳动力有余的不致闲置，一方面劳

---

① 《临时中央政府关于春耕问题的训令》，《红色中华》，1932年2月10日。
② 《关于春耕运动的号召》，《红色中华》，1933年3月30日。
③ 《春耕运动画报》，1933年。
④ 《春耕运动画报》，1933年。
⑤ 湖南省财政厅:《湘鄂西、湘鄂川黔革命根据地财政经济史料摘编》,长沙:湖南人民出版社,1998年,第209页。

动力不足的，不致把农事废弃"①。画报宣传的春耕运动发生在贫农和雇农间，表现了无产阶级间的亲密合作。而关于选举则提出凡是农业工人都有选举权，不论男女老幼都可加入，但地主、富农、资本家以及其他无选举权的一律不准参加。正因如此，画报中的农民参选，不仅是政治权利，也是种政治身份象征。

第三，通过"竞赛比拼"进行政治动员。画报中的"竞赛"，不仅是业务层面较量，更是政治动员方式。1932 年，中央下达劳动生产的指示，要求各地"把春耕运动作一大宣传鼓动，动员广大群众了解发展生产与加强革命力量的意义"。指示同时强调，用"革命竞赛的方法去鼓励群众，发动群众特别要由雇农工会贫农团来领导"②。《春耕运动画报》号召大家生产竞赛，按照要求这种"竞赛"不仅是局部的，还应是整体的。1933 年 2 月，中央政府土地部在《春耕计划》中再次明确："要组织生产竞赛，乡与乡赛，村与村赛，家与家赛，团体与团体竞赛，机关与机关竞赛，甚至个人与个人竞赛。"③画报忠实反映了这一点，图画中乡代表提出"我们要进行劳动竞赛"，甚至儿童要被动员起来"今天我去了儿童团大会，我们决定每天一早赶来"④。同样根据《少共国际师画报》描述，"扩红"也以"比拼"来完成，要以比一比的方式完成组建少共国际师的任务。

"竞赛比拼"最大程度地动员了农民力量。1933 年 5 月，毛泽东再次号召将生产竞赛推向高潮，这次他专程来到瑞金武阳，在竹头下召开了"春耕生产赠旗大会"，表彰春耕运动中的竞赛能手。宣传部表示，要将几个生产线上的个人英雄"都高高地放在我们的红版上"⑤。

---

① 余伯流：《中央苏区经济史》，南昌：江西人民出版社，1995 年，第 112 页。
② 《临时中央政府关于春耕问题的训令》，《红色中华》，1932 年 2 月 10 日。
③ 余伯流：《中央苏区经济史》，南昌：江西人民出版社，1995 年，第 136 页。
④ 《春耕运动画报》，1933 年。
⑤ 《春耕运动的总结与夏耕运动的任务》，《红色中华》，1934 年 5 月 28 日。

第三节 抗争与建设：农村画报的宣传重心

政权合法性的形成过程，也是获得民众认同的过程。其间，宣传起着举足轻重的作用，洛甫坦言："在苏维埃运动中，我们正在'大批改造人'，除了用革命实际所给予的鲜明的训练外，又应该通过系统的宣传。"[①] 在宣传工作者眼中，中国缺乏合格的宣传对象，只知有个人而不知有国家，具备一定文化知识的人群也只限于精英阶层，农民们对政治没有兴趣，革命参与度也不高。毛泽东曾深刻总结说："许多时候，群众在客观上虽然有了某种改革需要，但在他们主观上还没有这种觉悟，我们就要有耐心，经过我们的工作，自愿实行改革，才去实行这种改革。"[②] 画报宣传"反帝""反封建"主张也是"唤醒国民"之过程。

按列宁观点，宣传最重要的是向群众提供一个观念。画报一方面集中呈现中共"反帝""反军阀"政治主张，另一方面运用图像符号，形塑了中共革命者形象，发挥视觉化宣传特点。就创办画报初衷而言，注意到图像在普通群众中的宣传优势。法国心理学家勒庞认为，原子化的群众容易受符号影响，他们听从感情，不是那么理性，集群"是通过图像进行思维的"[③]。我们大体能够认同勒庞对符号更具感染力的观点，画报也向我们展示了类似能力。

---

① 洛甫：《论苏维埃政权的文化教育政策》，《斗争》，1933 年 9 月 15 日。
② 毛泽东：《文化工作中的统一战线》，载《毛泽东选集》（第 3 卷），北京：人民出版社，1969 年，第 913 页。
③ 刘海龙：《宣传：观念、话语及其正当化》，北京：中国百科大全书出版社，2013 年，第 58 页。

一、唤醒根据地民众“反帝”意识

“反帝”始终处在民族主义运动的核心位置，有极为丰富的合法性资源。如罗志田所言：“中国权势结构的一个特征，即外国在华存在的实际和隐约的控制力量。”[①]众多反帝话语堆砌下，帝国主义侵略成为中国人的创伤记忆。费正清也曾指出：“帝国主义的真正的创痛是心理的。对于任何具有自豪感的民族来说，它最令人感到羞辱。”[②]事实上，中共“反帝”口号提出深受苏俄影响，早在 1920 年共产国际第二次大会上，列宁便系统阐述了帝国主义对半殖民地落后国家的压榨，此后中共逐渐将反帝理论纳入自己的政治纲领中。然而，此时画报突出宣传“反帝”主张和彼时斗争形势有关。

民族主义的反抗与建设一体两面相辅相成。同是“反帝”的国民党与共产党理解各异。国民党认为，革命目标始终是对内而不是对外，特别是北伐之后，国民党对外国势力的态度逐渐缓和，鲍罗廷就曾批评：“国民党不是反帝的，它缺乏足够的民族主义色彩，缺乏彻底的反帝精神。”[③]容易理解，处于国民党“围剿”下的中华苏维埃亟须获得政权合法性，更为彻底的“反帝”立场恰恰与国民党形成对比。由此角度看，画报所宣传的反帝主张包括以下几点。

首先，控诉帝国主义者的领土侵略。《红星画报》第 11 期绘制了日本帝国主义者侵占中国领土的图画，画面中帝国主义者面目狰狞，将象征福建的“馒头”抓入手中，同时还窥视着中国其他省份，形象地揭示了帝国主义者的侵略行径（图 2-12）。为了更为深入地揭示中国被侵略的严峻状况，图画还突出了帝国主义者你争我夺的场面，中国的羸弱一目了然。同样，

---

① 罗志田：《乱世潜流：民族主义与民国政治》，上海：古籍出版社，2001 年，第 5 页。
② 费正清：《伟大的中国革命：1800—1985》，北京：世界知识出版社，2000 年，第 57 页。
③ 中共中央党史研究室第一研究部译：《联共（布）、共产国际与中国国民革命运动（1920—1925）》，北京：北京图书馆出版社，1997 年，第 421、423 页。

1933 年 4 月发表的《南洋代管岛问题》中，美、德、意以"恶狗"形象示人，三国争先恐后扑向南洋三岛，中国领土被描绘成"骨头"，由帝国主义国家肆意围猎（图 2-13）。近代中国屡次在对外战争中割地赔款，画报集中刊登帝国主义者抢占中国领土的内容，容易引发读者共鸣，具有普遍号召力。

图 2-12 《帝国主义侵略中国的暴行》局部 [1]　图 2-13 《南洋代管岛问题》局部 [2]

其次，抨击帝国主义对中国人的压榨。 画报叙述框架中，"反帝"和底层民众切身利益有关，帝国主义者欺压盘剥中国人的场景高频出现。《红星画报》有内容表现出，中国人双膝跪地双手捆绑，帝国主义者手举大刀大肆屠杀，文字写道："这样的屠杀有两万人。"（图 2-14）不仅如此，画报还将群众生活贫苦和身体劳累指向帝国主义盘剥。在《日本帝国主义强迫修路》中，监工者手拿长鞭催促劳工继续工作，工人们疲惫不堪衣衫褴褛，帝国主义者则膀大腰圆，尽显贪婪本质，画报为农民的艰难处境找到了现实原因（图 2-15）。类似图片还在《红色中华》《红星报》等报中广泛涉及，据统计，1931 年至 1934 年间《红色中华》共刊出漫画 141 幅，其中涉及帝国主义对工农进行迫害的就有 30 幅，占了总数的 21%。

---

① 《帝国主义侵略中国的暴行》，《红星画报》，1934 年第 11 期。
② 《南洋代管岛问题》，《红色中华》，1933 年 4 月 14 日。

图2-14 《日本凶手》局部①　　　图2-15 《日本帝国主义强迫修路》局部②

对比是画报呈现帝国主义压榨的重要表现方法。图片中，国家任人宰割，侵略者贪婪狡诈，中国人民饱受摧残，通常以瘦弱、下跪、捆绑等状态出现，剥削、压迫、屠杀种种痛苦说不清。画报内容中的对比"抓住群众日常的迫切痛苦，激发一种愤懑情绪"③。图片有凝固悲痛的能力，加深读者对帝国主义的仇恨，同时也唤起根据地群众的民族危机感。

最后，强调中共反帝立场与力量。画报一方面重温共产党反帝传统，另一方面强调了中共是世界反帝同盟一员。譬如，图画《五卅之血》便通过唤起历史记忆来显示中共反帝传统。"五卅运动"有广泛影响，正是由于它的爆发，"反帝"才获得全社会响应。钱玄同曾说："反抗帝国主义这句话空喊了几年，借助五卅惨剧发生，反抗帝国主义的实行期便从此开始了。"④画面上脚踩木屐的日本帝国主义者和印有米字旗的英帝国主义者手持尖刀长枪，肆意屠杀工人阶级，文字阐明："全中国的民众们，在今年五卅的纪念节，我们将继续那时的反帝国主义的精神，一致武装起来，团结起来，开展民族革命战争。"⑤

---

① 《日本凶手》，《红星画报》，1934年第11期。
② 《日本帝国主义强迫修路》，《红星画报》，1934年第11期。
③ 《动员群众扩大反帝运动的决议》，载中共中央宣传部办公厅：《中国共产党宣传工作文献选编》，北京：学习出版社，1996年，第1010页。
④ 钱玄同：《反抗帝国主义》，《语丝》，1925年6月15日。
⑤ 《五卅的血》，《红色中华》，1933年5月20日。

同时，画报还将反帝主张和世界反帝同盟联系起来。彼时，各党派都对什么是帝国主义，以及如何认定帝国主义，有不同的认识。国民党认为，"反帝"是为了取得国民革命的胜利，从而建立统一的国家，由内而外地解决国外势力，而中共将中国革命和世界革命联系起来，认为"革命的对象是国际帝国主义，中国的阶级战争，就是国际的阶级战争"①，号召组成世界无产阶级大联盟，推翻统治阶级。潘汉年发表文章详细阐述中国革命与世界革命的关系，他说："苏联与中国的无产阶级及一切劳动群众，是兄弟联盟的关系，我们要与苏联无产阶级共同来纪念苏联社会主义的胜利，及中国工农民主专政的苏维埃政权的巩固与发展。"②《红星画报》刊登的《八一·红军抗日誓词》这样写道：

> 我们是工人农民的军队，我们是抗日反帝的先锋；日本帝国主义侵略中国，屠杀我们的兄弟，我们誓死反对；国民党是汉奸卖国贼，我们在苏区推翻了帝国主义统治，国民党想把苏区消灭；苏联是反帝大本营，是中国民众的好朋友。③

以上誓词表明，苏联和中共形成了坚定的反帝同盟，而国民党和日本沆瀣一气，两大阵营不仅是国共两党的较量，也是反帝派与帝国主义者的较量。不难理解，画报大量刊载有关苏俄主题的内容，是为了体现亲密的中苏关系和强大的反帝力量。例如，《红星画报》第4期刊登了介绍苏联社会建设的图片，取得反帝胜利的苏联人民过着充实而平静的生活，列宁和斯大林的肖像画也都有出现④。提醒群众明白正邪、分清敌我，在物质和心理上增强信心。

---

① 蔡和森：《蔡和森文集》，北京：人民出版社，1980年，第74~79页。
② 潘汉年：《十月革命纪念与社会主义的胜利》，《红色中华》，1933年10月24日。
③ 《红军抗日誓词》，《红星画报》，1934年第4期。
④ 《苏联红军之图书室》，《红星画报》，1934年第4期。

统而视之，画报表现了中共坚定的反帝立场和强大的反帝力量，将各种反帝主张转译成图片，展现了"最积极""最前列""最彻底"的反帝姿态。"九一八"后，日本对中国的侵略日益加重，画报中的帝国主义者也大多指向日本。画报呈现的"反帝"内容显示了以下特点：第一，画报将帝国主义侵略与社会革命、民族革命、世界革命结合起来，为"反帝"提供现实意义；第二，原本在知识分子中的反帝观念，画报以图解形式将其与普通群众切身感受联系起来，"反帝"的抽象口号变得具体；第三，"一面打倒欧美式之帝国主义，一面又拥抱苏俄式之帝国主义"质疑在此并不存在①，画报集中展示了中共与苏联的反帝同盟关系，将苏联与帝国主义者区分开。简单来说，画报宣传了"反帝"主张，唤起根据地群众的民族主义意识，进而将根据地民众团结在党的周围。

二、号召广大军民"打倒军阀"

20 世纪 20 年代，"军阀"是一个极具贬义的词汇，但凡被称为"军阀"者均受口诛笔伐，"打倒军阀"口号蕴藏着巨大的政治资源，充满鲜明的正当性。中共最早高举打倒军阀的旗帜，北伐时期"打倒列强除军阀"为国共共同主张，不到两年时间取得了对直、奉、皖军阀的胜利，孙传芳、吴佩孚等"旧军阀"逐渐退出中国政坛中心。国共合作破裂后，面对国民党的围剿中共将批评矛头指向蒋介石，批评其为"新军阀"。画报集中力量抨击了"新军阀"的反动行径，宣传中共打倒军阀的革命立场。

宣传策略上，画报将"反军阀"和"反帝"统一。中共在"军阀"与"帝国主义"关系阐释中认为，军阀是帝国主义在中国的代理人，而帝国主义被视为各派军阀的后台。蔡和森提出："帝国主义既是压迫中国的仇敌，又

---

① 《中国自行解决之道》，《大公报》，1927 年 4 月 26 日。

是军阀存在、国家分裂、内乱永续的原动力。"① 陈独秀也曾表示："'打倒帝国主义''打倒军阀'这两个口号，是我们分析并归纳中国一切乱源而定出的，始终是我们一切政策之骨干。"② 土地革命时期，中共将国民党视为"新军阀"，《中华苏维埃共和国中央执行委员会布告》表示："从今日起，中华领土之内已经有两个绝对不相同的国家：一个是所谓的中华民国，他是帝国主义的工具，是军阀官僚地主资产阶级，用以压迫工农兵士劳动群众的国家。"③

在中共革命主张中"三座大山"（帝国主义、封建主义、官僚资本主义）是压迫中国人的痛苦根源，只有彻底全部地将其推翻才能取得最终胜利。将"军阀"与"帝国主义"联系起来，既体现了中国革命的复杂性，也将"三座大山"归统起来，共同指向"统治阶级"，有助于更为有效地政治动员。针对这种情况，画报在集中宣传"反军阀"的同时，将军阀与帝国主义勾连起来，在叙述框架上打通了"军阀""帝国主义""统治阶级"三者的关系，通过"打倒军阀"来提出"反抗压迫""反对统治者"。

具体内容上，画报集中描绘了军阀的反动行径。画报中国民党往往以帝国主义"傀儡"身份示人。《蒋介石和帝国主义者》一图将苏区置于中国版图中心，帝国主义者手拿武器逼近根据地，国民党则是帝国主义帮凶，手持"扫把"欲清理"苏区"（图 2-16）。直到长征前最后一期《红星画报》，还刊登了日、美、英和国民党在翻天巨浪中被吞噬的图片（图 2-17）。相对帝国主义者"傀儡"，军阀所把持的"军人政治"更能激起人们的普遍不满。在《国民党的罪状》中，图画呈现了国民党屠杀爱国人士的场景，身后的群众被迫禁止发声④。与之形成鲜明对比的是，中共军队纪律严明，军事训

---

① 蔡和森：《外力、中流阶级与国民党》，《向导》，1923 年 1 月 18 日。
② 陈独秀：《本报三年来革命政策之概观》，《向导》，1925 年 9 月 7 日。
③ 《中华苏维埃共和国中央执行委员会布告》，载江西省档案馆编：《中央革命根据地史料选编》，南昌：江西人民出版社，1982 年，第 201 页。
④ 《国民党的罪状》，《红星画报》，1934 年。

练与政治学习同样重要，是打倒军阀的先进武装力量①。宣传话语中，"党军"和"军阀军队"截然不同，前者是人民军队，后者是私产。正因如此，画报通过展现军阀的残暴、邪恶、不堪一击，衬托中共军队的革命性与先进性。此时，画报在"自我呈现"和"呈现他者"之间大多选择后者，在严峻的战争形势下，着力突出敌人的邪恶。值得注意的是，画报中的蒋介石国民党已然成为最大的"新军阀"。

图2-16 《蒋介石和帝国主义者》②　　　　图2-17 《红星画报》③

　　画报中的"反军阀"与"反帝国主义"密不可分，最终都指向统治阶级。虽然此时中共画报在数量和质量上都有待提高，但"反军阀"的宣传经验影响深远：一来，国民党在中共画报中"新军阀"形象就此确立，此后的政党竞争中，"新军阀"始终为画报着力呈现内容；二来，画报区分了"党军"与"军阀军队"的不同，这样的区分为以后的军事动员提供了基础。

---

① 《发扬阶级友爱，为巩固部队而斗争》，《红星画报》，1934年。
② 《蒋介石和帝国主义者》，《红星画报》，1934年。
③ 《发扬阶级友爱，为巩固部队而斗争》，《红星画报》，1934年。

三、打造中共与广大工农的革命形象

形象塑造是画报宣传的重要功能。具体而言，画报一方面以"制造差异"的方式呈现出中共政党的优越性，另一方面通过拥军、扩红等场面展现工农群众形象。在此过程中，女性的特殊地位被凸显出来，图画通过动作、衣着、发型等身体符号，刻画出"农村女性"向"革命女性"的转变过程。

（一）塑造中共政党的革命形象

索绪尔认为，意义的发生是差异的结果，"我们会将它与其对立面加以对比，意义是关系的产物。正是白与黑之间的差异在指出意义，承载意义。所以意义依赖于对立者的差异"[1]。"差异"是辨别"人我"的最有效手段。如上文提及，彼时中共政党的直接竞争对手为国民党，画报通过"制作差异"将中共政党的革命形象树立起来。

在敌我二元的形象塑造中，革命形象往往交由"军阀""帝国主义"加以差异化呈现。"压迫与反抗""正义与非正义""革命与反革命""凶残与善良"一目了然。譬如，《打倒屠杀工农的刽子手国民党》图画中，国民党军阀身着戎装，手持带血尖刀屠杀工农，画面下方摆满白骨，国民党的残暴与工农的悲惨境遇形成"差异"。类似表现方式在《反对国民党的白色恐怖》[2]中也有体现，国民党被描绘成青面獠牙状，手持长刀脚踩白骨向工农发起进攻。就有红军战士总结说："帝国主义，戴纸糊的高帽子，用棉花做的山羊胡子；资本家穿一身西装、腆个大肚子；地主，穿长袍、马褂，戴瓜皮帽，那时给蒋介石画的漫画很形象，画得很瘦，太阳穴旁边贴块太

---

① 【英】斯图尔特·霍尔：《表征：文化表象与意指实践》，徐亮、陆兴华译，北京：商务印书馆，2003年，第8页。

② 《反对国民党的白色恐怖》，《红色中华》，1934年5月9日。

阳膏药。"①

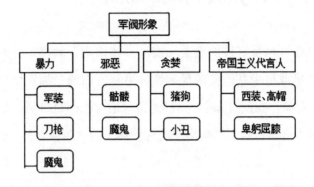

图 2-18　军阀形象的符号设置

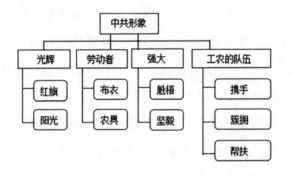

图 2-19　中共形象的符号设置

　　一般情况下，表现军阀凶残时，图画常以"尖刀""白骨""血迹"等符号象征恐怖、邪恶、暴力（图 2-18）。表现中共形象时则以"红旗""阳光""簇拥"来体现强大、希望、光明（图 2-19）。为了配合"制造差异"的形象塑造法，画报在叙事方式上也设计了不同框架，关于"饥饿"的表述就揭示了两种不同情况。中共政权下的"饥饿"体现了付出喜悦，农民们"节省了成捆粮食""积极奔走喜笑颜开""打开米缸赠予红军"。军阀统治下"饥

---

　　① 刘毅然：《原战士剧社部分红军老战士座谈侧记》，载《中国人民解放军文艺史料选编·红军时期》，北京：解放军出版社，1986 年，第 179 页。

饿"来自残酷剥削，农民们"垂头丧气""骨瘦如柴"。葛红兵、宋耕的研究表明，在饥饿政治中"人们不应该为饥饿感到羞耻，也不应该试图用劳动来免除饥饿，相反免除饥饿的唯一征途是革命，只有革命才能消除真正的饥饿，这就是中国饥饿的政治学"[①]。通过下表我们能够看出，"立场"在不同叙述框架中发挥了核心作用（表2-3）。

表2-3　画报中涉及国共两党的不同叙述框架

	国民党	共产党
立场	反对	支持
终极价值	推翻军阀统治	人民翻身
现实价值	反纳税纳粮	支援红军给养
意象	逼迫上缴、逃离家园	积极支持、粮食丰收、安居乐业
符号	骨瘦如柴、哭泣	微笑、欢呼、奔走
叙述	民不聊生，苛捐杂税繁重 工农怨声载道	军民一家，积极主动上交税费慰劳红军

符号的意义是飘忽不定的，同样的符号传达的信息有可能截然相反，只有将其限定在一个既定框架中才能明确意义指向。能够发现，由于表现主体不同，"差异"是带有指向性、框架性的建构方式，画报图片中的"压迫—反抗""节约—光荣"分别对应了国民党的黑暗统治和中共政权的正义救赎。形象塑造过程中，"个体的不满转变成了集体的不满，而集体的不满又具有了阶级神话的性质，它又是与地方性经验联系在一起"[②]。这恰恰成为画报视觉动员的内在机理。

---

① 葛红兵、宋耕：《身体政治》，上海：三联书店，2005年，第117页。
② 【美】詹姆斯·C.斯科特：《弱者的武器》，郑广怀、张敏、何江穗译，南京：译林出版社，2011年，第53页。

（二）打造工农群众革命者形象

一直以来，中共将工农群众视为依靠对象，从中共"二大"开始"群众"被赋予重要地位，使党成为一个"群众党"[①]；"三大"提出要开展"国民运动""劳动运动""妇女运动""青年运动"[②]；"四大"再次强调革命运动要依靠"劳动群众""工农群众""农民群众"[③]。学者高原认为，中国革命正当性有3个核心主题，包括"阶级斗争""实质民主""国民革命"[④]，在革命道路的阐释中，这3个核心主题的正当性都和"工农群众的需要"有关。换句话说，画报的叙述将党与群众画上等号，集中力量塑造工农群众革命者形象，这既符合立足工农的阶级立场，同时也通过"革命形象"动员根据地群众支持苏维埃政权。

第一，通过"拥军扩红"呈现工农"理想人格"。纵观本阶段中共画报，包括《互济画报》《三八画报》《红五月画报》《春耕运动画报》在内，都以较大篇幅刊登农民支援红军的场面，具体有送棉衣、送粮食、帮助织布鞋等。《互济画报》还热情洋溢地呼吁"展开募捐活动，支援革命战争经费和前线红军"[⑤]。红军所到之处，各地居民奔走相告，自动打开寨门与红军联合，捐款捐物慰劳红军，大车小车推着粮食送给红军。在种类繁多的拥护内容中，积极"入伍"是群众支持红军的最佳例证。《少共国际师画报》就描绘了各地少年誓师加入"少共"的场景，新兵们纷纷振臂挥拳，呼喊拥护中共的政治口号。以上画报呈现的拥军内容，无外乎展示工农群众毫无保留地支

---

① 中央档案馆编：《中共中央文件选集》（第1册），北京：中共中央党校出版社，1982年，第90页。
② 中央档案馆编：《中共中央文件选集》（第1册），北京：中共中央党校出版社，1982年，第148~149页。
③ 中央档案馆编：《中共中央文件选集》（第1册），北京：中共中央党校出版社，1982年，第329~341页。
④ 高原：《中国革命正当性建设中三个核心政治主题的形成（1921—1923）》，《开放时代》，2016年第2期。
⑤ 《互济画报》，1933年4月12日。

持政权，这恰恰是党所期待的"理想人格"，是工农革命形象的内在机理。进言之，"思想不能实现什么东西，为了实现思想，就要有使用实践力量的人"①。画报不仅承担"唤醒"责任，还需动员群众对中共政权以实际支持，号召群众身体力行地拥护苏维埃政权。

第二，打造工农形象的同时彰显革命性。视觉符号具有"隐喻""转喻"的修辞功能，这些符号不仅是形象的简单复制，更蕴藏了丰富的"所指"意义。就画报中的工农形象而言，很多符号都具有表征"革命"的作用，其中"振臂挥拳"是本阶段画报呈现工农人物时常用的身体姿态，《春耕运动画报》《选举运动画报》《红五月画报》等都包含相关场景。身体研究表明，动作具有普遍的政治意涵，"振臂挥拳"显现了"力量和斗志，具有象征胜利的意义"②。也就是说，画报中工农"振臂高呼"的形象，传递了群众对中共的"支持"与"响应"，进而表现出"振奋"与"坚定"的革命意志。类似视觉符号在此后画报中不断衍生，"昂首阔步""目光坚毅""魁梧有力"的工农形象都被赋予了革命意涵。

第三，搭建视觉场景，凸显工农革命者形象。在列斐伏尔看来，空间并非社会关系的容器或平台，而是有目的的社会实践，具有意义指向与生产性，它在气氛营造和意义建构方面发挥作用。《红五月画报》《选举运动画报》《三八画报》中都出现了一定数量的视觉场景，具体刻画了工农群众汇聚在一起，积极响应中共各种号召。在空间政治中，户外有别于家庭，带有明显公共性，投入革命浪潮很大程度上意味着从封闭的山村步入社会世界。图画中，"广场誓师""广场抗议""广场纪念"等场景，昭示了工农参加社会运动的热情（图 2-20）。图画还设置了"主体—陪体"的人物关系，中心人物通过大小、明暗、位置等绘图手法凸显出来，他的出场像磁铁一

---

① 中共中央马克思恩格斯列宁斯大林著作编译局：《马克思恩格斯全集》（第 2 卷），北京：人民出版社，1995 年，第 15 页。
② 【英】戴斯蒙德·莫里斯：《身体语言》，梁豪译，上海：三联书店，2003 年，第 69 页。

般俘获了众人目光，围绕中心人物的围观人群远远延伸（图 2-21）。能够看出，视觉场景中的仪式发挥了关键运用，彭兆荣认为"仪式中包含着明显的权力话语，仪式也有助于凸显权威"[1]，类似造型方法在此后画报中得到了充分发挥。

图 2-20 《选民大会》局部[2]　　　　图 2-21 《红军优待条例画集》局部[3]

如果说塑造中共政党形象是为了建构政权合法性，那么呈现广大工农的革命者形象则更倾向于政治动员，将群众组织起来。虽然仅通过画报文本我们很难获得效果层面的反馈，但就建立中华苏维埃政权的结果来看，宣传发挥了很好作用。

（三）从"农村女性"到"革命女性"

在建设苏维埃政权的过程中，女性越来越受到重视，为了呈现妇女对政权的支持和拥护，画报集中塑造了具有革命者特征的女性形象。

现实场景中，农村妇女的命运转变确实得益于中共"解放"。1930 年，中央提出："彻底地实行妇女解放，使妇女能够事实上有脱离家务束缚的物

---

① 彭兆荣：《人类学仪式的理论与实践》，北京：民族出版社，2007 年，第 64 页。
② 《选民大会》，《选举运动画报》，1933 年。
③ 《红军优待条例画集》，1932 年。

质基础，而且参加全社会的政治文化工作。"①在此基础上，中共主要通过三方面释放了妇女革命力量。其一，经济上倡导妇女经济独立，号召妇女投入经济生产。政府规定："苏维埃政府之下农村妇女与男子享有同等土地权，并且妇女亦与男子一样有独立支配自己所分配得来的土地的自由。"②其二，生活上支持婚姻自由、打破传统道德枷锁，《中华苏维埃共和国婚姻条例》规定，"废除一切封建包办、强迫和买卖婚姻制度，废除聘礼及嫁妆，实行一夫一妻，禁止一夫多妻"③。其三，政治上妇女享有和男性同等的地位，进而提高妇女参政程度。

在给妇女平等地位的同时，也运用"革命家属"这一政治身份进行动员，画报运用了一些视觉符号，呈现了"革命家属"的形象特征，展示了女性对苏维埃政权的支持。具体包含：

首先，以"衣着"展示女性革命者形象。具体的符号，对人们的行为和信念发挥着引导、授权、质疑或申辩的功能，而衣着"不仅表现了人类遮蔽和温饱的物质需求，也表现了对精神性的需求"④。画报中的革命女性要么挽上袖子，要么挽起裤腿，服饰边缘常常设有褶皱，裤腿中间打着补丁。这样的形象，既展示了女性的强健体魄，也彰显了女性的劳动阶级身份，此类服饰和都市画报中旗袍短裙的摩登形象有明显不同。简单来说，衣着表征了中共女性朴素而强健的气质，女性革命者形象变得可见。

其次，借由"短发"彰显女性革命者形象。革命者一贯推崇女性切勿爱修饰，丁玲回忆文章中就曾提及自己剪发的情景："那时在学校里举行辩论会，讨论很多妇女问题、社会问题，会后许多人都把辫子剪了，我也不假思索地跟着做，现在剪发是太平凡了，而且成为当然的现象，那时却是

---

① 中共中央文献研究室、中央档案馆编：《建党以来重要文献汇编（1921—1949）》第7册，北京：中央文献出版社，2011年，第224页。
② 中华全国妇女联合会、妇女运动历史研究室编：《中国妇女运动历史资料（1927—1937）》，北京：中国妇女出版社，1991年，第77页。
③ 江西省档案馆编：《中央革命根据地史料选编》，南昌：江西人民出版社，1982年，第195页。
④ 葛红兵、宋耕：《身体政治》，上海：三联书店，2005年，第75页。

件大事。"①《三八画报》中就有这样一组图画：农村妇女头发凌乱眼神恍惚（经济权得不到保障、婚姻不自由），中共的女性政策实施后妇女们剪了短发显得精神焕发（获得权利，参加革命）（参见上文图 2-10）。同样，在《春耕运动画报》中，提出努力春耕就能增加出产的女性劳动者形象皆是短发。现实世界中"头发"确实能够象征政治意志，甚至出现过女性"到妇女独立团后，我们都把头发剃得光光的，穿起新军装，打起绑腿，戴上斗笠，背上步枪，同男战士一模一样"②。质言之，画报图画中的女性剃发，不仅是生活需要，更是一种头发的形象政治。

在此基础上，画报设置了一个层层递进的论述框架，凸显农村妇女成为革命女性的变化过程。具体分为三个步骤。第一步，获救。妇女在窘迫的处境中获得中共政权解救。第二步，鼓励男性加入革命。妇女翻身后认识到了中共正确领导，鼓励丈夫、儿子加入红军。第三步，自己加入革命队伍。成为"红属"的革命女性有着极高的政治觉悟，身体力行地投入战斗中。从支持家人参军到自己参军，妇女们的政治参与度越来越高，革命者形象也越发高大。《红色中华》也有文章表示："我们的老公、儿子、兄弟武装上了前线，我们自己难道不应该武装起来保卫苏维埃吗？真正模范的苏维埃公民，一定要能够打仗，一定要组织赤少队，这任务首先要我们红军家属负担起来。"③画报展示并构建起"红属"们对革命事业的支持。

整体上，画报通过视觉符号和叙事策略，呈现了中共政党的革命形象，着重刻画了农村女性革命化过程为中共政权获得更多认同贡献了力量。在此，画报为工农群众等读者们提供了一个平等感、权利感、身份感、幸福感的展示空间。此时，宣传已经开始尝试运用更为复杂的视觉语言进行形象建构，努力发挥画报的视觉媒体特征，为此后的画报发展提供了经验。

---

① 丁玲：《我怎样飞向了自由的天地》，《时代青年》，1946 年 5 月。
② 赵兰：《妇女团生活片段》，载《星火燎原选编之三》，北京：中国人民解放军战士出版社，1980 年，第 191 页。
③ 《瑞金全县红军家属代表大会给全苏区红军家属的通电》，《红色中华》，1934 年 8 月 8 日。

小　结

　　土地革命时期中共的画报发展正式起步，不仅出版了第一份红军画报《红星画报》，还出现了一系列以具体任务为导向的单页画报。画报发展和中共所处现实环境息息相关。宣传面对农民文化水平较低、思想尚未觉醒现状，画报获得了更大的发展空间。

　　虽然条件有限，但宣传系统依然因地制宜地集中培养了绘图人才，采用了灵活多样的传播方式，重点宣传"反帝""反军阀"政治主张，树立了中共和工农群众革命者形象，在唤起农民政治意识的同时，形塑了政权的合法性。与此同时，本阶段画报的发展过程也有一些不足，由于出版条件和大范围军事转移所限，大部分画报只出版一期便销声匿迹，即便倾力打造的《红星画报》也未能实现定期出版。正因画报在内容上强调直观，也使得宣传的说教意味较浓，生动性不足。但总体而言，土地革命时期的画报事业较此前有所发展。作为一种有别于文字宣传的报刊类型，丰富了中共困难时期的宣传方法，在政治动员和宣传教育方面发挥作用，为苏维埃政权建设贡献了力量。此处不避烦琐，上文提出的"农村画报"在本阶段呈现出以下几点特征。

　　第一，就形式而言，所谓"农村画报"更倾向于一种"宣传小报"。以单页和小册子为主，便于在各地张贴，体现了农村画报的灵活性。第二，就内容来说，"农村画报"注重图像语言，简单直白。以图解方式将政治主张解析给农民，内容和主题一目了然，体现了画报宣传的通俗化要求。第三，就目标定位而言，此时画报还是其他宣传形式的补充。在丰富文字刊物的同时和"口头宣传""俱乐部活动""讲演"结合，组成了丰富多样的宣传实践类型。

第三章

抗战时期中共画报渐趋充实

1937 年，日本发动全面侵华战争，国共进入第二次合作阶段。为了动员各方力量更好地建设根据地，并将敌后战场抗日情况传播出去，画报发展迎来了新契机。随着更多画报人才的到来，宣传组织在延续以往美术画报出版的同时，还发展了一批摄影画报。此类画报以摄影图片为主要载体，通过"形式真实"的媒介特征，传播了敌后战场实际情况，发挥了对内动员对外抗争功能。本章重点关注抗战时期中共持续投入画报的动因，厘清画报在传播环境、宣传内容、人员组织等方面的变化情况。

第一节　中共持续发展画报的动因

宣传是现代战争中的有力工具，拉斯韦尔认为："没有一个国家能奢望赢得战争，除非有团结一致的国家做后盾，没有哪个政府能够享有团结一致的后盾，除非它能控制国民的头脑。"[①] 中日双方都将宣传视为总体战的一部分，画报也成为双方重点发展的宣传形式。对身处敌后农村根据地的中国共产党来说，更好地建设农村，宣传要发挥更关键的作用。具体来说，中共在应对日伪宣传压力的同时，亟须将深居敌后的抗日情况传播出去，最大程度地获取支持。在物质和技术条件极为困难的情况下，扩大画报的出版规模成为可行方式。

---

① 【美】哈罗德·D.拉斯韦尔：《世界大战中的宣传技巧》，张洁、田青译，北京：中国人民大学出版社，2003 年，第 22 页。

一、日伪画报宣传的外在压力

日本发动殖民战争者认为："把大众迅速地组织起来，必须首先鼓动起汹涌澎湃的国民运动，使改造国家成为国民的自发信念，其根本方向就是利用宣传事业。"[①]时至全面抗战爆发时，日本已经形成了一套完整的宣传组织体系，军国主义者鼓吹大东亚共荣，提出建设东亚新秩序的伟大使命，要开展笔头外交，进行笔的战争。日本宣传机构推动画报发展，出版了一批美化战争行径、宣传军国主义思想的画报出版物，这种情况对中共宣传提出了要求。

其一，鼓吹黄种人同盟，灌输大亚洲主义。日本在中国出版了一批画报画刊，主要宣传"建设东亚新秩序"和"大东亚共荣圈"。据统计，日本在1931年前后用日文出版有关"满洲"画报20多种，1937年到1945年出版画报30多种[②]。其中，3份画报影响力较大。一是，大阪和东京朝日新闻社共同出版的《支那事变画报》，画报在日本印刷后运到中国传播，内容囊括七七事变至1941年间中日所有战役。二是，亚细亚画报社出版的《亚细亚大观》，报社声称在东亚共荣圈内针对共产党赤化宣传，同德意形成掎角之势。发刊词表示："痛感同盟国间文化交流的重要性，本社直接与德国当局对接，争分夺秒地配给日本全国及满洲国、中华民国的大小新闻杂志。"[③]三是，华北交通株式会社主办的《北支》画报，画报于1939年创刊，1943年8月停刊，共发行51期，实际负责人为加藤新吉。华北交通株式会社除负责铁路工作外，实则一个情报机关。画报大量刊登了"戏曲""杂耍""祭

---

① 复旦大学历史系日本史组编译：《日本帝国主义对外侵略史料选编（1931—1945）》，上海：人民出版社，1975年，第130页。
② 韩丛耀、赵迎新主编：《中国影像史（1937—1945）》，北京：中国摄影出版社，2014年，第229页。
③ 《发刊词》，《亚细亚大观》，1941年11月。

祀"等文化性内容，流露出对中国"永不枯竭的自然资源"的觊觎，具有很强的欺骗性。这些画报试图美化日本军国主义者的殖民事实。

其二，汪伪出版画报宣传中日亲善。在日本支持下，汪伪政权也出版了一批画报，内容大多同日本侵略者一唱一和，试图营造认同日本殖民统治的亲善假象。这里的汪伪政权主导下的画报多为沦陷前画报的改版，包括《沙漠画报》《大陆画刊》《青年良友画报》《三六九画报》《时事画报》《北京漫画》《儿童画报》《新时代画报》等。其中《大陆画刊》规模较大，内容主要为展示日伪亲密关系。《中日亲善的新点缀》中的图片说明写道："华北街市上，呈满和平气色，中国的小姐和日本的小姐们，步行于街上，不但是美丽惹人，那种亲善的表情，才是使我们喜欢的事，自参战以来的中国，对中日提携的大方策。"① 画报社还在"大东亚战一周年"之际，连载了汪精卫出访日本之行情况，刊登了汪精卫在机场受到欢迎的场景，具有较强的虚假性与迷惑性。

其三，动员日本人支持战争扩张。侵华期间，日本在国内出版了一系列号召支持战争的画报画刊。1936年，陆军画报社出版《昭和十一年度特别大演习画报》展示军队力量；1937年，东京日日新闻社出版《北支上海战线画报》，详细介绍了中日在上海的战争，炫耀武力；1938年，陆军画报社又刊行《赤军读本》，主要介绍苏联红军军事实力，同年还出版《支那事变战迹》（3册），宣扬日本在中国各省的军事进程；1940年，陆军画报社刊行了《支那事变恤兵美谈集》以日军优待士兵为宣传主旨，画报宣称要"统一力量，声援激励前线将士，使他们感到幸福"②；1941年，亚细亚画报社出版了《英国的印度侵略史》，为其大亚洲主义造势；1943年，日本大阪出版社出版《大东亚战争记录画报》继续美化侵略行径。类似画报都充斥着军国主义者对战争的崇拜，蛊惑普通日本人加入侵略战争。

---

① 《中日亲善的新点缀》，《大陆画刊》，1943年第4卷第10期。
② 陆军画报社：《支那事变恤兵美谈集》（第2辑），东京：陆军画报社，1940年，第2页。

为了强化殖民宣传，日本对图片出版物严格管控，其中也涵盖画报。早在 1932 年，日本就在《时局及排日写真帖》中表示：“满洲事变以后，排日辱日宣传越来越辛辣，通过资料收集了解中国人对日态度。”[①] 强化对墙报和画报的控制。到了 1937 年，这种管控更加严格，日本颁布《新闻（杂志）登载事项许可与否的判定要领》，规定摄影要接受严格审查，具体 14 类照片不允许刊载。包括飞机、少将以上官员、军队移动等。实际操作中，这个取缔范围进一步扩大，凡是对日本不利的影像都不被允许。据东京日日新闻摄影记者佐藤振寿回忆：“当时作为摄影记者，我们被明确地告知无论是中国士兵还是日本士兵尸体都是不能拍摄的，关于武器装备的照片也要严格审查，一些被判为不许可发表照片的理由是，容易引起厌战情绪，丧失战斗意志。”大阪《每日新闻》摄影部的福岛贞次郎也表示：“获准发表的照片上盖有‘检阅济’的字样，未获准的照片上盖有‘不许可’，所有盖上章的照片战争结束后达 150 册。”[②] 1941 年 4 月，汪伪政府颁布《取缔摄影绘画暂行办法》，规定凡是不利于伪政权的摄影绘画都要被取缔，违法者交当地最高军事机关训办。以上内容旨在限制对日本不利的宣传，包括画报在内的所有图片都受到严格管控。

日本侵略者倚仗先进的出版印刷设备，精心编辑的画报具有很强的欺骗性。这些画报极力美化殖民者的侵略行径，对中国军民的正义抵抗进行污蔑，给中共的反侵略宣传带来压力，八路军文化教育研究会认为：

> 宣传方面敌人是主动的、进攻的，我们是被动的、防御的，宣传品数量和技巧我们更是落后，在宣传品的形式和技巧方面，这主要表现在我们的画报宣传太少，引不起文化水平较高的日兵

---

① 满洲日报社编：《时局及排日写真帖》，长春：满洲日报社，1932 年，第 2 页。
② 殷占堂编译：《侵华日军：“不许可”照片背后的真相》，《中国国防报》，2006 年 12 月 19 日。

的兴趣，我们在宣传中反映现实太迟钝。[①]

能够看出，中国共产党充分意识到对日宣传中画报的重要性，提出要在形式和技术上有所提高，明确指出图画能够吸引敌军战士兴趣。在日伪画报的攻势下，亟须发展画报进行回击。

二、突破新闻封锁的迫切需求

深居敌后的中共抗日根据地需要发出自己的声音。宣传部门在对内动员的同时，更为重视对外宣传，为了突破日本和国民党的双重新闻封锁，中共尝试运用画报将根据地抗战的真实情况传播出去。起初，最受中共青睐的宣传形式并非摄影画报而是电影，为此成立了"延安电影团"。然而，由于农村根据地条件艰苦，拍摄电影需要的资金、技术、人才难以得到保证。在此情形下，"图画的功效虽不及电影，不过办起来很是容易些，我们在抗战时期可以画许多抗战图画"[②]。当然，电影工作者也参与到画报建设中。

（一）国民党新闻封锁的现实困境

抗日民族统一战线建立之初，举国上下团结一致，中共抗战形象得到有限传播。《良友》第138期便刊登《周恩来先生的访问》一文，正面地评价了中共在抗战中的贡献："当时的西安事变许多人竟误会是共产党计划，但最后的结果是共产党与国民党携手再度合作，完成了今日抗战的统一战线。把民族的危急安然渡过，他高远的卓见，博得了全民族的感佩。"[③]不仅如此，《大美画报》《抗日画报》等刊物也传播了毛泽东、朱德等中共领导人形象。

---

① 文化教育研究会：《敌我在宣传战线上》，出版地不详，1942年，第283页。
② 施叔平：《战时的宣传》，上海：商务印书馆，1938年，第1页。
③ 《周恩来先生的访问》，《良友》，1937年第138期。

然而，这种有限的传播空间未能维持太久，随着战事深入，国民党新闻控制随之加紧。蒋介石一方面在公开场合多次批评共产党，"像吉卜赛人，游来游去，游而不击"①；另一方面又极力限制中共发声，只允许宣传国民党主导下的正面战场。其间，国民党极力发展自己的画报宣传，《武汉日报》出版发行副刊《武汉画报》，《扫荡报》出版发行副刊《扫荡画报》。国民党中央还成立了专门的摄影机构，向全国提供稿件，1939 年 6 月中央通讯社摄影部在汉口成立，主任罗寄梅、组长魏守忠，一批记者深入战地进行采访。与此同时，国际宣传处还设立摄影科面向国际发稿，这些照片以"邝光""邝光社"的名义出现在各国媒体中，不乏《时代》这样的著名杂志。据统计，1937 年至 1945 年间国民党控制区以"抗战""抵抗""抗敌""铁血"为名，出版抗战画报 40 余种②，但这些画报大多以正面战场为主，鲜有中共消息。为了进一步限制共产党发声，1938 年 2 月行政院又颁布《随军记者及摄影人员暂行规则》：

> 新闻记者及摄影人员欲随军工作，须由报馆或通讯社填具姓名并附半身照三份，呈中央宣传部审查合格，转请军事委员会发给随军证。外国摄影记者欲取得随军地位时，须先经该国使馆或军事代表正式介绍，物品也要接受检查。③

在实际操作过程中，以上规定成为控制记者对中共进行报道的条例。纪录片导演伊文思中国之行就受到了"精心安排"。起初，计划去西北拍摄根据地情况的电影团队，到达西安后遭到国民党阻挠：

① 任文主编：《永远的鲁艺》，陕西：陕西师范大学出版总社有限公司，2016 年，第 67 页。
② 祝均宙：《晚清民国年间画报源流特点探究》，新北：华艺学术出版社，2012 年，第 139 页。
③ 王晓岚：《喉舌之战：抗战中的新闻对垒》，桂林：广西师范大学出版社，2001 年，第 145 页。

我们周密考虑了您的请求。旅途太长，通讯不稳定，不值得
您努力。游击队到处都有。夫人要我告诉您中国只有一支在蒋委
员长指挥下的部队。您的影片中要注意，不要宣传其他部队，只
能突出中国军队。①

最终，伊文思只拍摄了长城以及西北风光。这种情况绝非个案，受聘
于美国《生活》杂志的罗伯特·卡帕，以及《良友》画报摄影师王小亭同
样未能拍摄到抗日根据地情况。1943 年 6 月，蒋介石宣布他拥有批准外国
记者到外地采访的最后决定权，由于外国记者团对陕甘宁的见闻大加赞赏，
又对国民党进行抨击，蒋介石最终下令一律不准外国记者到延安。通过以
上事件我们能够看出，国民党主导下的抗战宣传，以呈现正面战场为主，
中共所领导的敌后战场难以发声。对于视觉宣传和国际宣传，国民党对中
共的控制更加明显。在此情况下，中共再次将发展画报置于宣传优先位置，
意图突破国民党的新闻封锁，将敌后的抗战事实传播出去。

时人普遍认为，图画的传播有其传播优势，"百闻不如一见，意思是说
听别人讲一百件事不如自己亲眼看见一件事来得真确，如果有一个长久不
灭的影子就可以保留事物的真相"②。反思宣传工作时同样指出：宣传品"内
容太一般化、太政治化、太公式化，方式很呆板。图画比较文字，更能一
目了然，鼓动性较大"③。郭沫若对此亦有进一步解释：

图画在抗战中是一种尖锐的武器，因为它用色彩和形象去传
达感情、思想，比文字容易接近广大的群众，画报比普通报纸成
本多，材料收集也较困难，需大规模有计划地做。④

① 伊文思：《摄影机与我》，北京：中国电影出版社，1980 年，第 137~160 页。
② 徐应昶：《摄影术》，上海：商务印书馆，1936 年，第 1 页。
③ 军委会政治部：《怎样做敌后的宣传工作》，出版地不详，1938 年，第 22 页。
④ 郭沫若：《战时宣传工作》，武汉：民国政府军事委员会政治部，1938 年，第 94 页。

所谓"有计划地出版画报"起码有两点考虑：其一，画报宣传由弱到强需要过程，材料、技术、人员等都需有序筹备；其二，画报发行不比文字，虽生动形象但难以从量上取胜。因此，画报刊载什么、什么时机、给何种人看，都需要有计划地进行。在他眼中画报宣传既要有普遍性，又要有针对性。事实上，宣传组织对画报宣传能力确有较高期待，晋察冀画报社第3期摄影训练队学员高良玉曾回忆：

> 画报的出版，一开始很困难，但很快扩散到边区，传遍了敌人内部与特务机关，他们研究，认为这画报在边区文化落后与困难条件下一定不能出现，关闭城门三天，检查审判印刷局，结果是"空空如也"，敌人的确对我们的画报相当重视，去年反扫荡，敌人除了军事破坏外，还要破坏我们的画报社。①

另一位摄影记者朱新春也表示：

> 那时国民党管辖的国统区和共产党领导的敌后根据地都在做宣传，双方报纸都把自己说成抗日中坚力量，老百姓不知道该信谁。《晋察冀画报》出版，人们一看照片，才知道是真抗日。父亲过去有个秘书叫杨克，是个大学生。他就是拿着画报找到晋察冀军区，要求参军。②

基层记者对画报宣传的功能认识，直接反映出中共加强画报投入的初

---

① 高良玉：《摄影训练队培训记录本》，载石志民主编：《晋察冀画报（文献全集）》，北京：中国摄影出版社，2015年，第1377页。
② 田涌、田武：《晋察冀画报》，北京：金城出版社，2012年，第123页。

衷。无论是日军的"极为重视"还是"知道中共是真抗日",都涉及对外宣传方面的意图。1944 年,晋察冀军区安排专职人员拍摄图片,在《加强新闻通讯和新闻摄影工作》中表示:"新闻照片对外宣传作用极大,其中有关军事报道之摄影,在扩大我党、我军的政治影响(敌占区以及国内外)上尤为重要。"[1]经过一段时间的经验累积,基层宣传部门清楚地认识到画报及其图片宣传在突破新闻封锁方面的作用。

(二)"一个要紧的任务,国际宣传"

身处敌后获得更多的国际支持十分必要。陕北公学校长成仿吾曾表示:"日本法西斯强盗的野蛮进攻,需要我们用有力的手段控告于全世界,拿国际宣传来说,我们的文艺家做得很不够。"对于怎么样提高国际宣传,他认为:"要在文艺中寻求更为适当的方式,以期实现宣传效果的有力。"[2]对于这个问题,郭沫若有过更具体的论述:

> 漫画太过夸大他们是怀疑的,把抗战中重要事实,主要是敌人的暴行以及我国抗战的伟迹摄成照片,赠送亲友(特别是外国朋友),正因如此摄影画报的记录性受到青睐,在对内对外宣传上,必然可以收到很大效果。[3]

能够看出,宣传者们认为摄影画报形式生动,内容更真切。此后,画报发展也印证了郭沫若的设想,摄影画报致力于国际宣传。据邓颖超回忆:"当他们在南京等地接到画报后,都是尽量地多给人看,多送人,但每次都感到画报数量少,加上英文说明送到美国、法国。"[4]邓颖超还曾对石少华表

---

[1]　《为加强摄影通讯和新闻摄影工作晋察冀军区给各军分区的电报》,1944 年 10 月 15 日。
[2]　成仿吾:《一个紧要的任务——国际宣传》,《文艺战线》,1939 年 2 月 16 日。
[3]　郭沫若:《战时宣传工作》,武汉:民国政府军事委员会政治部,1938 年,第 92、95 页。
[4]　《我们的画报照片发到国内外》,《摄影网通讯》,1947 年 11 月 28 日。

示："你们对国际宣传做出很多努力和贡献，我们深感欣慰。"① 整个抗战期间，凡是有国内外代表团来根据地，宣传部门都有意识地赠送画报，希望他们将根据地抗战情况传播出去。为《晋察冀画报》翻译英文的燕京大学导师林迈可，是第一批将画报传播出去的国际友人，随后还有美军观察团、飞行员白格里欧等。

从内容安排上，我们也能看出画报在对外宣传方面的努力。《晋察冀画报》以中英双语出版，有意识地刊登了涉外内容，第一期就有"美国花旗银行到边区来访""纪念国际反法西斯战友白求恩""在华日人反战同盟"等。画报发刊词明言："我们需要把这些现实的运动，现实的生活，记录出来，反映出来，让我们向全中国，全世界，展览它们，朗诵它们。"② 编辑部特别刊文："国际战友班威廉、林迈可，谢谢他们在精神上物质上给予我们的许多鼓励援助。"③ 直到抗战结束，画报国际宣传仍未停止，冀热辽画报社奉军区指示拍摄日本投降阶段的现场图片，以送往国外扩大宣传。④ 画报社还在现有条件下建立了对外联系，记者顾棣就曾收到过"一箱子从美国新闻处邮寄来的放大照片（内有硫黄岛升旗图），每张照片都有码号（SH35-31），每套上都标有晋察冀边区张家口市画报社沙飞先生收，总共有几十套"⑤。此时国际交流虽然不稳定，但就农村根据地极为困难的实际情况来说实属不易。

总的来说，抗战期间中共对画报进一步投入，关乎突破日本和国民党新闻封锁需要。具备机械复制能力的摄影照片，不仅影像更为清晰，而且能够将中共敌后抗战的真实情况完美再现。

---

① 顾棣：《中国红色摄影史录（上）》，太原：山西人民出版社，2009 年，第 126 页。
② 《七月献刊》，《晋察冀画报》，1942 年第 1 期。
③ 《编辑室》，《晋察冀画报》，1942 年第 1 期。
④ 罗光达：《罗光达摄影作品·论文选集》，沈阳：辽宁美术出版社，1995 年，第 122 页。
⑤ 顾棣：《中国红色摄影史录（下）》，太原：山西人民出版社，2009 年，第 904 页。

第二节　画报内容与形式的扩展

全面抗战时期，画报在内容和形式方面有了新探索，出现画报近 40 种，涵盖共产党军队主要控制区。这些画报不仅内容丰富，形式也由美术画报扩展至摄影画报。在数量可观的画报中，不乏一些发刊时间相对稳定，内容和数量有一定规模的高水平出版物。以《前线画报》为代表的美术画报，继承了苏区时期宣传经验，内容中使用多种符号；《山东画报》聚焦军事，注重报道和根据地现实情况结合，宣传有地方性特色；晋察冀画报社出版的系列摄影画报，发挥了摄影记录优势，重视图片报道的新闻价值。同前一阶段相比，此时画报在内容上更加丰富，形式上也更为多样，摆脱了此前画报单页小报状态，宣传能力大幅提高。

一、拓展美术画报：丰富刊物内容

一直以来美术图像是画报出版物的主要形式，全面抗战时期此类画报有了进一步发展：延安地区的《前线画报》融入了木刻、歌谣、革命画等多种符号；华东地区的《山东画报》立足地方优先回应本地问题，结合地方特色出版画报。

（一）出版《前线画报》：融入多种宣传载体

《前线画报》于 1938 年 8 月 1 日创办，直到 1945 年 5 月 15 日停刊，共出刊 32 期。画报在《致读者》中强调其对日作战的使命："表扬前线将士的英勇战斗与伟大的战绩，揭发敌人的残暴行为，介绍前线军民亲密合作之模范行动，介绍敌后游击战之发展，提供课外工作的材料。提高部队的战斗力，以达到驱逐日寇出境，建立三民主义的新中国。"[①]画报极为重视对各种图案的使用，力求漫画与木刻联系。征稿启事以绘画、木刻、文字为征集对象，提出"用通俗而生动的方式，来达到武装战士头脑的任务"[②]。以第 8 期到第 10 期共 67 则内容为例，绘画为 27 则（40.30%），木刻 12 则（17.91%），歌谣 4 则（5.97%），摄影 1 则（1.49%），文字 23 则（34.33%），可见画报宣传载体的丰富性。

出版《前线画报》受整体文艺宣传政策的影响，毛泽东提出要废除"洋八股"，以新鲜活泼为中国老百姓所喜闻乐见的中国作风和中国气派发展民族战争[③]。在走阶级性与民族性道路中，以木刻、民间歌谣、秧歌剧为代表的一批民族文艺类型受到推崇。在所谓"旧瓶装新酒"的改造浪潮中，画报一方面融合了多种宣传符号，适应民众对视听媒体的喜好。另一方面更加重视画报为政治服务的办报立场，明确了画报的党报属性。在宣传符号多样化的同时，内容的丰富度也相应提高，画报出版走上了打造综合性内容的发展道路。

其一，木刻受画报青睐。木刻图画便于制版，能够较为方便地印刷在报刊上，"只要一个滚油墨的滚筒，拂上纸，木刻可以印几十以至上百张，这点绘画是不可能的"[④]。更重要的是，由于鲁迅推动以及"民族形式"的解读，木刻被广泛阐释为一种自带革命基因的符号。1937 年后，延安木刻家云集，接连成立鲁艺木刻团、鲁艺漫画研究会、鲁艺美术工厂等木刻组织。木刻家胡一川在《谈"鲁艺"木刻团的工作经验教育》中认为："木刻是属于大众的，是宣传教育组织大众的武器，木刻应为大众所了解、爱好和拥

---

① 《致读者》，《前线画报》，1939 年第 8 期。
② 《本刊征稿条例》，《前线画报》，1939 年第 10 期。
③ 毛泽东：《毛泽东选集》（第 2 卷），北京：人民出版社，1991 年。
④ 沃渣：《谈木刻》，载《新美术论文集》，沈阳：东北书店，1947 年，第 79 页。

护，要使大众感觉到木刻是他们所不能缺少的精神食粮。"① 徐也在《全国木刻展》中的说法更为直接，"毫无疑问，右倾的人，决不弄木刻"② 。《前线画报》刊登的木刻作品以抗敌动员为主。例如，《英勇的前哨》一图中，绘制了一名战士握起手榴弹挥向敌人的场景，图像远处敌人们仓皇逃跑，展示了中共军队"顽强抵抗把进攻之敌全部击溃，杀伤无数"③ 的胜利景象（图3-1）。同样，《一边生产，一边战斗，争取胜利》刻画了一名士兵在麦田中，手拿铁锹高举枪械的情景，图片中的战士魁梧有力，充满战斗热情（图3-2）。这些木刻图片有鲜明的革命美学特征，图画线条粗犷，明暗反差强烈，人物轮廓清晰，好在"朴实"和"土味"。

图3-1 《英勇的前哨》④　　　　图3-2 《一边生产，一边战斗，争取胜利》⑤

　　彼时，画报创作者对木刻艺术的理解有其复杂性。胡蛮在《论美术上的民族形式与抗日内容》一文中，先是批评西方美术的资产阶级属性，同时号召学习西方的先进美术技巧；推崇客观再现的写实主义，又认为真正的

---

① 胡一川：《谈"鲁艺"木刻团的工作经验教育》，载刘海粟美术馆编：《浴火存真：名辈版画联展画集》，上海：东方出版中心，2011年，第160~163页。
② 徐悲鸿：《全国木刻展》，《新民报》，1942年10月18日。
③ 再刻：《英勇的前哨》，《前线画报》，1939年第11期。
④ 再刻：《英勇的前哨》，《前线画报》，1939年第11期。
⑤ 《一边战斗，一边生产，争取胜利》，《前线画报》，1939年第11期。

写实主义不是机械地模仿照片。此种"理论"上的评价标准出于"木刻能否发挥斗争作用"，只要"形式是民族的，内容是抗日的"①。各地画报也都充分认识到这一点，除《前线画报》外，晋西美术工厂9个月内出版《大众画报》7期，共印刷4800册，"画445幅，木刻105幅，其他制出大小画121幅，木刻216幅，大小不一"②。《苏北画报》也以木刻见长，"苏北木刻协会""新安旅行团"等文艺组织接连出现。

其二，画报刊载了一批革命歌谣。《前线画报》几乎每期都刊登歌曲，并在歌词上标明简谱，显示调门、拍数、速度等基本信息。这些歌曲包括"革命歌""拥军歌""生产歌""战斗歌"等，歌词简单易懂，有鲜明的政治主张（表3-1）。例如，第9期《军民合作》就歌唱了军队和人民的鱼水关系，歌词写道："嗨嗬嗨我们军民要合作，你在前面打，我在后面帮，挖战壕送子弹抬伤兵做茶饭，我们有的是血和汗，大家齐心合力干，赶不走那鬼子心不甘哪哈嘿。"③第11期的《生产抗战》，鼓励各地军民投入生产支援抗战，歌词写道："二月里来好春光，家家户户种田忙，指望着今年收成好，多捐些五谷充军粮；今天的仇恨不算私账，自家的过失都可原谅，顶天立地的仇人是东洋，他比那黄河的水灾还要猖狂。"④由于歌词押韵工整的语言特点，歌谣容易给读者留下较深的印象。

画报中的歌谣大多出现在封首或封底，这样的版面安排也令画报的面貌丰富起来。作为抗战文艺的重要组成，"歌咏是这里最发达的艺术工作，边区的人民也许有的不识字，但他们都会唱救亡歌曲，每天他们是愉快地生活在歌声里"⑤。宣传组织对歌谣的重视，因为其不是生硬的说教，能够诉诸情感，陈毅曾在诗歌大会上致辞说："文艺对于政治有时不是直接的，而

---

① 胡蛮：《论美术上的民族形式与抗日内容》，《文艺战线》，1939年第1卷第5号。
② 山西出版志编写组：《山西出版志》，内部刊行，1983年，第205页。
③ 舒模：《军民合作》，《前线画报》，1939年第9期。
④ 塞克：《军民合作》，《前线画报》，1939年第11期。
⑤ 舒湮：《边区实录》，国际书店，1941年，第69页。

常常是间接的或曲折的反映，才是正确的深刻的认识。"①

表 3-1　《前线画报》(第 8 期至第 32 期) 中歌曲主题分类

"拥军歌"	"战斗歌"	"革命歌"
《军民进行曲》(第 9 期)	《保家乡》(第 10 期)	《纪念"五四"歌》(第 10 期)
《军民合作》(第 9 期)	《王家庄》(第 11 期)	《保卫黄河》(第 13 期)
《生产抗战》(第 11 期)	《八路军进行曲》(第 17 期)	《向前进攻》(第 16 期)
	《骂汪小调》(第 20 期)	《打破囚笼》(第 32 期)
	《反投降进行曲》(第 27 期)	

　　报刊歌曲虽不能使人获得直接的听觉体验，但歌词仍有很强的感染力。从宣传角度来说，刊载歌词不仅不会失去旋律魅力，反而能够消除"杂音"，使政治主张一目了然。歌谣创作者甚至认为："把音符唱得正确未必感动听者，把歌唱用于朗诵不失为一种歌曲的使用方法。"②简单来说，画报歌谣重要的并非旋律，而是歌词。

　　其三，推广为政治服务的"新美术"。抗战时期宣传提出，要开创具有民族性的"新美术"，所谓"新"主要体现为政治功能的不断强化。内容上要体现战斗性，"对于战斗主题毫无积极作用，就妨碍了主题的呈现"③。形式上要让普通农民接受，"要多用连环画的形式，克服单幅画面在表现形式上的限制，忠实于中华民族，站在民族立场上创作"④。《前线画报》一方面刊载具有战斗性的绘画图片，另一方面不断阐释"新美术"知识。画报社集中抨击了"唯美"的画风，提倡要以政治为中心进行绘画创作，对到底应该"怎么画，如何画"有过具体表示：

---

　　①　许幸之：《记陈毅在"鲁艺"召开的诗歌协会成立大会上的发言》，载《中国人民解放军文艺史料选编（抗日战争时期）》(第 4 册)，北京：解放军出版社，1988 年，第 14 页。
　　②　黄友棣：《音乐宣传技术》，曲江：新建设出版社，1940 年，第 69 页。
　　③　王朝闻：《狭隘的趣味如何妨碍创作》，载《新美术论文集》，沈阳：东北书店，1947 年，第 13 页。
　　④　艾思奇：《美术工作与群众的进一步结合》，载《新美术论文集》，沈阳：东北书店，1947 年，第 24 页。

随便什么事，总要先抓住中心，才能取到大效果，画画也是这个道理。用适合地方性的大众化的方式来表现。不应该采取大众理解水平以上的"唯美"的方式，否者群众不能了解。①

先画轮廓，然后画中景，再画远景，造成一个能够代表这一类全体的典型，应多用带刺激性的红色或黑与白、红与绿等强烈的清朗的感觉。②

这种"新美术"实际上就是绘制水平更高的"革命画""宣传画"。画报对"唯美风"的批驳，遵循"一切都是宣传"的宣传观。《前线画报》是"新美术"的最早实践者。以第8期为例，图画作品包括"半年来生产运动之成绩""我们越打越强""一个烈士""日本鬼子送礼物"。内容占画报总量的38%，若考虑到图画中有不少篇幅较长的连环画，美术图像在画报中的版面比例还会上升。具体内容上，图画显示了"新美术"的创作理念，如第9期刊登的《日军的兽行》，画面以大块红色为背景，描绘了日本士兵残害中国孕妇的场景，最大程度地激起读者愤怒（图3-3）。画报所实践的新美术，"不以专挑理论上的罅隙为能事"③。

图3-3 《日军的兽行》④ 　　　图3-4 《打游击战》⑤

---

① 《画人》，《前线画报》，1939年第10期。
② 叔亮：《怎样制作街头宣传画》，《前线画报》，1939年第13期。
③ 周扬：《我们的态度》，《文艺战线》，1939年2月16日。
④ 佚名：《日军的兽行》，《前线画报》，1939年第9期。
⑤ 陈钧：《打游击战》，《前线画报》，1939年第11期。

值得注意的是，画报还将多种符号统合起来。《打游击战》（歌谣连环画）便糅合了歌曲、绘画、文字3种符号，生动地搭建起一幅视觉情境。图片中手持尖刀的日本军人（以夸张的猪脸加以矮化）步步进逼，四周坦克、飞机、炸弹轰鸣，远处象征中华民族的长城依稀可见。图画配以歌谣"日本鬼，真猖狂，要把中国来灭亡，占了我们东四省，又向全国动刀枪。亡国灭种这大祸，图存唯有来抵抗"。画报特别提示，此歌可用新凤阳歌谱的唱调（图3-4）。虽然画报中的图画定格于此，歌曲也不能真正发声，但我们依然能够感受到战争正在逼近。吴雪杉的研究认为，图片中的歌曲能够在无声的条件下召唤出斗争声音①。

（二）刊行《山东画报》：注重呈现本地内容

《山东画报》创刊于1943年，山东军区政治部主任肖华在八路军总部看到《晋察冀画报》后认为，这是宣传抗战很好的形式，决定安排山东军区宣传科长康矛召筹备画报，抗战时期共出版26期②。画报由军区政治部主办的《战士画刊》发展而来，编辑部提出：以军队为主要宣传对象，一切为兵服务，"以部队文化程度较高的战士为主，来稿希望更求通俗朴素，稿件内容范围，以部队为重心"③。作为一本地方画报，《山东画报》非常重视本地区内容呈现，提出围绕身边事例"把自己听到的，看到的，或自己做过的写出来画出来"④。画报针对山东地区复杂的斗争形势，强调打击国民党反动势力、围歼汉奸土匪的重要性。此外，画报还在形式上充分汲取传统山东版画艺术特点，图画更具本地特色。

---

　　①　吴雪杉：《召唤声音：图像中的〈义勇军进行曲〉》，载吴盛青编：《旅行的图像与文本：现代华语语境中的媒介互动》，上海：复旦大学出版社，2016年，第353页。
　　②　《山东画报》较为完整的资料藏在山东图书馆，部分藏于山东画报社，其中3期纸质版收于山东大学图书馆。据笔者统计，1943年7月至1947年11月画报共出版总39期，第1~24期只刊登美术作品与文稿，抗战胜利后，刊登大量照片。
　　③　《致关心本报的同志信》，《山东画报》，1944年第10期。
　　④　《征稿简约》，《山东画报》，1944年第10期。

第一，宣传重视军事建设。相较离中央较近的华北根据地，处于华东地区的山东，有沟通南北的区位特点。《山东画报》非常重视宣传党对军队的领导。从 1943 年创刊开始，画报几乎每期都有介绍党史内容。赖可可在《我们在斗争中生长壮大》中详尽回顾了从大革命一路走来的军队历史："十六年来的斗争，我们创造了无数光辉璀璨的伟绩，从南昌起义到广州暴动，到井冈山。"①画报还绘制了红军长征路线图，以《历史上任何艰险都在我们前面低头》为题，描绘红军过草地的情景，加深读者对历史的了解②。歌曲《生之赞礼》表示："歌唱党是领导伟大的红星，你生长在人民里，又永远和人民在一起，万岁中国人民的武装。"③

图 3-5 《团结在毛主席旗帜下》④ 　　图 3-6 《胜利的旗帜》⑤

《山东画报》第 2 期刊登图画《团结在毛主席旗帜下》，画面中战士们手拿武器，屹立在画有毛泽东肖像的红旗下（图 3-5）。与之类似，《胜利的旗帜》同样将毛泽东形象置于红旗中，文字写道："全党全军团结在毛泽东同志的旗帜下，团结得像一个和睦的家庭，以准备抗战和民主的最后胜利。"（图 3-6）此外，朱德、邓小平等军事领导人也都登上过画报封面。与其他

① 赖可可：《我们在斗争中生长壮大》，《山东画报》，1943 年第 2 期。
② 《历史上任何艰险都在我们面前低头》，《山东画报》，1943 年第 2 期。
③ 易尔山：《生之赞礼》，《山东画报》，1943 年第 2 期。
④ 《团结在毛主席旗帜下》，《山东画报》，1943 年第 2 期。
⑤ 徐航：《胜利的旗帜》，《山东画报》，1945 年第 25 期。

根据地不同，山东处于抗战形势较为复杂的地区，不仅日伪军力较强，国民党地区势力也盘根错节。为了更好地凝聚力量加强党的指导，画报在向读者介绍中共军队光辉历史的同时，不断强调领袖和党的领导，这样的内容安排将群众团结在党的周围，画报很好地反映了地区需求。

　　第二，团结当地群众，打击地区敌对势力。面对严峻的地区形势，画报将宣传重点置于军民团结上。如《出现了簇新的面貌》以"拥政爱民"为中心内容，报眼处还摘抄语录"我们流血，你们流汗，咱们的血汗交流"。图画表明，这种簇拥的新面貌是军民大团结的象征，"军民血肉关系和新中国的样子"①。对《山东画报》第8期进行统计，17则内容中有15则都涉及军民团结议题，能够显示此类议题的重要性。画报细节处也编排了类似内容，页与页之间边框处题有对联："军队是我们的靠山，群众是我们的母亲。"甚至"趣味赠奖""情况判断"等栏目中，也有宣传党群关系的内容。智力测验写道："×连在大热天里放哨，一些新战士偷吃了老乡的西瓜，经过指导员的批评把瓜和钱退还，智力提问：'指导员为什么要这样处理？'"②不难看出，画报处处呈现军队和群众彼此依存的现实图景。

　　《山东画报》还对地区斗争情况做出反映：第一，揭露国民党反动行径；第二，打击土匪汉奸势力。画报声讨国民党破坏民族统一战线，第2期就有文章表示："我们必须紧急地动员起来，为反对内战，反对分裂、倒退、投降，坚决给反动派以迎头痛击。"③此外，《一目了然，关系复杂》同样描绘了国民党破坏统一战线的行为，漫画中中共军队腹背受敌，一边抗击日本侵略势力，一边遭受国民党军队骚扰（图3-7）。打击土匪方面，画报认为发动不起群众的很大原因在于土匪威胁。譬如，《打死汉奸刘黑七》就呈现了中共对土匪势力的打击："刘黑七也是苦出身，从小放牛过生涯，不务正业成

---

① 江山：《出现了簇新的面貌》，《山东画报》，1944年第10期。
② 《拥爱智力测验》，《山东画报》，1944年第10期。
③ 《山东画报》，1943年第2期。

为土匪。"① 图片故事提醒群众，要在思想上不断向革命队伍靠拢，否则就有可能走到人民的反面。随着中日战争进入战略相持阶段，《山东画报》中涉及"打倒土匪""打倒汉奸"的题材越来越多，这种变化反映了山东根据地面对战事变动的调整。

第三，汲取山东版画艺术特点。山东地区是我国木版画的发源地之一，《山东画报》也汲取了版画创作特点。色彩选择上，画报以红、蓝为主色调，视觉上较为亮丽，这种配色方式和版画对大色块的运用一致。画报在线条上同样借鉴了版画画法，图画中各种景致十分硬朗，所画人物的身体部分显得饱满健壮，给人魁梧有力的视觉感受（图3-8）。

图 3-7 《一目了然，关系复杂》②　　　　图 3-8 《过新年》③

综上而言，《山东画报》的地方性特征明显，因地制宜地开展宣传工作。在加强党的领导和广泛联系群众的基础上，有针对性地揭露国民党反动行为，回击了汉奸土匪的滋扰。画报还汲取了当地艺术资源，将版画绘画风格融入其中，发展了具有地方性特色的画报。与之类似，华东地区《胶东画报》《江淮画报》《盐阜画报》也都从地方需求出发，将区域特点融入画报宣传中。

---

① 《打死汉奸刘黑七》，《山东画报》，1944年第8期。
② 《一目了然，关系复杂》，《山东画报》，1943年第2期。
③ 《过新年》，《山东画报》，1944年第9期。

二、创建摄影画报：多样化的表现方式

意识形态建设需要"事实"参与，人们通过"事实"产生认同。摄影画报强调用看得见的"事实"宣传。以《晋察冀画报》为代表的摄影画报，无论是出版物品质还是宣传效果都较此前刊物提升了一个层次。

1942 年 7 月到 1948 年间，《晋察冀画报》共出版正刊 13 期，画报社还出版一批增刊，包括《晋察冀画报》（季刊）、《晋察冀画报》（丛刊）、《晋察冀画报》（增刊）、《晋察冀画报》（句刊）、《晋察冀画报》（画刊）等（表3-2）。报社成立之初宣传组织集有限资源投入其中，全社最多时有 100 多人，这在敌后根据地显得非常特殊。画报社分工明确，下设编校、出版、印刷、总务四股，文字编辑与美术编辑也各有专人负责。第一期由聂荣臻、朱良才等军区领导审阅，邀请班·威廉和林迈可翻译成英文，由"献礼"一词能够看出宣传对摄影画报的看重①。实际上，华北地区是抗战期间最为重要的根据地，抗战结束后各党政机构也都以华北为依托，中共画报事业由此推向全国。

表 3-2 晋察冀画报社出版画报种类

名称	期号	时间	发行数量
《晋察冀画报》	13 期	1942 年至 1947 年	32000 份
《晋察冀画报》（时事专刊）	1 期	1942 年 3 月	2000 份
《晋察冀画报》（增刊）	3 期	1944 年至 1945 年	12000 份
《晋察冀画报》（月刊）	2 期	1945 年	3000 份
《晋察冀画报》（句刊）	6 期	1945 年至 1946 年	30000 份
《新闻摄影》	4 期	1945 年	40000 份

① 《晋察冀画报出版》，《晋察冀日报》，1942 年 6 月 15 日。

续表

名称	期号	时间	发行数量
《晋察冀画报》（号外）	4 期	1946 年	40 000 份
《晋察冀画报》（半月刊）	2 期	1946 年	20 000 份
《晋察冀画报》（丛刊）	4 期	1946 年	20 000 份
《晋察冀画报》（画刊）	44 期	1946 年至 1948 年	440 000 份
《晋察冀画报》（季刊）	1 期	1947 年	5 000 份
《摄影网通讯》	17 期	1947 年至 1948 年	2 040 份

（一）运用摄影进行图片报道

聂荣臻在《晋察冀画报》题词中曾表示："五年的抗战，晋察冀的人们究竟做了些什么？一切活生生的事实都显露在这小小画刊里。它告诉了全国同胞，他们在敌后是如何坚决英勇保卫着自己的祖国。"[1] 清楚阐明通过"一切活生生的事实"来宣传。画报社还提出用"新闻报道法"[2] 把社会黑暗与光明反映出来，使大众知道自己应该走的道路。

首先，反映根据地现实活动。《晋察冀画报》报道的宣传主题大致包括以下四方面：第一，八路军情况；第二，根据地群众生产生活；第三，根据地对外交流；第四，国际新闻事件。通过画报社底片分类表能够看出，《晋察冀画报》对军事胜利、政治运动、农民土地、乡村集会关注较多，对根据地的重大事件（大生产运动、百团大战、秧歌剧、群英会）也都有所反映（表3-3、图3-9）。摄影图片所呈现的"事实"具有见证性，这和美术画报提炼式的表现手法完全不同。画报记者高良玉就认为："新闻摄影能真实地、具体地反映现实，因此它能给人以真实的感觉和深刻的影响。"[3]

---

① 聂荣臻：《晋察冀画报创刊词》，《晋察冀画报》，1942 年第 1 期。
② 石志民主编：《晋察冀画报》（文献全集），北京：中国摄影出版社，2015 年，第 1378 页。
③ 石志民主编：《晋察冀画报》（文献全集），北京：中国摄影出版社，2015 年，第 1369 页。

表3-3　第1至3期《晋察冀画报》内容统计

军事消息	建设生产	社会活动	拥军	文化活动	国际消息	风景
100幅	51幅	67幅	20幅	22幅	6幅	2幅

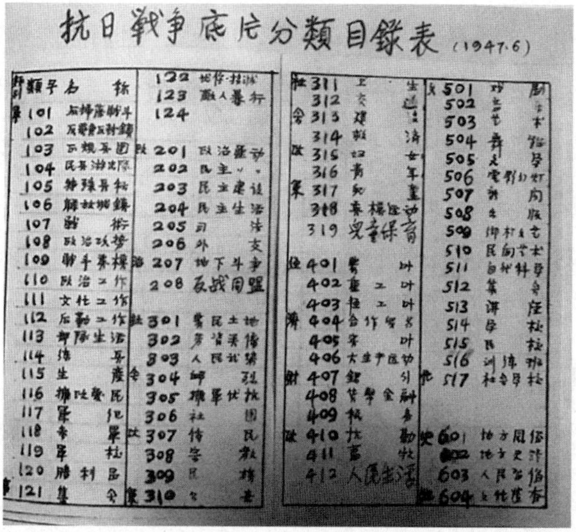

图3-9　晋察冀画报社抗战时期《晋察冀画报》底片分类目录表 [①]

其次，重视图片报道时效性。 相较文字刊物，摄影图片报道较难快速出版。但即便如此，晋察冀画报社仍重视报道时效性。《晋察冀画报》（时事专刊）曾言及："我们需要把这些生动场面如实地记载下来，及时地传播出去，用边区军民所创造的这些现实典范教育自己砥砺自己。"[②] 画报社针对重要活动，统筹有限资源，以求快速将新闻事件刊载。例如，对边区第一届参议会进行报道时，报社精心策划，拍摄了会议现场照片，并连续采访各地委员参观考察根据地现场情况。仅5天后，《晋察冀画报》便登出16张会议图片，这创下了画报采编出版的最快时间。从报道过程看，这次会议集中了画报社全部采编力量，包括社长沙飞在内所有记者分工合作，保

① 顾棣、方伟：《中国解放区摄影史略》，太原：山西人民出版社，1989年，第30页。
② 《发刊的话》，《晋察冀画报》（时事专刊），1942年第1期。

. 125 .

证了画报在最短时间内出刊。纵览本期内容照片版面编辑非常精致，报道共占 4 版，每版都设有主图，配有图片说明。具体包括"大会现场""观众听会""主题发言""群众讨论""会后合影"等，既突出了大会的重要议题，也关照了具体细节，体现了较高的专业水准①。

战时条件下，稳定出版周期难以普遍实现，但仍然能够看出画报对时效性的重视，为此报社对画报的出版进行了调整。一方面，增设月刊、季刊、时事专刊。创设种类如此丰富的专刊，在画报史上还属首次。另一方面，报社尝试建立稳定的发行渠道，保证画报及时出刊。1939 年，延安新华书店建成后，华北地区的晋西北新华书店、晋绥新华书店也相继成立。依托新华书店建立起的邮发合一传播网络，《晋察冀画报》创刊号由新华书店晋察冀分店发行，号称在全国各大书店均有销售。当然，这种大范围大批量的发行方式未能支撑太久，报社根据实际情况缩小了发行范围。从第 5 期开始，画报能够在延安新华书店和晋察冀新华书店销售，尽力保证画报宣传的覆盖范围（图 3-10）。

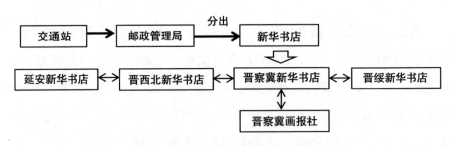

图 3-10 《晋察冀画报》的发行渠道

最后，强调图像化的信息表达。沙飞等人认为，一个合格的新闻摄影记者，应该将"政治与真实"两者结合，能将平凡的东西给人以强烈影响。画报社强调，直击现场，在真实的基础上给人以视觉的冲击：

---

① 《晋察冀边区第一届参议会》，《晋察冀画报》，1942 年第 2 期。

　　第一，从具体到抽象要使人有联想；第二，能够从广泛到具体；第三，便于多面性的表现，一个东西要从多方面来反映它。[①]

　　具体案例中，记者们的确使用了一些造型技巧。例如，《日寇烧杀潘家峪》报道中，图片直观呈现了惨绝人寰的战争场面，"尸体与瓦砾，老人的残尸，女性的骷髅"[②] 被刊登出来，激发中国军民对日本的仇恨。类似"灾难摄影"苏珊·桑塔格有过分析，她认为"死去的平面和被粉碎的房屋的图像，可用于加强对敌人的仇恨，尸首不全的照片确实可被用于更生动地谴责战争"[③]。与之对比，涉及八路军的战斗场景中，我方军队军容齐整，威武雄壮，庄严肃穆，军事训练多在山水秀丽的场景中。

　　"风景照"尤能显见图片化的诗意功能。如《沱河之夏》展示了农村的美好，画面中牛羊成群，山水照应之下，人们过着宁静而悠闲的生活。画报还通过丰收的粮食、漫山的牛羊、涓涓的河流，象征衣食无忧的乡村生活，唤起人们对根据地的向往（图3-11）。另外，画报将这些"大好风光"刊于封面或封底显著位置，包括山川河流（第3期封面）、长城（第3期首页）、群山（第3期）、城墙（第6期）、渤海之滨（第8期）等。图片中的"风光"（长城、山川、河流）显然有政治意义，通常和"民族国家"等同起来，以取景想象的地理，来建构想象国家。文字也起到了诗化的作用，"我中华民族这一柄复仇复土之剑，必将愈磨愈利，直指黑水白山，直指日寇心脉"，抒情式描写和"大好风光"结合起来，召唤起读者们的爱国意识（图3-12）。

---

　　① 高良玉：《关于如何搜集材料问题》，载石志民主编：《晋察冀画报》（文献全集），北京：中国摄影出版社，2015年，第1414页。
　　② 《日寇烧杀潘家峪》，《晋察冀画报》，1943年第3期。
　　③ 【美】苏珊·桑塔格：《关于他人的痛苦》，黄灿然译，上海：译文出版社，2006年，第9页。

图 3-11 《沱河之夏》①

图 3-12 《长城》②

有学者认为，"人类普遍存在两种思维模式，第一种是基于感性的快速思维，第二种是基于理想认知的慢速思维。快速思维往往臆想出一些因果关系，在视觉文本面前，人脑总会本能地寻找认知捷径，启动快速思维"③。视觉冲击力便调动了"快速思维"能力，使人产生直接而深刻的印象，以此提高宣传说服效果。图片报道对视觉冲击力的追求，体现了画报在视觉语言方面的探索。

（二）聚焦重点事件，进行专题报道

摄影媒体有瞬间性和片段性特征，一般情况下较难运用摄影深度阐释复杂问题，一种更为整体的"专题"报道得以实践。例如，《纪念国际反法西斯伟大战士白求恩博士》图片报道中，10 张照片详细呈现了白求恩医生对中国抗战事业做出的贡献。报道以时间为线索，刊登了白求恩完整的人生经历，具体包括三个部分：第一，白求恩在根据地工作和生活场景（和根据地人民游戏、和军队将士合影、手术场景）；第二，白求恩在西班牙参加国际医疗队场景（反法西斯医疗队合影、西班牙人民欢迎场景）；第三，人

---

① 《沱河之夏》，《晋察冀画报》，1943 年第 4 期。
② 《长城》，《晋察冀画报》，1943 年第 3 期。
③ 刘涛：《文化意向的构造与生产——视觉修辞的心理学运作机制探析》，《现代传播》，2011 年第 9 期。

民对白求恩的纪念（白求恩遗像、聂荣臻等高级将领悼念、白求恩墓落成）。图片说明这样写道："国际主义精神，值得中国共产党全体党员的学习。"① 这组专题内容清晰，呈现白求恩人生轨迹的同时，凸显其伟大革命精神。

画报还从细微处入手，发掘有宣传价值的"小事"。聂荣臻与日本小女孩的报道是典型一例。画报刊登《将军与幼儿》，记录聂荣臻帮助日本遗弃女孩的真实事件。画面上，日本女孩坐在扁担中，表情轻松自然，展示出中国军人善良的一面，同时也控诉了日本军国主义者对人性的摧残。这组专题图片在沙飞自己看来也很满意，他表示："这是一件小事，但从这里可以具体说明我们人民军队从战士到首长都明确俘虏政策，具有革命的仁慈。也说明了我们军队愈战愈强。"②

除此之外，画报将军事消息以专题形式整合，《晋察冀画报》第6至8期，跟踪报道了军队战斗过程。第6期以"主动配合正面作战"为题，拍摄军队"攻克丘城""雁翎队""攻入定襄城""克服后城""挺进坝外"等系列战事。第7期同样以"攻城夺堡纵横出击"为题，拍摄报道"攻克遂城""平山回舍区""景陵据点""无极小陈战斗"等战事。第8期以"冀中平原战斗"为中心，连续报道"三克肃宁全境解放""攻入深泽""再克武强城""铁路线之控制"等战事。画报运用数据对战况做总结，《胜利品之一部》详尽统计了战果，"对敌作战（6908次）、俘伤敌伪（76969次）、缴获瓦斯弹（496发）、山炮（10枚）、破坏汽车（225辆）"③。捷报消息给人以战无不胜的印象，重复是说服的有效手段，"艺造记忆只有一条规则，即不断重复"④。专题报道将中共军队强大的一面凸显出来，鼓舞了军民士气。

此时摄影画报已经具备了较高专业水准，逐渐摆脱了简单的描摹呈现，

---

① 《纪念国际反法西斯伟大战士白求恩博士》，《晋察冀画报》，1942年第1期。
② 沙飞：《在晋察冀画报社摄影工作者经验交流会上的发言》，载《沙飞摄影集》，沈阳：辽宁美术出版社，1986年，第113页。
③ 《晋察冀画报》，1944年第6至8期。
④ 【英】弗朗西丝·叶芝：《记忆之术》，钱彦、姚了了译，北京：中信出版社，2015年，第184页。

开始注意图片报道中的特殊性。能够看出画报中"报"的元素越来越受到重视。文中提及的《前线画报》《山东画报》《晋察冀画报》是其中的代表，其他地区画报也大多呈现出类似状态。

第三节　画报出版组织人员的专门化

全面抗战期间，各地优秀人才汇聚抗敌阵营中，其中也包括一批具有影像专业知识的优秀人才。到达根据地后，他们很快投入办报实践中，经过一段时间的适应及接踵而至的思想改造，共产党宣传理念根植于他们的思想与行动中，进而明确了画报为政治的功能属性。在画报核心人员带领下，更多基层宣传员获得系统训练，党的一体化宣传观念得到推广，画报出版人群体就此形成。

一、核心人才的吸收与改造

中共画报核心群体来自三方面。第一，以袁牧之、吴印咸为代表的电影工作者，他们来到延安前已有较高声望，是重点吸收的文艺创作人才，由于条件简陋电影创作难度较大，吴印咸们转而支援画报出版。第二，以沙飞、石少华、罗光达为代表的摄影人才，他们多是怀揣抗日热情的知识青年，到根据地后发挥自身特长，投入画报工作。第三，以郑景康为代表的国民党新闻人，由于不满自身处境来到根据地。以上三类人投入画报出版事业中，他们的到来既有时代命运相似之处，也因个体处境使然。

（一）中共画报人才的汇集

一直以来，宣传工作对视觉媒体非常重视。1928 年，周恩来在苏联参加中共第六次全国代表大会时就目睹过苏联电影宣传。全面抗战之初，周恩来希望促成伊文思对八路军的采访，最终未能成行。中共中央立足延安后，先后有外国记者埃德加·斯诺、海伦·福斯特、艾格尼丝·史沫特莱等人到访，拍摄了一批反映根据地情况的图片。苏联著名导演罗曼·卡门受斯大林指派到延安采访，拍摄了毛泽东的一天，并完成了两部抗战纪录片《中国在战斗》（1939）和《在中国》（1941）。毛泽东等领导人有意识地通过影像传播政治态度，镜头里毛泽东拿出《联共党史》从窑洞走出，在院子里的藤椅上观看。据查，《联共党史》1938年还没有中文版，就有研究者认为，毛泽东希望通过电影镜头向苏联传递同盟姿态[①]。中共迫切希望组建一支自己的影像宣传队伍。毛泽东在《论持久战》中提及：

> 靠口说，靠传单布告，靠报纸书册，靠戏剧电影，靠学校，靠民众团体，靠干部人员。现在国民党统治地区有的一些，沧海一粟，而且方法不合民众口味，神气和民众隔膜，必须切实地改一改。[②]

现实情况是，深处敌后农村根据地的中共政权，图像宣传十分困难，尤缺人才。这种局面直到1938年才逐渐被打破。

首先，以袁牧之、吴印咸为代表的电影工作者来到延安。1938年年初，拍摄过《风云儿女》《马路天使》的著名编剧袁牧之来到武汉。此时袁牧之已经小有名气，电影《马路天使》表现了底层的抗争，获得极大反响。全面抗战爆发后，上海电影业濒临崩溃，袁牧之也在彷徨中思索出路，受好友陈波儿的影响，"激发了袁牧之去抗日前线拍摄纪录片的愿望"[③]。到达武汉后，袁牧之并未很快接触到中共高层，而是在阳翰笙领导下，拍摄国民

---

① 参见高华著：《历史笔记》，香港：牛津大学出版社，2014年，第347页。
② 毛泽东：《毛泽东选集》（第2卷），北京：人民出版社，1960年，第481页。
③ 吴筑清、张岱：《中国电影的丰碑：延安电影团故事》，北京：中国人民大学出版社，2008年，第24页。

党电影厂制作的《八百壮士》。由他主演的《八百壮士》引起反响。一时间，举国振奋，袁牧之也因饰演谢晋元一角成为当时中国最炙手可热的电影明星。八百壮士的事迹让袁牧之很快成为银幕英雄，经过一段时间的考察，周恩来亲自接见袁牧之，希望他建立中共直接领导的电影宣传机构。对此，袁牧之感到出乎意料，再三斟酌后，在好友阳翰笙建议下决定去延安。

吴印咸的到来有些偶然，就在袁牧之准备拍摄中共电影后，第一个想到的便是以前的同事吴印咸。吴印咸有过硬的摄影技术，能弥补袁牧之不熟悉摄影的不足。当时吴印咸正处于失业状态，准备参加阎锡山西北影业公司，但由于战争未能成行，回来途中又遭遇车祸，正值人生低谷。来到武汉后，吴印咸对前往延安感到"突然且没有思想准备"[①]。要去中共地区对他来说仍然具有很大挑战，他在回忆中说："到延安去是要掉脑袋的。"[②] 最终，基于对袁牧之的信任及抗日决心，吴印咸前往延安，"虽然弄不清这即将来临的大风暴将会给我带来什么，但我还是欢迎它的到来。"[③] 值得注意的是，和袁牧之的党干部身份不同，吴印咸以帮助工作名义到达延安，提供的条件也格外优厚，每月给他老家 120 块生活费，直到 1939 年，在《摄影常识》序中邓拓仍以"过路人"相称。

其次，以沙飞、石少华为代表的摄影工作者加入革命。 摄影人沙飞 1938 年来到八路军根据地。起初，摄影并非沙飞职业第一选择，按其自己叙述，青年时受鲁迅、茅盾、郭沫若等文学作品的启发，"想做一个革命文学青年"，他给自己制定了目标"将来要像鲁迅一样当文学家"[④]。过程中，沙飞又被电影和木刻吸引，正在木刻、编导、文学的三岔路口徘徊时，他意外地接触到摄影。沙飞自己回忆："我在国外画报上看到了几张好的新闻

---

① 吴筑清、张岱：《中国电影的丰碑：延安电影团故事》，北京：中国人民大学出版社，2008 年，第 25 页。
② 吴印咸：《亲切的回忆》，《中国电影》，1958 年第 7 期。
③ 吴印咸：《影艺六十年》，《人物》，1986 年第 5 期。
④ 沙飞：《沙飞自述》，载《中国摄影家杂志》，是沙飞 1942 年申请加入中国共产党时写的《我的履历》。

照片，使我十分感动，我认为摄影比木刻来得真实，而电影虽好，必须有大的资本和后台老板，却没看到过一两个进步的摄影家。"[1] 命运也确实眷顾沙飞，他通过族亲画家司徒乔和电影艺术家司徒慧敏，接触到上海文人圈。1936 年 10 月 8 日，是其人生重要时刻，上海八仙桥青年会正在举办第二次全国木刻展览会，沙飞拍摄了鲁迅参观展会时同青年木刻家交谈的照片。10 月 19 日，鲁迅因病去世，全国木刻展览会成了鲁迅最后一次公开露面，而沙飞这组照片有了重要价值。鲁迅灵堂里，摆放着两张遗像，大照片是美国记者埃德加·斯诺于 1933 年 5 月拍摄的，小照片是沙飞在鲁迅去世前 11 天拍摄的。后来这组照片还发表在《民国日报》《作家》《良友》《中流》等报刊上，这些报道无一例外强调，沙飞所拍照片是鲁迅先生最后留影。

据现有史料来看，沙飞性情颇为执着。除了思想上"要像鲁迅一样"，行动上也极有个性，不顾"生活的压迫，妻子的威胁，商人的利诱"甚至"企图自杀"与之抗争。笔名"沙飞"便寄托了"向往自由，希望像一粒小小的沙子在祖国的天空中自由飞舞"之意。蒋齐生对沙飞的第一印象是，"工作全力以赴，舍生忘死"[2]。沙飞诗中表示："我有两只拳头就要抵抗，不怕你有锋利的武器、凶狠与猖狂，我决不再忍辱、退让……我要为争取生存而流出最后的一滴热血，我决奋斗到底、誓不妥协、宁愿战死沙场。"[3] 学者杨小彦认为："他那句众人皆视为疯子所说的，我要干一件惊天动地的大事的话，恰恰是他短暂一生的真实写照。"[4] 卢沟桥事变爆发后，沙飞不顾一切地到达前线，成为全国通讯社记者。这里还有一处细节，虽然已是著名摄影家的沙飞，被温健公介绍去八路军的本意却是"奇缺从事电台工作的专门人才"[5]。最终，沙飞凭着对艺术的向往和爱国热情，成为新闻宣传队伍中的

---

① 沙飞：《我的履历》，载中国新闻摄影学会编：《纪念我们的先驱，学习历史的经验》（内部刊物），1992 年。
② 蒋齐生：《沙飞和〈晋察冀画报〉》，《中国记者》，1992 年第 4 期。
③ 沙飞：《我有两只拳头就要抵抗》，《桂林日报》，1937 年 1 月 18 日。
④ 杨小彦：《我要干一件惊天动地的大事——沙飞 55 年祭》，《军事历史》，2005 年第 12 期。
⑤ 蔡子谔：《沙飞传》，北京：中国文联出版社，2002 年，第 150 页。

一员。同时，沙飞广东老乡石少华、罗光达等知识青年也相继来到延安。

最后，以郑景康为代表的原国民党新闻人来到延安。还有一位重要人物不得不提，时任国民政府国际宣传处摄影室主任郑景康。郑景康是郑观应第4个儿子，喜好摄影的他在香港开设了一间"景康摄影室"。1932年，他回到内地，凭借高超的人像拍摄技术，很快在文艺圈小有名气。郑景康与当时很多摄影名流交往颇多，据其自己回忆，舒新城十分赏识他的摄影技艺，曾主动提出为他出版一本影集。①著名漫画家叶浅予也和他颇为要好，郑景康还曾参加叶浅予领导的漫画宣传队，归政治部三厅指导。彼时政治部三厅由周恩来领导，是受中共影响的部门，此后去往延安或同这段经历不无关系。

事实可能更为复杂，蒋齐生认为促使郑景康离开国民党的原因是，"国际宣传处只是拍外国人马屁，认为外国一切都好，又不重视他的摄影，工作不能展开"②。国际宣传处确有"认为外国一切都好"倾向，这和抗战期间国民政府的国际政策有关。其时掌管"国际宣传处"的董显光、曾虚白与其交往并不深，有意无意间没能记住这位"南国最佳摄影师、摄影科主任"，足以看出郑景康当时受到的冷遇。

1938年至1939年间，投身中共画报宣传事业的重要人物已陆续到达根据地（表3-4）。以袁牧之、吴印咸为代表的电影工作者更多怀着专业理想来到延安，中共也给予了高规格安排，希望他们能组建起自己的电影队伍。以沙飞、石少华为代表的摄影工作者多是充满救国热情的革命青年，他们更倾向于投入战场对敌作战。以郑景康为代表的前国民党人员，更希望得到宣传组织重视，发挥摄影才能。

① 卫元理：《重读郑景康》，《中国摄影》，2007年第3期，第25页。
② 蒋齐生：《新闻摄影一百四十年》，北京：新华出版社，第214页。

表 3-4　1937—1942 年奔赴中共的画报骨干

姓名	入党时间	联络人	此前主要经历	分配单位
袁牧之	1938	陈波儿动员后，经周恩来帮助到达延安	从事电影编导、演员工作。拍摄《风云儿女》《马路天使》等电影，出演《八百壮士》家喻户晓	拍摄《延安与八路军》赴苏联洗印，因苏德战争爆发被困转而考察，参与苏联电影拍摄，1946 年回国接收"满映"，创建东北电影制片厂
吴印咸	1938	袁牧之邀请，经周恩来帮助到达延安	从事电影摄影工作，袁牧之好友，合作拍摄多部电影	在政治部电影团工作，1945 年后创建东北电影制片厂
徐肖冰	1937	八路军太原办事处秘书赵三品推荐，后得到周恩来帮助，进入抗大学习	摄影师，曾做过吴印咸摄影助手。吴到达延安后，徐肖冰被调来继续做吴助手	拍摄《延安与八路军》，而后负责拍摄记录中共抗战过程。1945 年在《晋察冀画报社》担任电影科科长
沙飞	1937	经温健公、周巍峙介绍结识李公仆，经其推荐到抗日前线采访。受聂荣臻安排成为八路军专职新闻摄影记者	国民党电台工作，后上海拍摄鲁迅成名，在广州、桂林开办影展	晋察冀军区政治部宣传部第一任编辑科长。1942 年后筹备《晋察冀画报》，开创晋察冀军区摄影学习班
石少华	1938	校友廖承志介绍，经广东中共地下组织介绍，到达延安	在岭南大学西关分校附中和康乐岭南大学附属高中读书，爱好摄影，从事业余摄影活动	抗大总校摄影记者，冀中军区政治部摄影科副科长，1943 年任《晋察冀画报》副主任
罗光达	1938	武汉八路军办事处	1934 年到上海学徒，1936 年就开始用方盒照相机学习摄影。上海失陷后，到达武汉，进陕北公学和中共中央党训班学习	中共中央党员学习班结束后随彭真留任军区司令部摄影记者，1942 年创办《晋察冀画报》，1944 年创办晋察冀画报分社

姓名	入党时间	联络人	此前主要经历	分配单位
郑景康	1940	周恩来、叶剑英介绍，经重庆到延安	著名摄影家，曾在柯达公司就职，后于香港开设照相馆，抗战开始后就职于国民党对外宣传处摄影科	1940 年后在八路军总政治部宣传部任摄影记者，1945 年先后于晋察冀画报社、山东画报社、东北画报社担任领导和培训工作

（二）思想理念

图像工作者们分散于各根据地。1938 年，袁牧之们创建了中共第一个电影摄影机构"延安电影团"，筹备开拍《延安与八路军》，影片在送往苏联制作时丢失。沙飞在聂荣臻的支持下去往台儿庄前线采访。石少华、罗光达被安排在根据地学校学习。这批来到根据地的画报工作者，在思想理念方面确有共同之处。

其一，对专业的执着追求。 具有强烈的专业意识是彼时中共画报工作者的普遍特征，不仅在技术上钻研，更有对文艺的共通理解。袁牧之对专业特别下功夫，从校园话剧干起，参加各种剧社获得锻炼机会。1926 年，加入辛酉剧社，从场工到杂工一路干起，"像恶狗般地搜寻着剧本及其他关于戏剧的读物，例如，当时中华书局出版汪仲贤主编的《戏剧》月刊及北平人艺社出版之《戏剧化装法》等"①。演讲与演剧，是袁牧之长期关注的专业问题，他主张演讲要以情动人，又不能感情泛滥，泛滥的感情就走向了演戏极端。在从事演剧的五六年时间里，袁牧之有丰富的理论建树，共发表文章 40 多篇。从内容来看，涉及表演技巧的 30 篇，关于表演者修养的 6 篇，关于舞台化装技术的 2 篇，有关观众的 2 篇。1934 年，电通电影制作公司拍摄《桃李劫》大受欢迎，袁牧之首次在电影中加入了环境声，改变了以往用蜡盘发音机械配合画面的音效模式。

---

① 袁牧之：《兴趣·志愿·生活》，《中学生》，1936 年第 61 期。

沙飞同样把业余时间和所剩不多的资金都投入摄影艺术。为了学习基本技术，他在家中制造简易暗房，还参加了上海"黑白影社"。当时的"黑白影社"是中国最著名的摄影团体，陈传霖、林泽苍、林雪怀都是协会组织者。社团不仅有内地会员，还有港澳地区人士，上海文化名流和摄影名家大多是协会中人，就读于圣约翰大学的袁毅仁便在其中。沙飞拍摄极为用心，不仅对构图、光线等摄影技法要求严格，还常实践较为考究的逆光、动态等造型艺术。加入黑白影社成为沙飞追求摄影的重要一步，在此磨炼摄影技术，结识摄影友人。其间，沙飞还考入上海美术专科学校西画系学习绘画，这所刘海粟创办的学校，吴印咸早在1919年已经来过，沙飞入校时吴印咸已经毕业。

吴印咸是这批画报工作者中唯一科班出身的摄影师，受过上海美术专科学校西画系三年的系统学习，"吴印咸摄影技术上的过硬功夫，使他在紧张急促中按快门，也能摄出完美的照片"[①]。1937年上海沦陷后，吴印咸前往阎锡山投资的西北影业公司是为了生存，更多考虑的也是不愿离开电影行业。此后，沙飞特意求助吴印咸为解放区编写摄影书籍，从中也能看出吴印咸对专业的娴熟掌握。

其二，共同的爱国主义情怀。到根据地前，吴印咸策划拍摄《中国万岁》，希望通过电影来鼓舞抗日救亡士气。影片反映华北军民炮火下的悲惨生活，电影在台儿庄大捷与平型关大捷中落幕。对上海战场的记录是整部影片精彩之处，吴印咸也带着这样的思路亲自去香港制作后期，遗憾的是《中国万岁》因宣传中共抗日最终未能与观众见面。在人力物力极其匮乏的情况下，吴印咸对这部影片投入了全部心血，是其爱国思想的集中体现。

沙飞也有着强烈的爱国意识，对"摄影是消闲的玩意儿"极为不满，推崇摄影有救亡作用。他曾在论述摄影和救亡的关系时说："摄影在救亡运动上

---

① 吴家瑾：《二十世纪中国文艺图文志》（摄影卷），沈阳：沈阳出版社，2002年，第63页。

既是这么重要，摄影作者就应该自觉起来，义不容辞地担负起这重大的任务。以达到唤醒同胞共赴国难的目的。这就是我们摄影界当前所应负的使命。"①沙飞对摄影功能的阐释，清楚地表明了爱国主义思想。就上文骨干来说，他们多为拥有较高知识水平的文化人士，抗战普遍唤起了他们的爱国情怀。

其三，相似的理想主义底色。中共并非知识分子们的唯一选择，国共两党展开了激烈的人才竞争。袁牧之等人之所以倾向共产党，除人生境遇外，更多的是他们身上相似的理想主义底色。学者倪伟就曾表示，自然科学领域的知识分子与左翼知识分子有着明显区别，他们在同样的历史氛围中，选择了不同的党派。"左翼知识分子基本上都是搞文学的，而与政府合作的知识分子多数是工程技术专家，而且他们多数都有留学欧美的经历。学文学的易于偏向激进和极端，自然科学和社会科学的知识分子则相对务实得多。"②这样的说法有一定的道理，更为纯粹的革命理想主义的确存在于画报文宣工作者的基因中。此点在沙飞身上体现得尤为明显。1928年，沙飞在广西梧州军用长波电台当报务员，收入不仅稳定还比较宽裕，加之司徒家族在当地及海外亲属众多，动乱年代仍可过着不错的生活。据沙飞女儿王雁叙述："沙飞的父母不赞成他专门搞摄影，妻子的激烈反对令沙飞不高兴。他坚持自己的决定，对自己的选择充满信心。王辉只得让步，她知道丈夫是个认准方向绝不回头的人，不让他走是不可能的。"③在家庭和理想的抉择中，沙飞毅然选择了后者，他还多次表示自己憧憬梵高对艺术的激情与癫狂，崇拜年轻的英雄用鲜血和生命为自己的诗句写下注脚。类似的理想主义激情，在后来晋察冀画报社记者雷烨等人身上皆有共鸣，"搞摄影事业，真像喝酒似的，心醉了"④。

---

① 沙飞：《摄影与救亡》，《广西日报》，1937年8月15日。
② 倪伟：《"民族"想象与国家统制：1928—1948年南京政府的文艺政策及文学运动》，上海：上海教育出版社，2003年，第178页。
③ 王雁：《我的父亲沙飞》，北京：社会科学文献出版社，2005年，第50页。
④ 王雁：《我的父亲沙飞》，北京：社会科学文献出版社，2005年，第115页。

（三）改造：政治意识的输入

对画报宣传工作者的改造基本分为两步：一则，深入革命队伍，在亲身经历中感受中共政权面貌；二则，参加培训，系统接受党校教育。过程中，"延安文艺座谈会"有明显的思想改造效果，涉及内容也多和画报工作有关。运动发起者毛泽东、博古、陆定一、周扬等人对文艺宣传工作的指导影响深远，特别是对"民族形式"和"办报立场"的深入阐发，为今后画报发展指明了方向。

1. 深入革命队伍

延安电影团很快投入《延安与八路军》的拍摄中，按计划影片共分四部分："一、抗战爆发后，全国各地进步青年学生纷纷来延安；二、介绍延安政治、经济与文化等方面实况；三、介绍八路军生活和敌后抗日根据地；四、经过学习的延安青年奔赴各地。"[①] 在拍摄过程中，袁牧之们频繁接触到核心领导集体，这是在上海电影公司所不能比及的。如此际遇也令他们颇感自豪，对中共领袖们的平易近人产生敬仰，据徐肖冰回忆："在延安时候与领导们接触不算什么大不了的事情，甚至在大街上就能见到，他们与普通同志们一样跟我们说话聊天。"[②] 在各种回忆资料中同领袖见面始终被津津乐道："毛主席在谈话中对革命形式充满信心的估计，对未来电影事业的乐观看法，使电影团的同志们深受教育和鼓舞，他们看到了革命电影事业的光明前途，一种对未来事业的强烈责任感油然而生。"[③] 接触部队后认同感更为强烈，甚至能明显地感受到自己的这种变化：

"下部队拍片，给了我很大的教育。原来我只是个有点'正义感'的人，

---

① 吴筑清、张岱：《中国电影的丰碑：延安电影团故事》，北京：中国人民大学出版社，2008年，第60页。
② 侯波、徐肖冰口述，刘明银整理：《带翅膀的摄影机——侯波 徐肖冰口述回忆录》，北京：北京大学出版社，1999年，第67页。
③ 侯波、徐肖冰口述，刘明银整理：《带翅膀的摄影机——侯波 徐肖冰口述回忆录》，北京：北京大学出版社，1999年，第70页。

看到解放区的生活和军民的亲如家人的关系，受到党的教育，我的觉悟有了很大提高。后来就不想回去了，拍摄纪录片的过程也是深入生活的过程，而战斗生活本身是会给我们很多教育的。"①

沙飞担任《抗敌报》副主任时接触到党的报刊，和邓拓共事的经历对其影响不小，从未办过报刊的他，意识到报刊广泛的宣传能力。在邓拓、舒同支持下，沙飞萌发了创办画报的想法。其间，沙飞还深入前线采访，拍摄了一批抗日场景，部队中的耳濡目染让他感觉到中共是真正的抗日队伍。

2. 参加培训

石少华、徐肖冰、罗光达等人被分配到"抗大"学习。"抗大"由毛泽东亲自任教育委员会主席，林彪任校长，是一所"用主义去熏染武装革命"的学校②。毛泽东在开学典礼上表达了对抗大的期望："第一次大革命时有一个黄埔，它的学生成为当时革命的主导力量，领导了北伐成功。我们的红大就要继承着黄埔精神，要在第二次大革命中也成为主导力量，即是要争取中华民族的独立解放。"③

1937 年，像石少华、罗光达、徐肖冰这样的青年越来越多，原本培养红军干部的抗大更多地承担起培养知识青年的任务。徐肖冰曾回忆毛泽东讲《论持久战》对他的影响："一到会场我有点蒙了，听演讲的人太多，会场挤得黑压压的都是，那天主席讲得很有声色，对持久战的道理讲得明白清楚，大家听得都很入神。"④ 在校期间，石少华深入学习了马克思主义理论，统一了抗战思想，了解了中共革命道路，摄影的特长也在此时发挥出来。1938 年底，他被暂时借调为抗大摄影记者，从此走上摄影宣传道路。在人才极度短缺的情况下，吴印咸、沙飞们因过硬的技术被直接分配到作战一线，石少华、罗光达们进入陕北公学和抗大学习，成为党的后备干部。

①　吴印咸：《亲切的回忆》，《中国电影》，1958 年第 7 期。
②　王建军：《毛泽东的抗大理想》，《河北师范大学学报》，2005 年第 4 期。
③　欧阳淞、曲青山：《党史人物忆党史》（第 6 册），济南：济南出版社，2012 年，第 18 页。
④　侯波、徐肖冰：《侯波、徐肖冰口述回忆录》，北京：北京大学出版社，1999 年，第 65 页。

3. 理念升华：树立坚定的政治意识

知识青年大多有一定文化基础，但问题也随之出现。毛泽东对文艺发展现状并不满意，他认为文艺工作者或长或短地拖着一条小资产阶级的尾巴。出现这样的问题，主要是思想不够明确，对文艺的功能的理解有所偏差。1942 年 5 月，毛泽东在文艺座谈会上发表了两次指导性的演说，阐明了党的文艺路线："要使文艺很好地成为整个革命机器的一个组成部分，作为团结人民、教育人民、打击敌人、消灭敌人的有力的武器。"[①] 文艺座谈会上，毛泽东具体论述了文艺"立场""态度""工作对象""为什么人服务"等问题，确立了文艺为政治服务原则。从郭沫若那里我们能够得到清晰的印证，他说"文艺的本质就是宣传，无论你赞成或反对，文艺总不外是宣传，宣传如不用文艺的方式，便不能深入而普及"[②]。文艺与宣传一体两面在这次大会上得到了明确与肯定。

参加文艺座谈会的画报工作者，包括八路军电影团团长吴印咸，以及总政治部摄影记者郑景康。这次大会在他们内心中引起了不小震动。据郑景康回忆，他见到毛泽东时非常激动，没等周扬介绍他就自我介绍说："我是照相的，叫郑景康。"[③] 会上在国民党没有受到重视的郑景康提出"党对文艺不够重视"，不同的是，这次他得到了极为正面的回应。会议期间郑景康展出的抗战照片，不仅得到总政宣传部长肖向荣题字"抗日初期之一角"，毛泽东、任弼时、贺龙、李富春等领导人也都来看了影展，并给予了高度评价。具体行动上，郑景康、吴印咸确有变化，原本只在俱乐部和摄影小组中担任指导的他们，开始广泛联系群众，在延安街头橱窗举办新闻照片展，响应了走群众路线号召，展出了大生产运动、劳动模范、十月革命等内容。

---

① 毛泽东：《延安文艺座谈会讲话》，载《毛泽东选集》（第 3 卷），北京：人民出版社，1991 年，第 848 页。
② 郭沫若：《抗战与宣传》，重庆：独立出版社，1938 年，第 22 页。
③ 杜忠明：《延安文艺座谈会纪实》，北京：中央文献出版社，2012 年，第 19 页。

参加会议后的吴印咸打消了回到武汉的念头，开始编写摄影书籍，着眼在群众中培养摄影人才。

延安文艺座谈会对画报的发展有着深远影响。其一，根据座谈会精神，政治和艺术的统一，内容和形式的统一，以政治性为主导的文艺理念成为画报工作者们的基本共识。毛泽东在座谈会上强调了文艺的政治性，但关于什么是"宣传的艺术化"并未涉及，此后画报社在这方面进行了长期探索。其二，座谈会强调用"旧的形式装新的内容"，沙飞彻底批判良友式娱乐画报，一些符合民族形式的木刻、歌谣成为画报基本组成。从1942年开始，沙飞对摄影的功能认识有了巨大变化，此前他认为摄影是"暴露现实的一种最有力的武器，是帮助人类，理解自己，改造社会，恢复自己的武器"[①]。此后沙飞认为摄影是"获得战争胜利，取得新民主主义社会建设的政治武器"[②]。不难看出，从"自己的武器"到"政治的武器"，集中反映了画报工作者们的思想变化。

宣传组织对画报人才的理念指引，为今后发展指明了道路。就功能来说，确立了画报绝对的政治属性，明确了艺术服务于政治的指导思想；就身份来说，要求画报工作者保持高度党性。组织上也充分肯定了这批人的自我锻造，《解放日报》曾发表文章，赞扬了吴印咸的前后变化："抗战以后，吴同志放弃了自己在外面的优越地位与生活，携带着私人的摄影器材参加了八路军。在一年多的时间中，不畏艰难困苦亲身参加战斗，将我军的英勇战绩，报道外界，很好地完成了党给予他的任务。"[③]吴印咸自己也颇为激动地表示："入了党，我非常兴奋，这是我世界观改造的一个转折点，我不会忘记，我的一切成就都是在党的教育下取得的，真正了解了共产党，看到了共产党的伟大英明之所在，也看到了中国的未来之所托。"[④]

---

① 沙飞：《写在展出前》，载《沙飞摄影展览会专刊》，1936年6月。
② 《晋察冀画报》（时事专刊），1942年3月20日。
③ 《电影技师吴印咸同志》，《解放日报》，1945年1月26日。
④ 编写组：《入党知识手册》，石家庄：河北科学技术出版社，1989年，第291页。

最终，石少华、罗光达这样的知识青年顺利入党，袁牧之前往苏联之前也完成了入党程序，吴印咸经过一段时间的考察从"聘请"变为党员。沙飞情况比较特殊，他的入党并不顺利，这可能和其在国民党电台的工作经历有关。在《我的履历》中沙飞将这段经历换了一种叙述方式："投考无线电专门学校，半年毕业后，即在汕头电台工作。"① 总的来说，画报组织群体完成了从思想到身份的整体转变。

二、基层采编人员的培训

随着各地画报事业发展，报社需要更多办报人员，专业水平也亟须提高。沙飞们以办培训班的方式，吸纳培养了一批基层采编人员。起初，报社希望以就地吸纳的方式扩充办报人员，但效果并不明显。只有16岁的顾棣是晋察冀画报社在当地吸收的一位办报人员，据他回忆，由于报社发展需要，主任沙飞、副主任石少华多次找其谈话，希望动员更多人员加入报社。顾棣日记记载了不断寻找办报人员的艰难过程：

> 沙主任找我谈话问我，你们学校或你们村附近有没有喜欢而又合适做咱们这样工作的人呢，咱们画报社今后要扩大，需要大批的人。紧接着又说，年龄在20岁左右，文化程度高小毕业，身体要健康。②

仅过一天副主任石少华又找顾棣：

> 咱们这里要扩大人，你能从你们附近的村庄或同学中找一批

---

① 中国新闻摄影学会编：《纪念我们的先驱，学习历史的经验》（内部刊物），1992年。
② 顾棣编著：《中国红色摄影史录》（档案篇），太原：山西人民出版社，2009年，第815~825页。

人吗，条件是 20 岁左右，政治坚定，身体健康，愿意参加画报工作，未婚的青年男子。[①]

翻阅顾棣日记，这一时期仅他一人返乡动员就有 5 次，开始很多人对画报社有兴趣，但最终来到画报社工作的并不多。组织发展过程中，各方面工作都需要人才，从根据地群众中找到适合人员并不容易，报社希望吸收的有文化基础的年轻男性更加稀缺。据文章统计，顾棣所动员的 10 人中未能留下一人。

经过一段时间的摸索，根据实际情况报社开始组织培训班，各地成立了训练队。画报社有计划地对现有宣传人员和军队文艺工作者进行摄影培训。这确实起到了很好的效果。据统计 1940 年至 1942 年间，仅冀中军区就先后进行了 4 次新闻图片报道集中授课，延安、山东、华北的宣传组织也多次进行摄影报道教学，一批如齐观山、流萤、刘克己、袁克忠等优秀画报记者被发掘出来（表 3-5）。

表 3-5　各地画报工作培训班统计

	时间	地点	人员	教学内容
冀中军区	1940 年 6 月，冀中第 1 期训练队	曲阳县	流萤、李域、左大章、袁克忠、孟庆彪、张骥良、杜福增等（11 人）	新闻摄影、暗房技术、文艺基础、政治
	1940 年冬至次年 3 月，冀中第 2 期训练队	定县	袁克忠、孟庆彪、朱保玺、杜根元、陈国林、胡金华、刘世珍等（14 人）	新闻摄影、暗房技术、文艺基础、政治、美术，实践拍摄白洋淀水上游击队
	1941 年夏，冀中第 3 期训练队	安平	梁明双、杨振亚、宋克章、刁寅卯、李文治、张梦华等（30 人）	新闻摄影、暗房技术、文艺基础、政治、美术、印刷技术

[①]　顾棣编著：《中国红色摄影史录》（档案篇），太原：山西人民出版社，2009 年，第 815~825 页。

续表

	时间	地点	人员	教学内容
冀中军区	1942年2月，冀中第4期训练队	安平	荣启明、韩金声、李学增、袁岑、董辉、刘克己、李峰、宋谦等（80人）	新闻摄影、文艺基础、政治、美术
晋察冀军区	1941年7月，晋察冀第1期训练队	平山	齐观山、申曙、尤青、曲治全、马德林、张发良等	文艺理论、暗室技术、新闻摄影
	1944年12月，晋察冀第2期训练队	阜平	高梁、王树仁、田中、贾健、李进鸿、尚升文等	摄影基础、新闻摄影、新闻报道、美术
	1945年4月，晋察冀第3期训练队	洞子沟	郝建国、杜铁柯、吴洛夫、博明、张杰、红枫等	新闻摄影、文艺理论、美术
	1945年4月，晋察冀第4期训练队	洞子沟	季明、兰泉、孙志安、刘福安、白连璋、王道梅等	新闻摄影、文艺理论、美术、后期制作
延安	1942年，电影团第1期摄影训练班	延安	张沼滨、郝玉生、何云等	摄影基础
	1945年1月，电影团第2期摄影训练班	延安	程铁等	摄影基础、新闻摄影、电影知识
	1945年6月，电影团第3期摄影训练班	延安	吴本立、周从初、马似友等	摄影基础
山东军区	1943年，山东军区第1期训练队	周家坡	吕杰、任振亚、庞德法、张麟、相知、王晓波等	摄影基础
	1945年，山东军区第2期训练队	周家坡	郝世保、温国华等	摄影基础、新闻摄影、后期制作、美术
其他	1945年11月，胶东军区训练队	胶东	李善一、潘沼、蒋文、刘培玉等	摄影基础、新闻摄影、后期制作、美术
	1945年春，冀热辽训练队	冀东	曹兴华、李瑞峰、王纯德、刘庆瑞、赵永、包天伟等	美术、新闻采访、暗室技术、摄影

（一）传授摄影报道方法

为了适应摄影画报需要，培训班一方面教授摄影技术，如照相机、光圈、镜头、冲洗等基础知识。另一方面教授图片新闻报道方式方法，探索画报图像化宣传的最佳效果。

教授摄影技术方面。1939 年，抗敌报社出版了吴印咸编写的《摄影常识》，全书涵盖摄影技术各个方面，具体包括"光圈快门的使用""冲洗胶卷的各种配方""拍摄人像和战地现场的注意事项"等。1942 年，郑景康也在延安完成了《摄影初步》的撰写，全文以油印集结成册，给画报培训班作为讲义使用，书从摄影功能角度划分了图片拍摄内容，包括"人像""新闻及纪录""艺术""商业与宣传"等几方面。1945 年，罗光达编写出版了《新闻摄影常识》，全书共 8 章。包括"摄影的几个基本常识""暗房工作的几个基本常识""新闻摄影的几个问题""新闻摄影的重要性""新闻摄影的任务""新闻摄影与其他文化艺术表现方法的异同"等内容。此外，还有一些学习手册，分门别类地向学员们分解技术难点。例如，石少华讲授的《新闻摄影收集材料方法的研究》《关于攻城克镇的摄影工作研究》，廉伯平译编的《软片显影配方集》《镜头光圈常识》等。通过教材能够看出培训班对摄影技术的重视（表 3-6）。

表 3-6　培训班中的教材

作者	时间	书名	概括
吴印咸	1939	《摄影常识》	摄影技术为主的教材
罗光达	1945	《新闻摄影常识》	摄影技术及画报的任务性质
郑景康	抗战时期	《摄影初步》	摄影的功能及意义
石少华	1945	《新闻摄影收集材料方法的研究》	新闻摄影技术和拍摄方法
廉伯平等	1945	《软片显影配方集》	软片显影的配方方法
廉伯平等	1947	《镜头光圈常识》	镜头光圈的介绍与使用
不详	1945	《写真大讲座》	缴获日本教材包括技术和功能介绍

据上述教材显示，摄影技术培训囊括了前期拍摄到后期制作各方面。据晋察冀画报社第 3 期训练队记录，"摄影术"教学内容包括照相的原理、摄影机器的构造及使用、胶卷的功用与性能、曝光、暗房工作晒像及放大等若干板块。①

新闻图片报道方面，培训班通过收集材料、掌握时机、抓紧中心、树立典型等维度进行教学。其中，如何发挥图片传播特点，将视觉语言运用到宣传报道中是课程教学重点。教员们强调，收集材料要深入发掘新闻事件细节，在此基础上抓住中心，让读者很明显知道是什么内容，呈现出来的图片要有特点："一是主体人物的特点，二是背景的特点。什么人用什么东西，在什么地方。"②训练班始终强调两点：其一，选题取材走群众路线，力求完整、全面、深入细节；其二，拍摄报道抓住典型，通过典型人物、典型事件、典型场景说明主题。这些内容和整体宣传方针有所呼应，为学员们快速投入工作打下基础。

（二）普及文艺宣传理念

除了图片报道方法外，在基层记者中树立画报宣传理念乃重中之重。通常做法是，将宣传主导思想拆分为若干"业务知识"加以规范。

第一，"走入广阔的为政治服务的领域"。画报为政治的理念在培训班中得到贯彻，以下列举一些教学内容用来说明：

> 进步摄影家要有这样深刻的感觉和认识，而当前抗战的政治任务，对摄影也有这样不可忽略的要求。③

---

① 石志民主编：《晋察冀画报》（文献全集），北京：中国摄影出版社，2015 年，第 1381~1397 页。
② 石志民主编：《晋察冀画报》（文献全集），北京：中国摄影出版社，2015 年，第 1407~1412 页。
③ 邓拓：《摄影常识·序》，吴印咸：《摄影常识》，抗敌报社印，1939 年，第 1 页。

一切都必须为抗战建国而服务，有些人以为摄影只不过是一种娱乐消闲的玩意儿，一种纪念品而已，这根本忽略了摄影的政治意义。①

它早已跳出了少数有闲阶级单纯娱乐或留作私人纪念的狭小圈子，而走入广阔的为政治服务的领域。我们为什么要提倡新闻摄影？因为现在世界已经把它作为对内对外宣传战和思想战的重要武器。摄影早就已不是什么单纯的娱乐工具或私人留念的意义了，而是为着一定的政治服务的重要武器。②

阐发摄影画报功能时首当其冲地批判了画报的娱乐性。要求广大画报工作者从"抗战""政治"角度树立画报功能观。训练队班歌这样唱道："我们是摄影工作者，带着我们的武器，走进人群去，奔赴战斗里。把人民愤怒的心火和子弟兵的胜利，摄进镜头；把敌人的暴行和无耻，印成千万张照片昭示国人。"③为了论证画报宣传功能的正确性，教员们引入了阶级斗争视角。1945 年，晋察冀报社培训班召开争辩大会，石少华总结"过去在知识分子及上层统治者手里，成为娱乐的玩物，后来掌握在我党手里，变成了我党最重要的斗争武器"④。在此，画报娱乐功能和战斗功能，分别对应了资产阶级与无产阶级，记者们对新闻图片的使用，不仅涉及认知还对应了政治立场。画报从"社会武器"到"战争武器"再到"政治武器"，文宣功能被不断强化。

第二，倡导形式为内容服务，艺术为主题服务。对画报功能的理解反映在知识性探讨中。在关于"形式与内容"的叙述中，教员们将形式理解

---

① 沙飞：《摄影常识·序》，吴印咸：《摄影常识》，抗敌报社印，1939 年，第 2 页。
② 罗光达：《新闻摄影常识》，晋察冀画报分社印，1945 年。
③ 韩丛耀、赵迎新主编：《中国影像史第 7 卷（1937—1945）》，北京：中国摄影出版社，2015 年，第 360 页。
④ 蒋齐生、舒宗侨、顾棣：《中国摄影史（1937—1949）》，北京：中国摄影出版社，1998 年，第 87 页。

为"光影色彩"，内容被集中阐发为"主题和思想"，石少华总结说：

> 马克思、列宁主义的美学观点认为，没有内容就没有形式；没有形式内容就无从变现，因此，摄影记者不仅要使自己的作品具有正确的思想内容，同时要不断创造新的艺术形式，这样作品才能更好地教育群众、鼓舞群众、知道实际工作的作用，才能富有感染力与生命力。[①]

与之类似，"艺术与政治"关系被理解为"附属与主体"关系。吴印咸在教材中说："新闻摄影被称为文化艺术的一环，是构图光线角度的创作。"[②] 在他理解中，所谓"艺术"就是一种构图光线"技法"，摄影图片最大价值是"照片可以令人'看见'，免去读者的悬想，而证实了事物的实情"[③]。对此，沙飞和罗光达的说法相当清晰：

> 没有艺术修养，一张照片的画面必然会平淡无力和缺乏美而不易使人感动，没有正确的政治认识和新闻记者收集材料的方法，就不能把握现实，不能顺利地去进行工作，不能完成重大的政治任务。[④]
>
> 今天反映与表现题材中心是政治性与新闻性的问题，简短地说，照片要清楚，要有内容，这是主要的，而艺术性是比较次要的。[⑤]

---

① 新华社新闻研究部编：《新闻论丛》，北京：新华出版社，1983年，第14页。
② 吴印咸：《摄影常识》，抗敌报社印，1939年，第5页。
③ 郑景康：《摄影初步》，大连：光华书店，1948年。
④ 沙飞：《摄影常识·序》，吴印咸：《摄影常识》，抗敌报社印，1939年，第2页。
⑤ 罗光达：《新闻摄影常识》，晋察冀画报分社印，1945年。

这样的培训内容收到了一定效果，学员高良玉就在课堂笔记上做出如下理解：

强烈的政治内容是摄影中重要一面，除此即真实，但而知为良好的技术来配合，三者联系起来，那会更生动动人。画报是以军队性建立起来的，它承担整体党的宣传任务。据毛主席在延安文艺座谈会之报道而言，我们的方针为广大工农兵服务。[1]

顾棣也在自己的日记中总结说："要有正确的政治认识，我们并非为了兴趣而拍照，一定要达到一定的政治目的，要有坚定不移的政治方向与自觉程度。"[2]培训班通过"形式与内容""艺术与政治"辨析，将画报为政治理念解释给学员。从宣传出发，无论艺术形式多么花哨，都需要通过政治来总体把握。用罗光达的话来总结："既反映现实斗争，而同时又成为艺术作品，就必须把政治性、新闻性与艺术性相结合。"[3]

---

①　高良玉：《晋察冀画报对摄影工作者的要求》，载石志民主编：《晋察冀画报》（文献全集），北京：中国摄影出版社，2015年，第1403页。
②　顾棣编著：《中国红色摄影史录》，太原：山西人民出版社，2009年，第850页。
③　罗光达：《新闻摄影常识》，晋察冀画报分社印，1945年。

第四节 团结抗战：敌后根据地画报的宣传重点

全面抗战时期，中共画报重点围绕对日作战进行宣传动员，整体上分为两部分：对外积极维护统一战线，呈现中共敌后战场情况；对内进行经济动员，打造亲民的政治形象。画报通过内容和造型技巧的结合，既传播了中共在对外战争中的贡献，也鼓舞了全民族抗敌士气，塑造了"中流砥柱"的民族形象。

一、维护抗日民族统一战线

宣传始终强调自己是维护民族统一战线积极且坚定的一方。文艺宣传方面，中共曾提出："我们不强求其相同，但在抗日救国上，我们应团结一致以求行动之更有力。"[1]1944年，外国记者团延安采访期间毛泽东仍不忘强调坚持合作的政治立场："抗战前期是如此，抗战中期是如此，今天还是如此。"[2]

具体而言，本阶段画报有意识地刊登了国民党领导人形象。1939年4月，《前线画报》以摄影图片报道"延安纪念孙中山大会"，照片记录了"大会现场""会场大门""宣读祭文""奏哀乐""林伯渠发言"等场面，标题以"在延安"强调纪念大会的发生地（图3-13）。"领袖照"是现实政治的缩影，

① 周天度、孙彩霞编：《救国会史料集》，北京：中央编译出版社，2006年，第175页。
② 中央档案馆编：《中共中央文件选集》（第14册），北京：中央党校出版社，1992年，第254页。

有研究指出蒋介石曾在奉安大典上借由纪念孙中山确立党内地位。在这里，《前线画报》的报道传递了团结信号。如马敏所言："政治象征的继承，是指对载体和意义原封不动地予以承袭，但也要能适应新的变化环境。"[1] 能够看出，画报展现的纪念活动蕴藏着丰富的政治因素，既肯定了两党历史上的合作，同时也强调了抗日战争中再次携手的现实意义。

《晋察冀画报》第 1 期在显著位置刊登蒋介石形象，《精神总动员大会》报道中，蒋的巨幅画像被放置于会场中央，左右两边横幅上写着"拥护蒋委员长，坚持抗战到底"（图 3-14）。此后每逢五一、五四等重要节日，国民党人形象都会被张贴出来，毛泽东曾表达过对蒋介石抗日主张的赞许："在这里我们特别向民族领袖、抗战统帅蒋委员长致敬礼，因为他领导全国不屈不挠、再接再厉发动了并指挥了伟大的抗日战争，让我们永远地团结起来。"[2] 此时对蒋如此高的评价是政治局势变化的体现。

图 3-13 《纪念大会在延安》[3]　　　　图 3-14 《精神动员大会》[4]

随着战争进入相持阶段国共间的摩擦不断增多，宣传工作提出团结不

---

① 马敏：《政治象征》，北京：中央编译出版社，2012 年，第 60 页。
② 毛泽东：《毛泽东选集》，苏中出版社，1945 年，第 85 页。
③ 《纪念大会在延安》，《前线画报》，1939 年第 9 期。
④ 《精神动员大会》，《晋察冀画报》，1942 年第 1 期。

是无原则的，希望在民主真诚条件下的真正团结①。画报宣传相应改变，突出了中共为民族团结做出的积极努力，对蒋介石和国民党正面形象的展示再未出现。从"维护—团结"到"批评—团结"，中共建设民族统一战线的坚定立场未曾改变。通过画报我们得以看出政治形势的变化，把民族利益放在政党竞争之上具有普遍的号召力，强化了民众对中共政权的认同。

二、展示中共对日作战情况

中共军队以弱战强，画报呈现了将士们积极作战的状态。图片报道将表达重点放在"主动进攻"和"不怕牺牲"两方面，透过具有象征意义的符号，我们更为清晰地感受到了共产党人的积极抗战。

一方面，呈现"主动进攻"展示英勇。"百团大战"是中共画报重点宣传战例，《晋察冀画报》《山东画报》《胶东画报》皆有图片专版。其中《百团大战专页》就选取了"战场冲锋""对敌喊话""英勇出击"几个场景，文字说明写道："我八路军于晓雾朦胧中，向矿区进攻，占领晋冀交通枢纽之天险娘子关，进行了正太路大破击。"②画报还着重抓取"冲锋"和"劝降"两个场景，以证明军队"主动进攻"气势。标题的制作上，通常采用能够体现主动性的词语，例如，《战果掇拾》中图片说明就写道："活捉伪县长、打进杨村镇、夜袭新安城、击败绥靖军、复活无人区、克复后城。"③此处"活捉""打进""夜袭"等动词均强化了进攻态势，即使在撤退报道中，也以"反攻""转移""迂回"等词以示主动。

战场上的"进攻"体现英勇，战场下的"积极备战"同样彰显军人勇气。《山东画报》刊登照片，画面中战士们手持大刀、赤膊训练，周围挤满了围

---

① 孙照海选编：《陕甘宁边区见闻史料汇编》（第1册），北京：国家图书馆出版社，2010年，第251页。
② 《百团大战专页》，《晋察冀画报》，1942年第1期。
③ 《战果掇拾》，《晋察冀画报》，1944年第6期。

观群众。彼时，29军大刀队夜袭日本军营的故事为国人熟知，"大刀"成为勇敢精神的象征，召唤了蓄积已久的战斗力①。誓师检阅有着类似的视觉效果，《晋察冀画报》刊登聂荣臻检阅军队的报道，画面中军队武装齐整，战士们斗志昂扬。图片说明强调："战斗五年，边区的八路军，游击队发展成为坚强的正规兵团了。是晋察冀的广大优秀子弟壮大了这支队伍的，是他们以血肉的搏斗夺取了敌人的武装，武装了自己。"②

另一方面，通过牺牲报道歌颂英勇。画报有关牺牲报道中"狼牙山五壮士"最为典型。《晋察冀画报·时事专刊》报道了马宝玉、胡德林、胡福才、葛振林、宋学义5位战士面对日军进攻宁死不屈的英勇事迹。图片展示狼牙山全景的同时，分别刊登5位战士肖像照，采用仰视与富有立体感的光线选择，营造出庄严肃穆的观看感受，将"英勇精神"以视觉化呈现。战地记者们认为，这样的新闻摄影"能使人物气宇轩昂，压倒敌人的英雄气概得到更好表现，体现了我军指战员誓同敌寇浴血奋战之效果"。③《狼牙山五壮士的故事》还配合以诗化文字，进一步强化对英勇牺牲精神的歌颂，"风萧萧兮易水寒，壮士一去兮不复返，这五个神勇的英雄，他们站在狼牙山的封顶，他们高于一切，太阳升起来，强烈的光芒照着五位巨人庄严而壮美的雄姿"（图3-15）。

图3-15④

---

① 《大刀队》，《山东画报》，1945年第32期。
② 沙飞：《检阅》，《晋察冀画报》，1942年第1期。
③ 蔡子谔、顾棣：《崇高美的历史再现》，太原：山西人民出版社，1995年，第161-165页。
④ 《狼牙山五壮士的故事》，《晋察冀画报》（时事专刊），1942年第1期。

对同类战争牺牲的报道，也广泛采用上述"仰角＋造型光线"的拍摄方式，观者不仅能亲眼"目睹"英雄事迹，更能"感同身受"到英雄精神。进而，一种更为抒情的"剪影"图像修辞被运用到战地报道中。罗光达拍摄的《英勇卫士》是这方面的具体实践：手拿长枪的战士屹立在群山间，壮美的自然环境，配合战士的剪影造型，营造出浪漫之意象，照片取名"英勇卫士"集中表达宣传主旨。此外，很多表现军队行军、作战、杀敌的场景也通过剪影以刻画，记者们认为剪影拍摄"比实际生活更高、更强烈、更集中、更典型、更理想"①（图3-16）。一旦某种情绪被营造起来，人们便不再要求看到实实在在的证据，只需提供一个意象②。

图3-16 《英勇卫士》③

"展示进攻""呈现牺牲"将中共将士奋勇杀敌的事实传播出去。在此基础上，画报充分运用图像建构能力，通过写意、抒情、象征的符号语言，

① 毛泽东：《毛泽东选集》（第三册），北京：人民出版社，1991年，第861页。
② 【美】爱德华·S.赫尔曼、诺姆·乔姆斯基：《制造共识：大众传媒的政治经济学》，邵红松译，北京：北京大学出版社，2011年，第26页。
③ 《英勇卫士》，《晋察冀画报》，1944年第5期。

将军队与战场形象化，最大限度地激发起催人奋进的力量。① 广泛使用摄影报道还增强了新闻中的真实感，向外界证明中国共产党军队在敌后战场的贡献，传播了根据地抗战事实。

三、鼓励生产劳动，进行经济动员

毛泽东在《经济问题与财政问题》中强调了经济对战争的重要影响②，处于敌后的中共政权能否在经济上自足，关乎生死存亡。抗战全面打响后，大量非作战人员进入根据地，经济困难也越发明显。中央提出，要同时打赢军事与经济两场战争，毛泽东题词"自己动手，丰衣足食"，号召开展一场"大生产运动"。与金钱、货币等纯粹的财政问题相比，"大生产运动"有其特殊性，它从经济问题出发，最终深入意识形态，以政治动员方式在经济领域开展运动，影响极其深远，甚至此后被追溯为一种"奋斗精神"。在此背景下，画报积极进行经济宣传，鼓舞根据地军民投入大生产运动。

以"领袖"为对象的报道具有较强劝服效果。画报集中呈现了领导人的朴素生活，凸显领袖与群众同甘共苦。毛泽东曾表示，自己最满意的照片是吴印咸拍摄的《艰苦创业》，和一般塑造领导威武形象不同，《艰苦创业》中的毛泽东在窑洞前给八路军干部做报告，裤子上打着两个大补丁，脚边的小木凳上摆有简单的搪瓷杯。毛泽东之所以最满意这张图片，很大程度上是因为图像充分体现了艰苦朴素精神，他曾评价"最能表现延安的时代"③。阶级理论中，劳动人民深受统治阶级压迫，农民是最为光荣的无产阶级，因此"朴素"既是中共阶级本色，也是经济地位的具体表现。这样的"朴素"在当时颇具吸引力，抗战之初来到延安的记者斯诺，就对中共领袖

---

① 南无哀：《东方照相记——近代以来西方重要摄影家在中国》，北京：三联书店，2016 年，第 169 页。
② 参见戴建兵：《金钱与抗日战争》，北京：人民文学出版社，2017 年。
③ 郑鲁南主编：《军中老照片》，北京：解放军文艺出版社，2013 年，第 88 页。

的朴素印象深刻，他在《西行漫记》中曾说，毛泽东从来不重视自己的形象，唯一的奢侈品是一顶蚊帐。《八路军将领》照片中，周恩来、王稼祥、彭德怀、林彪等党的高级领导人都身着普通军服①。据罗光达回忆，给朱德、彭德怀拍摄图片时，朱总穿着一身灰色的旧棉军装，腰束皮带极为简单②。可见的"朴素"发挥了示范性作用，领袖们的"平民照"有力号召群众在经济困境下，艰苦奋斗、积极投入生产。

画报广为宣传大生产运动中的两面红旗，一是农民吴满有，二是工人赵占魁。图片呈现的工农典型在形象上有着较为一致的"朴素"气质。农民吴满有因逃难来到陕甘宁，翻身致富后积极上缴公粮成为农民典型。工人赵战魁是边区招募的工人，通过积极的劳动生产成为工人典型。图片中，他们皮肤黝黑、皱纹如刻、笑容灿烂、身体强壮。图片报道和艾青所作长诗《吴满有》里的形象颇为一致："吴满有，你是一个新农民，你过的是好光景，身体结实健康，腰上束着腰带，脸上闪着红光，你说我是革命的人，我忘不了革命，我真心爱边区。"③画报中劳动者多具有类似的形象特征。

视觉上，图画还通过田园风光衬托这种质朴。时人眼中，乡村是安静与和谐的空间，城市则充满喧嚣与压迫。民俗学者认为，城市被纸醉金迷的外国文化包围，农村完美无瑕。更有知识青年表示："现今田园思想充斥了中国人头脑。"④早期共产主义者更把城市视为帝国主义产物，腐蚀中国人民的工具⑤。秧歌剧《兄妹开荒》的歌词便流露了对田园的推崇："雄鸡雄鸡，高呀高声叫，叫得太阳红又红，怎么能躺在热炕上做懒虫，扛起锄头上呀上山岗，站在高岗上，好呀么好春光。"⑥与秧歌剧类似，画报也使用了图像

---

① 《八路军将领》，《晋察冀画报》，1943年第4期。
② 罗光达：《罗光达摄影作品·论文选集》，沈阳：辽宁美术出版社，1995年，第137页。
③ 艾青：《吴满有》，《解放日报》，1943年3月9日。
④ 鲁迅：《鲁迅全集》（第7卷），北京：人民文学出版社，1956年，第86页。
⑤ 【美】洪长泰：《到民间去：中国知识分子与民间文学（1918—1937）》，董晓萍译，北京：中国人民大学出版社，2015年，第20页。
⑥ 明言编：《中国新音乐》，北京：人民音乐出版社，2012年，第179页。

的修辞方法，拍摄农民生产时选取乡村环境来诗化劳动场面。例如，《春耕秋收》拍摄了青少年肩扛麦穗的劳动场景（图3-17）。同样《劳动人民的儿女》中兄妹俩举着锄头冲着镜头微笑，远处太阳徐徐升起，农田绵延至远方，恬静的农村环境衬托了兄妹俩的质朴气质，优美的田园风光浪漫化了劳动场景（图3-18）。

图 3-17　《春耕秋收》①

图 3-18　《劳动人民的儿女》②

据此，画报通过领袖、军民、模范三类人加以经济动员，号召群众艰苦奋斗投入大生产运动。

四、呈现民主建设，形塑政治认同

根据地政权建设是画报宣传重要内容之一。图片报道着力呈现民主建设情况，一方面展现人民拥有当家做主的权利，另一方面表现党和群众的亲密关系。

（一）"人人平等"：人民当家做主

民主政治的核心精神包含"人人平等"，在共产党政治主张中"人民当家"蕴含着推翻统治阶级，也是民主政治的有力体现。1942年，毛泽东提

---

① 《春耕秋收》，《晋察冀画报》，1942年第1期。
② 《劳动人民的儿女》，《晋察冀画报》，1943年第3期。

出领导干部、知识分子都必须放下架子走群众路线，其间他发表了《整顿党的作风》《反对党八股》两篇文章，内容围绕着党和群众关系展开。毛泽东总结说："我党的一切实际工作中，凡属正确的领导，必须是从群众中来，到群众中去。"[1] 在此，画报对党群关系、干群关系开展集中宣传，其精神内核即指向干部与群众"平等"，进而体现根据地政治民主。莫璞所创作的《毛主席与劳动英雄的会见》极为典型地呈现了领袖与群众的平等关系。图片中，老英雄孙万福和毛泽东亲切握手，领袖身穿布衣、头戴八角帽，两人面带微笑、双臂紧握。图片说明表示："有个老英雄孙万福一见了毛主席，就好像见了亲人一样，上前一把抱住毛主席说，我的好毛主席，要是没有你，我们穷人一辈子翻不了身啊。"[2] 图片精心设计了符号语言，毛泽东脚步微微向前自下而上地托起孙万福紧握的双手。"这种介于握手与拥抱之间的身体姿态，传达出极度的亲近和热烈。"[3]（图 3-19）

图 3-19 《毛主席与劳动英雄的会见》[4]

进一步而言，图片中的"平等"引人注目，恰恰来自现实差异，一位是党的领袖，一位是普通群众，两者地位本来十分悬殊，在图画中没有流露

---

① 毛泽东：《关于领导方法的若干问题》，载中共中央文献研究室：《延安时期党的重要领导人著作选编》，北京：中共中央文献出版社，2014年，第236页。
② 莫璞：《毛主席与劳动英雄的会见》，《晋察冀画报》，1945年第10期。
③ 【英】戴斯蒙德·莫里斯：《身体语言》，梁豪译，上海：三联出版社，2003年，第102页。
④ 莫璞：《毛主席与劳动英雄的会见》，《晋察冀画报》，1945年第10期。

丝毫。这样的报道框架，继承了苏区时期干部群众一起吃红米饭，长征时期领导把马让给普通伤员的叙事模式，以生活中的一致展示身份上的平等。《郑信在宴会席上》的表述从侧面证明了这一点："穷汉子，谁瞧得起，只有共产党，八路军，才是咱们知己。"①正是这没人瞧得起的"穷汉子"，让领袖和群众间的"平等"弥足珍贵。此类图式在领袖与群众见面报道中时常运用。农民"当家做主"在"人人平等"的关系中得以体现。

如果说"人人平等"在图画中有展演性，那么根据地的选举活动则真正体现了"人民做主"。《晋察冀画报》即以《民主政治》为题，报道华北根据地选举活动："人群在山沟里，平原上，在村庄里城镇中活动着，敲起锣鼓、集会讨论、竞选、演说，选出自己的代表机关，选出抗日的民主政府。"②报道拍摄典型人物，特别突出"抱着孩子的妇女""年纪稍长的大娘"，表现群众参与选举的广泛性。不仅如此，画报还有意识地嵌入更多动员内容，不断强化女性当家做主的地位。例如，《民主政治》中的妇女不仅独自照顾家庭，还积极参加根据地建设，在参加选举过程中，一些妇女无意间被村民们推举出来竞选干部，稍做推辞后成功当选。

相对而言，画报不时抨击国民党政权"假民主"。《晋察冀画报》曾刊登《不民主、假民主》报道，文字内容写道："老百姓恨透了国民党一党专制和日本法西斯血腥统治，现在老百姓要自己起来管理国家大事了。"③造型技巧方面，画面以"人山人海"表现当家做主，有记者认为：群体形象是众多对象的聚合和堆积，报道中运用布满式构图能够表现"数量上的崇高"，若配合握拳挥舞手臂等动作，更代表了"巨大蓄势，呈现出一种蓬勃向上、风发飙举的崇高美"④。一正一反对比中根据地"民主"显得更为可贵。

---

① 非平：《郑信在宴会席上》，《山东画报》，1944 年第 8 期。
② 《民主政治》，《晋察冀画报》，1942 年第 1 期。
③ 《察哈尔省人民代表会议》，《晋察冀画报》，1945 年第 10 期。
④ 蔡子谔、顾棣：《崇高美的历史再现》，太原：山西人民出版社，1995 年，第 296 页。

（二）"鱼水情深"：党和群众亲密无间

表面看政治民主与党群是否亲密无关，但实际上亲密的党群关系是政治民主化的体现。吉登斯曾在《亲密关系的变革》中提出"生活政治"的重要性，亲密恰恰是"生活政治"最理想最纯粹之关系①。画报所展现的"鱼水情深"实质上也在言说政治民主。

"鱼水情深"被毛泽东用来比喻党与群众相互依靠的关系，其叙述内容大略可以概括为"军爱民，民拥军，鱼水情深，军民一家"。具体而言，画报通过呈现党和群众相互帮助体现"鱼水情深"。例如，《晋察冀画报》刊登图片专版《钢铁的团结》，全篇报道共含7幅照片，包括"掩护老百姓抢收粮食""医务人员治疗受伤群众""帮助老百姓建房""老百姓救助伤员""老百姓抬伤兵""老百姓送军粮"等。报道强调，要"并肩作战、生死与共、甘苦同尝的钢铁团结"②。此外军民互助内容中，"送郎参军"最能体现党群亲密关系，画报集中呈现了一批参军者身戴红花的表彰场景，图片上群众显得神采奕奕，参军者由家人亲手戴上红花，全家也都享有戴红花的荣誉（图3-20）。1944年，古元创作的《拥护咱们老百姓自己的军队》是类似主题典型代表，图片囊括了党和群众亲如一家的所有内容，整张图画分为4层：最上层从老百姓赶着牛羊、扭着秧歌给军队送锦旗开始，其余分别描绘抬伤员、送粮食、送子参军等场面。在此，木刻中呈现的军民互助场景和《晋察冀画报》的"八路军与老百姓"内容几乎一致，鱼和水的关系在此图像化（图3-21）。

---

① 参见【英】安东尼·吉登斯：《亲密关系的变革》，陈永国、汪敏安译，北京：社会科学文献出版社，2001年。
② 《钢铁的团结》，《晋察冀画报》，1942年第2期。

 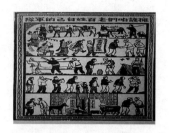

图 3-20 《踊跃参加志愿义务兵》① 图 3-21 《拥护咱们老百姓自己的军队》②

"鱼水情深"报道中，画报使用了"感恩"的文类表达，它提供了一个叙事类型，一个基本框架，采取了相当定型的、可预见的形式。③《山东画报》有内容这样表示："由于我军英勇果敢、浴血奋战地保卫着根据地，保卫着人民的生命财产，使人民获得幸福和自由，千千万万人感激地异口同声说，没有八路军就没有俺。"④图片中，群众们敲锣打鼓，手上高举的锦旗刻有"民众救星"。"感恩主题"中军民感情得到升华，从"亲人八路军"到"恩人八路军"。视觉表达上，"恩情"以"携手""簇拥""并肩"的符号具体体现，图片大多设置了农民与军人两类人群，他们手挽手、肩并肩，精神饱满且笑容灿烂，紧密地团结在一起⑤。

综上所述，毛泽东对"从群众中来到群众中去"的路线阐发，是进行民主建设宣传的基础。"人人平等"强调了人民当家做主的政治权利，"鱼水情深"体现了情感上与群众的接近。画报中，民主政治变得可见，能够从多角度感受到中共政权建设的成就。在此基础上，民众不仅形成了政治态度，还自觉地规范自己的行为，自发支持政治路线、方针与政策。

① 《踊跃参加志愿义务兵》，《晋察冀画报》，1942 年第 1 期。
② 古元：《拥护咱们老百姓自己的军队》。由古元在 1944 年创作而成，1946 年由东北画报社印刷为宣传画广为传播，其间各地报社也多有印刷。
③ 胡春阳：《话语分析：传播研究的新路径》，上海：上海世纪出版集团，2007 年，第 230 页。
④ 《精忠杀敌》，《山东画报》，1944 年第 10 期。
⑤ 《军民一家》，《山东画报》，1944 年第 9 期。

小　结

全面抗战时期，美术画报和摄影画报同时发展，摆脱了此前单页小报状况，整体画报事业趋渐成熟。此后画报大体遵循了这一时期的出版样式。与此同时，大批优秀文艺工作者加入了画报宣传中，弥补了人才短缺情况。

表 3-7　全面抗战时期中共画报一览

地区	根据地	摄影与美术组织	主要画报画刊出版	主要人员
延安	陕甘宁	延安电影团 摄影新闻社 摄影研究小组 鲁艺美术社团	《前线画报》（1938） 《抗战中的八路军》 （1938）	吴印咸、郑景康、徐肖冰、古元等
华北	晋察冀	晋察冀军区摄影科 晋察冀画报社 冀中军区摄影科 冀察军区摄影科 第1~10军分区摄影组	《晋察冀画报》（1942） 《晋察冀画刊》（1942）	沙飞、石少华、罗光达等
华北	冀热辽	冀东军区摄影组 晋察冀画报社冀热分社 （后改为冀热辽画报社）	《冀热辽画报》（1945）	雷烨、奇观山、申曙等
华东	山东	军区摄影科 山东画报社 胶东画报社 大众日报社	《山东画报》（1943） 《战士画刊》（1943） 《胶东画报》（1944）	苏静、康矛召、郝世保、李善一等

续表

地区	根据地	摄影与美术组织	主要画报画刊出版	主要人员
华东	苏皖	新四军摄影室 新四军第 2 摄影组 苏北画报社 苏中军区第 1 摄影组 《武装报》专职摄影组	《前哨画报》（1941） 《盐阜画报》（1942） 《苏北画报》(1944) 《苏中画报》（1944）	张爱萍、田晶纬、陈菁、邹健东、陆仁生、王纪荣等

经过延安文艺座谈会的思想洗礼，文艺为政治服务得到了充分贯彻，画报宣传工作者群体由此生成。进而，画报积极承担了对内动员、对外抗争的作用，较为熟练地运用了视觉造型技巧，通过场景渲染、道具设置、修辞等方式，形塑中共战时形象。画报一方面为抗日宣传贡献力量，另一方面号召根据地群众团结在中共政权周围。本阶段画报，相较苏区时期有以下几点突破。

其一，更为独立地承担宣传动员任务。与苏区时期画报作为其他宣传方式的补充不同，抗战时期的画报具有了主体地位，画报组织与机构迈向制度化。

其二，运用图片树立典型。典型宣传在画报中得到大规模实践，有战斗英雄、生产劳模，也有英雄团队、先进集体。整体上说，抗战时期毛泽东多次强调，用典型报道和典型调查开展工作，他认为"有一条这样的新闻，比我们讲好多话还起作用"①。过程中，留下了"狼牙山五壮士""白求恩""聂荣臻与日本女孩""吴满有"等经典图片宣传案例。

其三，塑造不同群体的"形象特征"。本阶段画报拥有造型能力更强的摄影工具，人物刻画上也更为具体。例如，"裹着头巾""肌肉有力""笑容灿烂"普遍成为农民群体的形象特征，"刚毅果敢""目光如炬"成为军人们的形象特征。这些符号是各类人物精神气质的外化，具有鲜明的意识形

---

① 毛泽东：《毛泽东工作文选》，北京：新华出版社，1983 年，第 90、115 页。

态色彩，此后的宣传实践中，这些符号被反复使用。

　　这一时期画报的发展也有不足：就画报出版来说，华北地区创办的摄影画报没能向南方根据地推广，即便提出向晋察冀画报社学习的山东画报社，也没能出版摄影画报；虽然画报的核心群体已经生成，但基层采编人员流动性依旧很强，画报品质难以保持稳定。以上两点和战争环境及根据地整体处境相关，随着抗战结束，画报发展再次迎来了新阶段。

第四章

解放战争时期中共画报的新动向

解放战争爆发后，中共中央于 1947 年 3 月离开延安进驻西柏坡，不到一年时间又走向北平，战争以最快预期推翻国民党政权。七届二中全会上，中央提出今后是城市领导农村时期，工作中心要面向城市，关注恢复和发展生产。在此过程中，如何适应城市战争，获得城市群众支持，是宣传工作不断调整的方向。画报发展重心也经历了从农村办报到城市办报的转变，画报在办报目标、机构设置、管理方法、宣传重点等方面都有所拓展。

第一节　走向城市：提出画报发展新规划

从日本投降到解放战争全面打响期间，画报组织为新斗争形势做了准备，在物质上整合办报资源，思想上进一步统一认识。1947 年后，军队开始接管沈阳、哈尔滨、辽宁等大城市，新形势下宣传情况变得复杂多样，保证农村根据地稳定的同时，进而面向城市进行宣传：一方面，组建区域性画报社，配合大规模城市作战；另一方面，重新调整办报方针，适应城市宣传环境。由于战争形势复杂多变，解放战争在极短时间内就已结束，画报规划在不断调整中进行。

一、适应大范围作战，组建区域性画报社

解放战争爆发后，国共围绕城市展开大区域作战，为适应新的战争形

势，中央提出"大党报"方针，这也为画报发展指明了方向。毛泽东提出：
"支援整个南线北线的财政、经济、军工干部，成立华北局机构，成立大党
校、大军校、大党报诸问题。"①对于机构整合原因，他进一步解释说："革命
形势要求我党缩小（不是废除）各地方各兵团的自治权，将全国一切可能
和必须统一的权力统一于中央，而在各地区和各部分则统一于受中央委托
的领导机关。"②此种大行政区建制，有利于建立集中的权力体系，是应对大
范围战争采取的必要措施，一直延续到1949年后。由"大党报"发展而来
的"大画报"成为宣传工作新规划。

首先，物质准备方面，各根据地迅速接收了日军画报资源。1945年8
月16日，石少华随军区领导人前往大城市石家庄，按社长沙飞指示，进入
城市后的首要工作便是接收日军出版设备。晋察冀画报社先后接收印刷厂、
照相馆、放映机、照相机等一批器材。同时，收集日本画报、摄影书籍、技
术指南等。1945年9月3日，沙飞到达张家口，陆续接收日军印刷厂和部
分技术工人。9月下旬，罗光达领导下的冀热辽画报社到达沈阳，成立"敌
伪制版印刷物资接收委员会"，查封大小印刷厂和照相制版株式会社，并用
"东亚精版株式会社"设备出版《冀热辽画报》。

其次，思想准备方面，沙飞等根据地画报社领导再次强调宣传工作重
要性，明确记者要有政治意识。基层记者们开始思考今后发展问题，顾棣
在日记中写道："增长了一种继续上学的幻想，自感出来工作太早，上学太
少，文化太低，需要再上几年学，提高一下。"③这种想法具有普遍性，同社
的赵启贤、徐竞、杨森也都提出去其他部门工作。这显然不利于画报组织
群体稳定。1946年4月10日，沙飞明确提出要把画报当成终身的事业，石
少华、罗光达等报社其他领导，分别同记者们深入交流。一方面分析画报

---

① 中共中央文献研究室编：《刘少奇年谱：1989—1969》，北京：中央文献出版社，1998年，
第130~133页。
② 金冲及：《毛泽东传（1893—1949）》（下册），北京：中央文献出版社，1996年，第836页。
③ 顾棣编著：《中国红色摄影史录》，太原：山西人民出版社，2009年，第867~874页。

在宣传工作中的重要位置，言明报社今后发展方向；另一方面提出宣传队伍要有坚定的政治意识，要服从组织安排，为战争胜利贡献力量。谈话起到了稳定军心的作用，随着解放战争的全面打响争论也戛然而止。

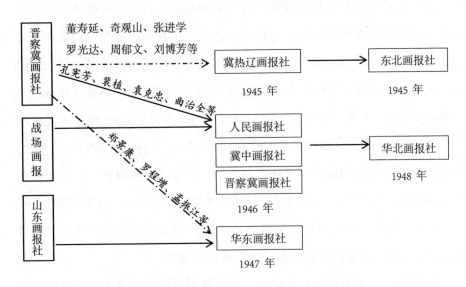

图 4-1　根据地画报社的人员流动及其机构重组

宣传部门对原有画报机构进行整合，一批区域性画报社出现。1945 年11 月，冀热辽画报社改组成东北画报社，报社辗转沈阳、本溪、长春、佳木斯等地坚持出版。由于东北地区有较好的出版设备，加上晋察冀画报社支援，东北画报社成为共产党宣传系统中最具影响力的图片宣传机构，出版的《东北画报》影响较大。1947 年，山东军区与新四军合并为华东军区，山东画报社整合力量，筹建华东画报社，主要出版物为《华东画报》。1948 年，按中央部署，晋察冀军区与晋冀鲁豫军区完全合并，晋察冀画报社与人民画报社做出调整，重组而成华北画报社，出版的《华北画报》是本地区辐射范围最广的画报出版物。新成立画报社适时调整：

人员方面组织记者团深入前线。范长江认为："具体的情形来说，有经验、成熟的记者不多，而需要采访的东西很多，只有用集体采访的办法把记者组织起来，把经验不够的记者培养起来。"①抗战中成长起来的记者们再次深入前线，已经成为画报宣传工作骨干。

业务方面建成综合性出版机构。整个宣传系统中，画报社印刷设备较为精良，能够承担更多出版任务。以东北画报社为例，解放战争期间不仅画报采用8开版本彩色印刷，还向《知识》提供新闻图片和印刷业务。出版《李有才版画》《狼牙山五壮士》《民兵的故事》《黑土子的故事》《戎冠秀》等文艺作品，印刷《漫画选集》《古元木刻选集》等图册。画报社还承担了印刷年画任务，《民主联军大反攻》《分果实》《乐翻身》《组织起来发展生产》等被生产出来②。报社还突击印刷500万份《土地执照》配合农民土改。综合性出版印刷机构成为画报社发展方向。上海联合画报社一经接收便成为出版中心，刊印如《解放军史画》《八路军抗日史画》《蒋美勾结透视》《二万五千里长征史画》《学生解放运动史画》《解放漫画选集》等书刊。各地画报社也是宣传系统中最为重要的印刷出版组织。

报社立足一本主要画报基础上，根据战争需要适时编印画刊，内容针对正在发生的战场动态。例如，华东画报社出版《华东战场第一年画刊》《国民党兵的四条道路》《生路》等；各野战军政治部也出版了如《快速纵队之歼灭》《塔山英雄守备战特刊》《向江南进军》等画刊（表4-1）。

表4-1 各地新组建画报机构出版的画刊

时间	刊名	出版机构
1946	《生路》	华东画报社
1947	《中国人民爱国自卫战争华东战场第一年画册》	华东画报社

---

① 赵兴林主编：《灿烂的星河：人民日报记者部新闻实践与思考》，北京：人民日报出版社，2010年，第104~105页。
② 中国人民解放军文艺史料编辑部编：《中国人民解放军文艺史料选编（解放战争时期）》，北京：解放军出版社，1989年，第674页。

续表

时间	刊名	出版机构
1947	《孟良崮》	华东画报社
1947	《快速纵队之歼灭》	山东画报社
1947	《东北人民解放军 1947 年战绩》	东北画报社
1949	《国民党军官的四条道路》	华东画报社
1949	《人民解放军华东战场》	华东军区政治部
1949	《中国人民解放战争三年战绩》	解放军总政治部编辑
1949	《塔山英勇守备战画报特刊》	第四十一军政治部
1949	《向江南进军》	第二野战军政治部

　　区域性画报社的出现有开创性意义。其一，就画报组织级别而言，报社整合了根据地出版力量，由东北、华北、华东等大区域或政治部主办，行政级别更高、辐射范围更广。其二，就办报条件来说，此类画报以大城市为依托，集中人才与设备，报社向综合性印刷出版机构发展，宣传品在质量上有明显提升。第三，就办报影响而言，"大画报"有"吸收这种太平区域的管理国家的经验，以便将来管理全国"作用[①]。若将视野稍微扩展，1949 年后以东北画报社、华北画报社为基础，相继成立人民画报社、解放军画报社、民族画报社，这些大型画报机构长时间发挥图片宣传与管理作用。

---

　　① 　中共中央文献研究室编：《刘少奇年谱：1898—1969》，北京：中央文献出版社，1998 年，第 134 页。

二、立足城市环境，面向市民进行宣传

1946 年元旦，宣传部门给各通讯社提出要求："城市报道需要大大加强，特别是城市工人运动和经济建设的报道。"① 按以往宣传经验，团结农民是政权建设核心，此时提出面向城市，反映了革命形势之变化。毛泽东强调，党要扩大依靠人群，成为"代表一切劳动群众（工人、农民、独立工商业者、自由职业者及脑力劳动的知识分子）及中产阶级（小资产阶级、中等资产阶级、开明绅士）"的政党②。周恩来也指出，要适应城市宣传工作，"部队文艺工作者熟悉部队，部分的熟悉农村，但对工人和城市的情形就不熟悉" ③。

宣传工作认为，问题主要出在城市宣传需要更有策略，有的报刊拿材料当新闻，不能让读者感兴趣。1948 年 5 月，中宣部对新解放城市宣传工作加以指导："党的服务对象主要是工人和农民，向工商业者与知识分子说话，宣传马克思主义观点。"④ 毛泽东对农村宣传经验提出了更为具体的指导，他认为平津这样的大城市不适合写大字标语，要以宣传印刷品为好，"大城市工作的作风，绝不能搬用在乡村的工作作风。在大城市凡事均须从新仔细考虑，一举一动都要符合城市的情况。以免犯了错误，收不回来，影响很坏" ⑤。直到 1949 年，对城市办报的调试一直处在进行中。又有宣传指示表明，要办好报纸首先要把它的读者对象弄明确，"问题是读者对象不明确，

① 中国社会科学院新闻研究所：《中国共产党新闻工作文件汇编》，北京：新华出版社，1980 年，第 176 页。
② 毛泽东：《毛泽东新闻工作文选》，北京：新华出版社，1984 年，第 139 页。
③ 中国人民解放军文艺史料编辑部编：《文艺史料选编（解放战争时期上册）》，北京：解放军出版社，1989 年，第 1 页。
④ 中国社会科学院新闻研究所：《中国共产党新闻工作文件汇编》，北京：新华出版社，1980 年，第 201 页。
⑤ 毛泽东：《毛泽东新闻工作文选》，北京：新华出版社，1984 年，第 160 页。

编辑方针不好掌握，笼统地讲宣传党的主张和政策，是不能解决问题的"①。在这里，强调城市办报方针，处处涉及宣传对象和宣传环境，明确城市办报与农村办报不同。新形势下，再一味地强调贫农、雇农、中农已经不符合当下的宣传需要。

对刚刚进入城市的画报工作来说，凭着对新闻舆论工作的敏感，即出现了关于城市内容的报道。1945年10月进入张家口后，《新闻摄影》便组织报道城市居民生产生活，连续3期刊登市民们对中国共产党的欢迎。关于工业恢复也做了安排，报道了纺织工厂和炼铁厂复工情况，号召城市居民"爱护工厂，积极工作，为建设新中国"继续工作②。然而，这样的尝试在1945年至1946年间依然有限，并不明确的政治局势是背后结构性因素。

当然，具体到宣传的调试亦存在问题。由于长期处于农村根据地，城市居民对中共了解程度不高。彼此陌生，同样存在于宣传工作者中。顾棣在日记中记录了自己对城市的向往以及恐惧："无论如何要出山，到辽阔的平原上，把土豹子变成洋豹子……城里恢复了和平秩序，不过总不像老根据地里的人们那样忠诚坦然。"③消除陌生成为宣传着力点，为此画报加强了对党组织发展史的介绍，通过"自我呈现"来提高熟悉程度。《天津画报》发刊词明确地说："我们出版这个画报的希望，报道人民解放战争，反映人民城市方面的建设，人民生活情况。"④《胶东画报》也提出："介绍我解放军的优良传统，人民军队的本质，民族解放事业的贡献。"⑤东北画报社出版了《解放区根据地》，华东画报社出版了《解放军史画》《两万五千里长征》《解放区根据地》等介绍中共组织历史的内容。在此基础上画报进一步明确了办报方针的变化，记者奇观山总结说：

---

① 《要办好一个报纸，首先要把它的读者对象弄明确》，《宣教工作通讯》，1949年第2期。
② 力竞：《宣化龙烟铁厂》，《新闻摄影》，1945年10月27日。
③ 顾棣编著：《中国红色摄影史录》，太原：山西人民出版社，2009年，第852~854页。
④ 《发刊词》，《天津画报》，1949年2月1日。
⑤ 《编辑室声明》，《胶东画报》，1946年第2期。

　　我们的画报改版了。编辑的方针由战争为主转变到经济建设为主，这是一个新的任务。方针改变，就是记者思想方法与采访方法的改变。如果我们对这一点没有深刻的认识，今后工作不容易搞得好。[①]

　　所谓要从思想和方法上全面地以城市为中心，实际上是画报为什么人服务问题。换句话说，要从思想到方法都为市民接受。就《东北画报》来说，办报方针的改变带来了一系列变化，1947年至1949年间，画报中经济和文化性内容比例快速上升，城市工商业和经济新闻得到了充分关注（图4-2）。

　　栏目设置上，画报也针对城市读者做出调整。《东北画报》专门增加了俱乐部栏目，内容包括小游戏、歌曲、谜语、名词解释等娱乐性内容（表4-2）。同时还以有奖竞猜的形式吸引读者。对于长期派发的中共宣传系统来说，融入市场化因素有着非同寻常的意义。

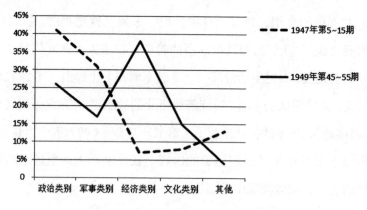

图4-2 《东北画报》报道主题变化图

---

① 齐观山：《报道工业上的几点意见》，《画报业务》，1949年第2期。

表 4-2 《东北画报》第 5~15 期宣传载体统计（1947 年）

报道形式	报道数量（组）	报道总量比例
照片	62	33%
漫画	43	23%
连环画	32	17%
文字	27	15%
互动栏目	22	12%
总计	186	100%

　　走向城市过程中，宣传工作不断调整方向，画报亦做出相应变化。第一，对根据地时期的画报机构加以整合，组建了区域性画报社。第二，进入城市后，明确以适应城市读者为办报方向，在内容设置和版面安排上增强报刊综合性和趣味性。总之，从农村办报到城市办报是一个循序渐进的过程，联系与转换同时存续，画报事业迈向了新的制度规划。

第二节　画报工作的制度化

规模较大的画报社开始探索更为成熟的制度化建设。此时，整体画报宣传事业呈现出复杂面貌：第一，老根据地仍需在农村环境中继续工作；第二，随着三大战役打响，各新闻机构都派出了精干人员进入新解放区宣传。晋察冀画报社和东北画报社接连创办《摄影网通讯》和《画报业务》，尝试通过内刊组织工作，报社进一步规范日常运转秩序。

一、通过业务内刊组织工作

画报社业务内刊是面向画报从业者的专门性刊物，其内容具有专业化与组织化特点。1947 年，晋察冀画报社出版了第一份画报宣传系统内刊《摄影网通讯》（以下简称《通讯》），刊物逐渐成为各地画报工作者的交流园地。《通讯》在创刊词中表示："为了反映工作动态，交流经验，借以提高技术及工作水平，让它使我们的业务学习活跃起来。"[1]1949 年，东北画报社出版内刊《画报业务》，这份刊物更为具体地介入报社日常工作，一度成为工作安排的制度性设计。虽然此时内部刊物只有两份，但由于根据地走出的画报工作者大多彼此了解，仅有的内刊反而能发挥纽带作用。

---

[1]　《创刊话》，《摄影网通讯》，1947 年 8 月 1 日。

（一）围绕内刊，业务交流

业务内刊的出现是画报发展的重要事件。通过业务内刊，能够由内而外考察画报宣传事业发展。

其一，广泛联系各地记者。《通讯》专门设有"战友通讯"和"新闻广播"两个栏目刊登各地记者来信。通过这类栏目，分散于不同地区的记者们有了沟通平台。记者袁克忠在"战友通讯"中讲述近况："离别一年多，想你们一定愿意听到我们的工作情形吧，现在向你们报告一下，拍了炮击城门和我部冲锋爬城，可惜炮弹来，打伤了我双眼，照相机掉在护城河水里，自己捞上照相机，当时双目失明。"①战地采访一经发布，各地报社记者热烈反馈，他们赞扬袁克忠的不怕牺牲精神，也相互提醒采访需要和大部队同行，不能鲁莽行事。除了个人，不同单位间的沟通也有加强。"新闻广播"刊登了罗光达与沙飞的来往信件，罗光达介绍了东北画报社发展情况："这里一般情形都还可以，销售给翻身的人们，农民是主要的对象，这里摄影的同志比较少，一共只有十个人，一批美术的同志使摄影和绘画工作紧密地结合在一起。"②沙飞回复表示，报社间需要相互协作把宣传工作做好。

官方消息得以广泛传播。"战友通讯"经常刊登批评与表扬通知。例如，对宋克章同志错误的讨论，批评不经组织私自回家两个多月，违反延缓结婚号召私自结婚。文章表示，发生这样的错误不仅是组织观念差，还有长期对自己的放任。通知要求，各地画报社成员都要"用这面镜子照照自己"③。1947年12月，《通讯》刊文悼念前线牺牲记者孟振江和宋谦，新华社总社发布电唁，更生动的内容来自同事回忆。有记者表示，"宋今年三月曾于定市工作数日，为人谦虚工作踏实，现在他们竟全牺牲了""他们给生者留下

---

① 袁克忠：《袁克忠来信》，《摄影网通讯》，1947年8月1日。
② 《东北画报社近况》，《摄影网通讯》，1947年11月28日。
③ 《用这面镜子照照自己》，《摄影网通讯》，1947年11月2日。

了什么，我应该做什么，悲痛仅是短时期的，而后便会消失，近日即回社工作"①。《通讯》号召踏着死者鲜血更勇猛地前进，以更紧张的工作完成死者遗志。通过内刊，各地记者以局内人身份加强联系。同事之间的沟通更容易引发内心共鸣，收获了不错的工作效果，促进了共同体形成。

其二，专门交流工作心得。《通讯》每期刊登各分社来稿数量，汇总采访拍摄的详细信息，定期进行业务总结，鞭策各分社积极供稿扩大宣传影响。在此过程中，日常工作的不足被呈现出来。内刊中的稿件统计实际上也是一份工作成绩单。例如，报社指出新闻报道普遍存在图片说明不清晰问题，《通讯》表示需要将图片说明写得深入具体，"不仅要简，而且要明，他的模范事迹是什么？有什么作用？又比如民主政府贷款给难民办农村合作社，究竟是哪个地方？贷了多少款？起了什么作用？都没有交代"②。不仅如此，在工作方向发生偏移时，报社也通过内刊及时调整。例如，1947年，《通讯》以决议形式向各地记者指示，当下画报应该"一照打仗，二照练兵，三照军事工作，四照政治工作"③。内容编排上提倡"多刊登实际的斗争场面"，拍摄"前方如何抢救转送伤员，如何给伤员做初步的治伤"④。

同时，类似经验交流还在"举办图片展览"中体现。图片展是画报社重要工作之一，有记者在内刊中强调图片展价值，"李大毛同志是一连战士，许多英雄功臣都拍了照非常羡慕，战前他说这次我多缴枪要给我拍照"⑤。记者们认为，展览能够起到鼓舞作用，战士们对照片的喜爱和一般知识分子不同，"在篇幅上要求大，能看清楚，在光线上要求正面光，不喜欢阴影，更不喜欢背光，在色彩上除了清楚以外，他们要淡一些"⑥。还有人对以往展览工作进行反思认为："工作隐藏了问题，就是展览工作推到下面做，展览

① 《为烈士悲痛》，《摄影网通讯》，1947年11月2日。
② 画报社资料组：《关于写说明》，《摄影网通讯》，1947年12月2日。
③ 编者：《照什么》，《摄影网通讯》，1947年9月15日。
④ 赵振成：《对内容编排的希望》，《摄影网通讯》，1947年10月1日。
⑤ 朱健：《我这次多缴枪要给我拍照》，《摄影网通讯》，1947年11月2日。
⑥ 高梁：《战士爱看什么样的照片》，《摄影网通讯》，1947年8月1日。

是展览了但是没有用工费，不向战士讲解。"①

　　进一步，《通讯》以案例分析阐明摄影报道问题。例如，第16期比较了"清风店歼灭战"和"石家庄解放战"报道情况，从战役特点、持续时间、来稿人数、来稿数量、寄稿数量5方面比较。总结性意见指出，清风店歼灭战的报道整体不错，但运动战表现不够，图像也显得少而单调；石家庄解放战，对战场表现较好而且来稿及时，但对战后的政治工作报道不够具体，在政治上经济上的意义也没有深入讨论。还有《晋察冀画刊》第15期刊登的《热爱子弟兵的李大妈》，此报道在记者中引起了不小震动，原因在于图片报道了李大妈用嘴给伤员喂饭，文字中更有"耸人听闻"的情节：伤员因伤口的缘故，几天不能小便，医生的小皮管依然不通，李大妈用嘴一口口地把同志的尿吸出来。报社认为，报道犯了"客里空"毛病，李大妈用嘴给伤员喂饭是思想庸俗的表现，"绝不可能变更照片既定内容的内在含义，摄影报道工作需要明确思想"②。新闻报道不仅是新闻真假问题，还是政治意识是否过硬的体现，通过这则案例画报社开展了反对"客里空"的大检查。据此，《通讯》中的案例分析具有很好的教学效果，既展示了图片报道拍成什么样，也充分解释为什么要这样拍，进而指出哪些地方需要改进。

　　其三，内刊中的知识生产。指导部门通常将政治意识嵌入技术传授中。《通讯》每期设有"小知识"栏目，负责刊登摄影技术类内容。包括镜头的爱护、光圈焦距景深、软片吸收色素的类别等。这些技术科普，其实蕴含着政治因素。在如何使用暗房的介绍中，文章开头提纲挈领地表示，正确使用暗房能够体现不怕困难的政治素养，"战争环境，物质条件缺乏，工作又没有基础，到处存在着困难，但我们坚持了工作，完成了任务"③。类似在介绍定影技术时，记者刘克己不忘提醒同事："我们拍摄的各种新闻材料，都

---

①　高梁：《战士爱看什么样的照片》，《摄影网通讯》，1947年8月1日。
②　一亦：《克服摄影八股的关键》，《摄影网通讯》，1947年9月1日。
③　刘克己：《冬季野战暗房的点滴经验》，《摄影网通讯》，1947年12月2日。

是支付了很大的代价，辛勤劳苦甚至流血牺牲才收集来的，这些照片是我们的无价之宝，除现批段使用外还要长期保存，所以我们在冲洗时应特别重视，不能有一点马虎。"①甚至产品好坏也与意识形态一一对应，影响记者们对材料的评价，有记者表示"美国胶卷在使用上比日本胶片要好"，随着美国公开反共这样的看法又改变为"苏联的胶片技术比较高"②。

《通讯》还在理论层面进一步挖掘。战争年代，记者们的业务知识大多来自实践经验总结，他们的着眼点更类似工作心得。也正因如此，内刊上的"理论探讨"更能反映实际情况。具体而言，内刊对新闻图片"美"和"真"进行辨析。郑景康将图片的"美"嵌入内容维度而论："以前是单纯强调从'美'的观点出发，只要漂亮好看，不管它有没有内容，能不能说明问题，能不能解决问题。也就是说，我们在拍照片之前是否有企图？动机如何？"③换言之，郑景康认为的美是形式上的漂亮，他更加推崇具有教育意义的美。在如何理解图片"真"的问题上，吴群的看法较为典型，他谈新闻图片的首要原则时说："事情已经过去，补拍当时情景有许多弊病，主观地想要他依照自己的想法去做，那样导演完全不正确。"④他认为摆布对新闻真实的伤害最大，但紧接着又话锋一转，"如意思是在不影响真实自然条件下，对不适合摄影的客观环境进行加工未尝不可。"⑤导演是破坏真实，而技术加工是恰当，其中界限吴群未加说明。以当下眼光看，彼时探讨的"真"，大体上是基于表现力的"真"，而非价值论层面的"新闻真实"。军区十月采访很好地总结了这一点，"拍照片许多取材是静止的，新闻摄影是自然真实，它虽不能如新闻一样要求五个要素才算具体，但所拍场面应尽量表现具体。"⑥作为画报社记者中的核心人物，上述观点具有广泛影响力，基层记者们以

---

① 刘克己：《注意定影后的清水冲洗》，《摄影网通讯》，1947年12月2日。
② 纪志成：《如何使用美国胶卷》，《摄影网通讯》，1947年8月1日。
③ 郑景康：《形式与内容》，《东北画报》，1948年10月15日。
④ 吴群：《谈采访方法》，《摄影网通讯》，1947年10月1日。
⑤ 吴群：《谈采访方法》，《摄影网通讯》，1947年10月1日。
⑥ 采访组：《军区十月摄影采访小结》，《摄影网通讯》，1947年11月12日。

内刊为蓝本对照学习。此后，记者们谈论新闻图片真假时，大体指向图画是否生动、构图是否贴切等技术性问题。

上述关于"真"和"美"的知识层面探索，是对图像宣传价值的第一次系统性总结。事实上，在文艺宣传的整体框架下，无论"真"还是"美"都是为了达到宣传效果，因此本质上并无什么不同。但通过讨论我们能够察觉，记者们想努力辨析"图片报道"的特殊性。借以"生动"（美）、"记录"（真）来论证画报对宣传的重要。从此后的历史发展中能够发现，知识生产受意识形态影响强烈，每有实践引发争辩，其背后都能在思想层面找到源头 ①。福柯曾在《词与物》中言明了认知对存在的控制，知识与权力之间普遍存在着共生关系。内刊所刊登的"理论探讨"，对记者们的思想动态与实践行为加以规范。

（二）运用内刊规范日常工作

1949 年年初，东北画报社出版了指导性更强的《画报业务》。期刊表示需要和全体同人发生联系，希望《画报业务》是"大家办的刊物，包括各部门交流经验、钻研业务、发扬批评和自我批评，提高工作效率的刊物"②。与《摄影网通讯》有所不同，《画报业务》不仅搭建了记者们的沟通平台，还对画报日常工作进行更为细致的指导，主要集中在两方面：第一，报社通过"报道中心"和"往期总结"布置采访任务，总结报道得失；第二，记者们围绕"业务汇报"报告工作动向，反馈工作进度。经过一段时间探索，报社通过《画报业务》形成了"计划—总结"和"请示—汇报"的制度性指导流程。

"报道中心"是《画报业务》中的核心板块，置于每期开头位置，栏目不仅提炼每期主旨，还条分缕析地将这些主题落实为报道行动，甚至对具体图片场景也做出详细要求。例如，第 55 期的报道中心提出，将军需工业

---

① 参见晋永权：《红旗照相馆：1956—1959 年中国摄影争辩》，北京：金城出版社，2009 年。
② 《写在前面》，《画报业务》，1949 年第 4 期。

恢复作为下一期画报的主要内容，要求把核心关注点放在：

> 反映积极生产，提高产量与质量上，需要照片如下：1. 被服（包括群众的工作）、军鞋、橡胶、制药、罐头等一般生产情况。2. 每一个厂生产的特点。3. 英模及其事迹。4. 怎样克服困难完成生产任务的。5. 1949 年生产任务及现已完成任务。6. 恢复工作。①

第 56 期同样提出，将铁路新的革命管理作为报道主题，要求集中反映"负责制"。提出将"负责制"这种先进的管理方法和工人阶级的热情相结合，具体需要以下几个场面：

> 乘务负责制的铁牛号机车：1. 司机长杜先扬的介绍；2. 大家团结与负责的精神；3. 建立制度爱护机车；4. 运转中的情况。南叉联合劳动组：1. 实施联合劳动以前的情况，旧制度的不科学，不合理的各个孤立工作；2. 联合劳动是怎样开展起来的；3. 南叉站长刑绪东的领导方式。②

类似上述采访安排在每期"报道中心"中都有出现。虽然报社强调不能死板，如果某一部分稿件不能及时采访可根据具体情况更动。但在实际采访过程中，记者们大多严格遵照"报道中心"。以第 55 期为例，根据"报道中心"安排的恢复生产场景得到了一一落实。报社领导古元进一步提出，采访前要先学习"以后我们记者到大会采访，应先进行学习，懂得大会之内容和精神，采访的成绩就一定好，编辑工作也是这样"③。据此，"报道中心"

---

① 《五十五期报道中心集稿》，《画报业务》，1949 年第 2 期。
② 《五十六期报道中心集稿》，《画报业务》，1949 年第 2 期。
③ 古元：《古元同志的发言》，《画报业务》，1949 年第 5 期。

实际上就是工作中心。

另一栏目"往期总结"起着总结和督促的作用。例如，对工厂复工主题的报道，"往期总结"提出不足："只能简单地告诉读者本溪湖工业是在恢复，但具体准备怎样做？人物和场面一般情况相结合的报道就不够了。"编辑方面的问题也被指出：没能将恢复生产放在历史维度进行比较，"工人利用突发炼焦解决了困难，又如在冬天制造耐火砖，伪满、国民党统治时代均不可能，这些都是工人阶级智慧的表现"。最终报社给出了结论："政策与具体报道要相结合，首先必须从政策出发，宣传什么？反对什么？怎样宣传？怎么才能达到我们宣传教育的目的？因此草拟编辑中心时，应明确以上数点。"[①] 能够看出，"往期总结"事实上发挥了讲报评报作用。

整体上，记者们的采访工作以"报道中心"为蓝本，采访、组稿、发稿时间大约 15 天。各地记者们按"采访中心"安排完成任务，继而通过"业务总结"获得评价。过程中始终强调两点：一则，加强编辑与采访的联系；二则，具体报道与宣传政策相结合。按照要求，画报工作要有计划地草拟报道中心，至少计划出下两期，编辑也必须根据"中心"要求去询问各方面情况。此后，报社还提出"精密的组织报道"，要求"组织稿件的方法是有顺序、有对比、有中心的组织方法"[②]。内刊逐步形成了一套"计划—总结"的指导方式。

"请示—汇报"是报社日常管理的另一方式，业务内刊发挥了联系各部门的纽带作用。为了消灭各项工作中存在的无政府、无纪律状态，中共中央在《关于建立报告制度》中指示："从今年起，全党各级领导机关，必须改正对上级事前不请示、事后不报告的不良习惯。"[③]1948 年 3 月，毛泽东再次要求："策略与政策在实行后的结果及根据这种结果而做出你们的自我

---

① 《第四十九期画报编辑业务的几点检讨》，《画报业务》，1949 年第 2 期。
② 《精密的组织报道与改革〈半月大事〉的写作》，《画报业务》，1949 年第 3 期。
③ 毛泽东：《关于建立报告制度》，载《毛泽东选集》（第 4 卷），北京：人民出版社，1991 年，第 1264 页。

检讨。"① 东北画报社在《画报业务》中安排了"请示汇报"内容，关于第53期内容表示："这一期还是存在着很多缺点，这些缺点大都是过去犯过的，检讨过的，没有很好地把它克服掉，过去已经提过很多次，但一直到现在我们还存在着学习政策不够的缺点。"② 报社提出，要向苏联新闻工作者学习，要有严格的请示汇报制度，工作前要有不同的上级批示，工作后要有专文的答复。画报资料组提出，很多记者拍回来后并没有及时汇报，导致收集资料不完善，出现了错误。其中，"李云阶同志将齐观山同志拍修阿城及修南叉的照片归类错误，王静同志误将属于铁路的内容贴在交通电力中"③，这些问题都说明在工作中请示汇报的必要性。

此后，《画报业务》中的"请示汇报"内容常态化。对第3、4两期统计，21则内容中"业务汇报"有9则，占内容总量的43%。其中，既有个人情况汇报，也涵盖工作部门汇报。工务科、校对科、工厂等都有涉及，各组不仅对部门日常运行状况做出总结，一些没能按时完成的工作也在这里指出。《画报业务》第3期刊登文章说："保护人民祖国的财产，最近不少地方的国家工矿企业接连发生失火和被毁事件，对于这样严重危害人民祖国的事件，决不能让它继续发生，而必须迅速地采取必要的步骤予以根绝。"④ 按要求，记者们要集中反馈损坏公家财物情况，赵永昌、孙田园、王纯德、张醒生分别做了"放大毁坏底片的报告""遗失相机胶卷轴的检讨""遗失外国黄色镜头的检讨""半倍滤色镜片丢掉情景的报告书"等专题汇报。

与此同时，基层记者们也通过"请示汇报"发出自己的声音。朱丹就向报社汇报了近期对工作的看法："我们的画报已经快出到第六十期了，改版以来，的确有很多进步。可是我们工作上的进步我看还不够，还赶不上

---

① 金冲及主编：《毛泽东传（1893—1949）》（下册），北京：中央文献出版社，1996年，第823页。
② 《第五十四期画报编辑业务的几点检讨》，《画报业务》，1949年第4期。
③ 杨礼门：《资料组二八天的工作》，《画报业务》，1949年第4期。
④ 《保护祖国的财产》，《画报业务》，1949年第3期。

客观的需要。"① 对于以工业报道为中心，朱丹表露不同意见，他认为要照顾全国读者，应该多反映战争、时事新闻、政治新闻、全国各阶层活动。共产党画报和资产阶级画报不同，没有卖弄花样刊登"低级的色情"东西，但一味地强调老实朴素，并不能吸引更多读者，需要更加活泼的形式。还有记者提出画报可读性不足，人家提到"翻翻就完了"②。"请示汇报"是一种自上而下的管理手段，既有利于报社自上而下的统筹，也能获得一些自下而上的反馈。

二、画报组织制度建设

东北画报社、华北画报社开始尝试制度化的管理方式，在推进责任制的过程中，逐渐明晰了个人职责和部门分工。虽然这种制度化尝试在有限范围内展开，但和此前临时性管理情况相比仍具有开创性意义，为日后画报宣传事业的有序发展奠定了基础。

农村根据地起步的画报事业，深受游击办报影响，一般情况下报社成员多身兼数职，责任与分工并不稳定。进入大城市后，画报社人员得到补充，责任制作为一种长效管理机制，率先被东北画报社实践。报社首次将采编与发行分离。采编层面建立社长领导下的编辑部、创作部、秘书室等部门（表4-3）。发行层面形成厂长领导的材料股、总务科、工务科、营业科等部门（表4-4）。上述机构设置，改变了长期以来记者既承担新闻采访任务，又要兼顾印刷出版工作的现状。报社提出，根据画报的特点制定相应的规章制度："文字的新闻报纸，可能有某些不适合我们画报各部门的要求，各部门同志根据本部门具体情况建立各种适合我们的制度，帮助我们的工作更合理，更

---

① 朱丹：《朱丹同志的发言》，《画报业务》，1949 年第 5 期。
② 朱丹：《朱丹同志的发言》，《画报业务》，1949 年第 5 期。

科学。"①

东北画报社制定编辑科工作责任制：对内编辑科长负责主要版面的文字综合说明与介绍，同时对每月大事综合评述，统计工人创作稿件；对外负责收集材料，做到每期有 4000~8000 字的工作任务，稿件发出或刊登后，一经发现错误每版编辑即须负责，并在下期画报上公开更正做出检讨。更具体的是，编辑科长对本社初审稿件在政治上负责，对稿件内所举事实和数字真实性负责，需要根据编辑部长指示草拟工作业务，重要稿件的修改交送编辑部长复审，月底进行总结工作等；责任编辑职责也有明确要求，包括校正和帮助版面编辑处理稿件，联系交通科印刷放大报纸，负责每期编辑日程和内容比重、封面与封底设计工作等；各版版面编辑，要对稿件中的人名、地名、番号、数字核对清楚，对于原稿所写事实不得歪曲或改错，对不用稿件须负责提出意见，同时还要在 3 日内退给作者并负责版面最后清样等工作。

表 4-3　东北画报社采编组织系统表

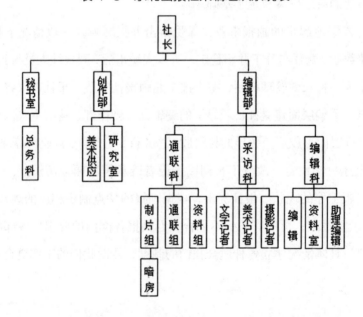

表 4-4　东北画报社工厂组织系统表

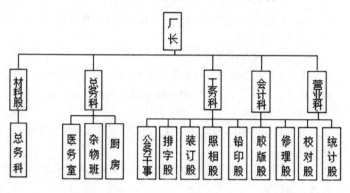

除此之外，工作日志被确定为日常工作中的一项制度。编辑科长每 3 日记录工作小结，责任编辑、文字编辑、版面编辑在岗时也要记录，不在岗时每两日需要撰写日记。按要求，工作日志撰写要有细节支撑，内容为记录各工作中优点、缺点、心得与意见等。

画报工厂广泛实行了负责制。公务科职责最为重要，包括检查工作人员劳动成果，检查工人们出勤情况，联系各部门同时详细审查各股送来的原稿、登记簿、单据等。校对科主要负责文字图片校对，在核对内容的基础上全面把关。材料科负责材料组织工作，如耽误时间由材料科负责。营业科负责外来印刷品制作，对外沟通联系等（表 4-5）。明确责任后的出版工作，确实责任到人。如《东北画报》第 50 期文化公园指出，中国铁路名称绘制错误的责任由编辑科孙桂琴负责，报道中"灵活"勘误为"零活"失误由工厂校对科负责。第 53 期和第 54 期中的错误，由编辑科刘迅和齐兵负责。类似消息和责任说明此后每期中都有，这些看上去烦琐的职责说明，体现了画报机构在管理上的不断完善。

表4-5　东北画报社各科职责表 [1]

工务科分工负责制	一、每日上工后检查所有人员登记工单一次（应将欠勤、加工、请假标注）。（统计员殷福旭负责） 二、上工后详细审计当日工作。 三、审计工作后应该与各股长分别联系一次。（公务干事宋汉卿负责） 四、每日上工后，下工前应到各股检查出勤人员及迟到早退之人员。（公务干事宋汉卿负责） 五、负责其他各科各股联系工作。（公务干事宋汉卿、张庆福、杨芳润、柯廷耀负责） 六、详细审查各股送来的付印样子，应对原稿，审查格式、规矩、号码前后页、墨色等。 七、登记各种账目。1.来稿登记。（公务干事宋汉卿负责）2.成品登记。（公务干事宋汉卿负责）3.额外损失登记。（统计员殷福旭负责）4.人员登记。（统计员殷福旭负责）5.登记各股呈领的工具及修理工具登记。（公务干事科廷耀负责） 八、登记各股半成品数量。（公务干事宋汉卿负责） 九、登记各股材料节省与浪费的数目。（公务干事张庆福负责） 十、发各种工作传票，暂定每星期发稿一次。（公务干事宋汉卿负责） **工务科与各科各股分工** 一、一切稿件的文字、图样、校对由校对科负责。 二、一切稿件的编排格式、号码、页数、顺序由工务科负责。 三、校对科签字复印后，与复印不同者的错误由工务科负责。 四、工作上所有之材料，已给材料股开过传票的，如耽误时间，由材料科负责，开传票的由工务科负责。 五、一切工作出版日期时间，经各股股长同意后由各股股长负责。 六、一切工作在传票上注明者，如发生错误由各股负责，在传票上未注明者由工务科负责。 **工务科与营业科分工** 一、一切工作做法在传票上注明的，如发生错误，由工务科负责。如在传票上未注明的由营业科负责。 二、一切成品原稿样子已交营业科的，如发生丢失损坏的，由营业科负责。 三、一切外面印刷刊物用纸，如果该刊物机关负责纸张应附纸张样纸，如未附纸张样纸，发生错误由营业科负责。

---

[1] 《东北画报社各科职责表》，根据《画报业务》总结。

续表

	一、负责本厂一切印刷稿件之校对。 二、负责文字三校或四校改正后复印，工务科按照最后清样改正后，仍发生错误由校对科负责。 三、负责校对排好的玻璃版格式、照片、文字。 四、校对玻璃版和文字版与原稿，发现不清楚或怀疑之处，查清问明后负责改正。 五、检查校对质量数量负责登记。 六、上版的美术版或书版，表格等和校对改正后复印样纸不符合时，应由工务科负责。 七、各种原稿校正最后清样，复印完毕，整理齐整后交工务科保存。 八、复印清样用完后，由工务科转交校对科。 十、凡人名、地名、数目字及更正必须多校一次。 十一、原稿不清及有怀疑之处，可打出问号，查清问题后改正。 十二、每种出版物必须将原稿整理好，按期全部退还编辑部。 **校对人员分工** 一、一校负责注意格式、另行、掉行、标题、号数。（刘复名负责） 二、二校最多不掉两个字，注意象形字，轮流校对。（谁校对由谁负责） 三、三校保证消灭错字，复印。（施唯负责） 四、玻璃版、台纸校对。（王理谓负责）
校对科工作负责制	

　　华北画报社也将组织分工进一步明确，全社划为材料、摄影、电影、印刷、编辑五部门。由于华北画报社是抗战资料集中存放地，报社更关注资料文献保存工作。报社制度化尝试集中在资料管理方面。早期资料管理比较原始，晋察冀画报社将底片分装进铅皮盒子再装到木箱中，这样的方法显然不够系统。进入城市后报社从两方面入手，一是明确资料管理方法和责任，二是建立统一发稿与退稿制度。具体细节上，报社制定了一套资料分类目录，包括军事、政治、财政经济、文化教育、社会政策、史地、国际知识、蒋区材料等。同时要求，同一题材尽量集中，以专题形式整理，入库时编写文字方便管理。

　　发稿与退稿制度中，报社规定来稿要对数量和内容统一登记，对退稿要做必要说明并且记录在案。人员配备上报社也有了系统安排：资料室设正副组长 2 人，负责策划全组工作；选稿 1 人，负责选择稿件决定留退稿件；保管底片 2 人，负责对损坏底片的补救；资料编辑 3 人，整理资料负责发稿登记。华北画报社在资料管理上明确了分工，在强调安全性基础上对资料进行了初步归统。

如此详细的规定有其必要性，根据地走出的记者们大多缺乏专业学习，实施责任制后能够明确分工，提高报社的运转效率。同时，新政权建设过程中，中央机构需要统筹兼顾各方事宜，难以再像根据地那样对具体的事务细致指导。通过责任制划分，编辑与印刷分工更有针对性，记者们能够脱离印刷工作，更加专注于新闻内容采写。这同时也释放了印刷厂工作效率。责任制的推进，极大地调动了基层画报工作者们的工作效率，改变原有粗放的报业管理情况，上述制度虽然现在看来还很初步，但事实上已经是画报迈出的关键一步。

三、将市场因素纳入报社管理考察维度

走向城市过程中，一些较有规模的大型画报社关注到市场因素，也采取了提高市场影响力的措施。报纸只此一家的格局被打破，仅靠派送显然不能达到更好的宣传效果。更重要的是，步入城市后经济状况一度困难，此前党报办报经费采用供给制，为了立足城市中央要求扩大宣传需要多办几份报纸，但经济上时常入不敷出，甚至连《人民日报》都难以保证卷筒纸和油墨。因此，一直不被重视的报纸经营问题开始显露，报社需要更多地考虑适应市场，提高画报城市影响力，此种变化首先在东北画报社出现。

其一，调整发行渠道，扩大市场覆盖范围。以往《东北画报》只通过东北新华书店和山东济南新华书店发行，从第 49 期开始发行单位由 2 家扩展至 22 家，地点也从东北扩展至天津、石家庄、上海、长沙、西北等地。

报社在保留原有公营单位基础上，增加了私营发行企业。经调整，东北新华书店发行量下降64%，由48期的27000份，减至第62期9800份。相对地，私营天津四民流通社，从几百本的发行量上升至1万份。引入私营发行商后，画报销售渠道扩宽，有机会培养更多潜在读者，辐射范围更为广阔。报社认为："事实上画报已经带有全国的性质，我们现在对画报的要求，随着客观的发展就不应该是某一方画报的水平要求。"[1]（表4-6）

表4-6　东北画报社发行商统计（第48、62期）[2]

发行商	第48期	第62期
东北新华书店（公营）	27000	9800
沈市三联书店（私营）		1100
沈市杨绍先（私营）		2400
山东济南新华书店（公营）	780	200
天津四民流通社（私营）		4000
河南南阳新华书店（公营）		100
郑州新华书店（公营）		50
开封新华书店（公营）		200
上海中国木刻用品合作社工厂（私营）		50
石家庄大众美术社（公营）		50
武昌新华书店（公营）		100
武汉新华书店华中区管理处（公营）		300
苏北南通新华书店（公营）		150
浙江宁波新华社书（公营）		20
南昌新华书店（公营）		60
浙江金华新华书店（公营）		30
长沙新华书店（公营）		100
温州新华书店（公营）		20

---

① 朱丹：《朱丹同志的发言》，《画报内刊》，1949年第5期。
② 根据《画报内刊》1949年第5期总结。

续表

发行商	第 48 期	第 62 期
天津华联书店（私营）		7300
沈市天津日报分销处（私营）		300
张家口吕怀瑜（私营）		1000
西北新华书店宝鸡分店（公营）		50

其二，关注市场动态，倾听读者声音。从 1948 年开始，东北画报设立专职人员处理读者来信。据统计，这些意见分别来自政府机关（28%）、工厂（23%）、部队（24%）、学校（23%）（总样本 74 份），根据读者来信，报社总结优点与不足：

> 好的方面是通过画报了解了城市经济的恢复，鼓舞了新解放区的人民。不尽如人意的方面是，普通居民和小市镇居民还难以看到画报，出版物是 5 月出版的 7 月才能看到，大部分读者希望照片能够更加清楚且要有故事性。更为重要的是，读者们认为画报不够生动、活泼，应该再艺术化。[①]

一直以来，根据地画报较少关注城市居民趣味，对休闲性内容抱批判态度。设立稳定的读者反馈渠道，体现了报社对市场的重视，根据以上反馈情况，画报增加了更具市民气息的内容，以期提高报纸市场竞争力。栏目设置上，将原有"战地俱乐部"改为"文化公园"，增加了"小常识""小故事""小谜语"等互动环节。编者表示，新增这些栏目是为了"读者能够得到精神上的休息，是'散步'的场所"[②]。从第 48 期开始，画报增加"国内大事"和"国际大事"内容，扩宽视野。为了进一步贴近市民生活，画报

---

① 《读者意见统计表》，《画报内刊》，1949 年第 5 期。
② 《启事》，《东北画报》，1949 年第 48 期。

还专门增设报道本地消息的"时事新闻"栏目，提高报刊对市民读者的吸引力。以往长篇报道内容也缩短篇幅，阅读画报更为轻松。在形式上，画报增加照片套色使用率，版式也亮丽起来。以上一系列调整取得了不错效果，有读者来信说："青年男女伙伴们在私语，指着画报在兴奋地微笑，这个星期天，这些象征着民主胜利、人民胜利的图像，给了人民极大的安慰，使他们减轻了为人民服务的疲劳。"[1]

据此，画报连续刊载读者对话，在党的画报史上首开先河，根据读者反映及时调整内容，充分说明了市场在宣传工作中的重要性显著增强。

其三，取消赠阅，同各单位建立合作关系。宣传体系中党报应该由党和政府资助，但在中央政府尚未成立，地方报刊又需要发展的情况下，宣传部提出了暂行办法："原总分社支社可分别向当地政府登记，将来通讯社应属于国家。"[2] 这实际上允许了建立中央政府前，报社可以适度通过销售和广告收入自给自足。东北局宣传部率先取消书刊赠送，提出："就宣教政策讲，当然应将党的书刊，廉价地普为推广，但就出版事业的经济原则讲，则应努力争取它的企业化。"[3] 东北画报社认为取消赠送，既能避免浪费，也符合经济原则。1949 年 9 月，报社与东北工人政治大学联系，组织座谈会收集大家对画报的意见，会上有人提出"东北画报对工人政治大学的报道不多"[4]。事实上，这次座谈会之所以选在东北工人政治大学，报社亦有自己的考虑。希望通过座谈会，方便画报在工人大学中推广，画报随后在第 48 期上刊登了《东北工人政治大学》内容，摄影报道全面展示了政治大学克服困难积极办学的多项措施[5]。报社同时还与工商业、政府机构等单位建立合作关系，深入各行业主体，扩大了市场影响。

---

① 乐：《看画报有感》，《大连青年》，1947 年 10 月。
② 《中央关于民营报刊通讯社等问题的指示》，《宣传工作通讯》，1949 年第 2 期。
③ 《东北局宣传部关于取消书刊赠送制度的决定》，《宣传工作通讯》，1949 年 3 期。
④ 《东北工人政治大学座谈，对画报的意见》，《画报内刊》，1949 年第 6 期。
⑤ 张承民：《东北工人政治大学》，《东北画报》，1949 年 4 月 15 日。

其四，增加稿费，以经济手段促进新闻生产。 报社规定本社摄影记者和美术记者除每人每月除去扣除 6 幅照片任务量外，余下发表稿件可以获得稿费，一些特别优秀的稿件还能得到额外经济奖励。新闻图片与美术图片每幅稿费酬金在 20~300 元不等（表 4-7）。报社希望通过经济上的激励，鼓励记者发掘新鲜新闻内容。以往稿费标准中，苏区时期以生活用品鼓励群众来稿，但整体上宣传为了战争需要较少涉及稿费报酬。此时，提出稿费有其特殊性，这不仅是报社采取的内部奖励机制，也明确认同了经济收益对记者工作的促进作用。

表 4-7　东北画报社稿费表

类别	年画	漫画	木刻	单幅画	连环画	插画	照片
稿费	12 至 40 分	6 至 24 分	6 至 24 分	6 至 24 分	4 至 8 分	4 至 8 分	3 至 12 分

上述变化显示出城市办报过程中画报社因地制宜的调整。当然，在一体化宣传体系中这样的尝试空间有限。转折时期的政策变化仍很谨慎，毛泽东表示"要谨慎地争取他们"又要"将人民对我们的感谢和资产阶级对我们的捧场，加以区别，必须清楚资产阶级一定要挑衅的，毕竟这些人骨子里是看不起从农村来的共产党人的"[1]。东北画报社也警醒地认识到，党的画报和其他一切党的宣传武器一样，必须是宣传党的政策与当前运动相结合，因此它的内容是严肃的，任何资产阶级与小资产阶级性的画报（美国的《生活》画报和过去上海的《良友》《时代》等画报）的各种形式主义，市侩趣味甚至色情的编辑方针，都是和我们党的画报相违背的[2]。

---

① 《毛泽东在中央政治局会议上的结论》，载杨奎松：《中华人民共和国建国史研究》，南昌：江西人民出版社，2009 年，第 469 页。

② 《为经济建设服务》，《画报内刊》，1949 年第 6 期。

第三节　建设新社会：解放区画报的宣传中心

本阶段画报从军事、经济、历史三方面出发，通过更强大的武装力量、更高效的建设能力、更光荣的历史功绩，树立起中国共产党的执政者形象。3 年间党从农村走向城市，与抗战时期相比，此时国共两党竞争更为复杂，战争刚一开始便进入白热化，政权控制空间复杂。画报在不断调整宣传策略的同时，集中展示政党力量。在吸取前期经验基础上，完成图像化的意义生产。对于媒体塑造能力李普曼曾经有一个形象比喻，大众媒体就像一个探照灯，人们很难注意到光柱之外的东西，"每个人的行为依据都不是直接而确凿的知识，而是他制作的或者别人给他的图像"。[①]

一、表现强大的军事力量

与抗战时期以弱战强不同，解放战争时期国共两党战力发生变化。战争前期，画报突出了中共军队反战和平的政治主张，随着军队从被动防御到主动进攻，"以前我们把外线战称为反攻，不完全妥当，以后都叫进攻"[②]。画报集中展示了军队势如破竹的强大力量。

---

① 【美】沃尔特·李普曼：《公共舆论》，阎克文、江红译，上海：上海人民出版社，2002 年，第 20 页。

② 金冲及主编：《毛泽东传（1893—1949）》（下册），北京：中央文献出版社，1996 年，第 823 页。

（一）和平之师：强调战争正当性

国共和谈期间，画报响应反对内战政治方针，以"自卫""反击"来强调武力抗争的正当性与被动性，展现军队的和平愿望。中央认为，在蒋介石暂时被迫接受停战，在未来全国大打情况下，一切宣传都是为了"教育全党全军与各界人民，不要幻想蒋会真的变成民主派"①。毛泽东指出，复杂的政治谈判太多太长不利于宣传，甚至还可能给美蒋反我口舌，对敌宣传需要采取简明的方式②。画报图像化宣传优势再次显现。图片不拘泥于文字表述时的因果逻辑限制，善于提供一个简明形象。譬如，讽刺图片《法西斯心目中的和平》便刻画了国民党撕毁政治协商决议，收编伪军积极备战的场景，直观表明国民党破坏和平的真面目。③类似内容也出现在《晋察冀画报旬刊》中，《为制止内战实现和平而斗争》提出国民党正打算独吞抗战胜利果实，中共军队为迎击傅作义做好了准备。④《胶东画报》在《解放军是和平民主的捍卫者》中有着类似说法："共产党军队是保证中国实现新中国的主要力量。国民党内的法西斯派，是主战分子，反共专家。"⑤

揭露国民党挑起内战的同时，画报集中呈现了中共为停止内战所做的努力。《欢迎江东纵队来烟台》写道"为了和平，惜别华南，委曲求全，遵约北撤"，全篇报道共有 4 幅图片，大体上讲述了中共军队主动北撤的过程，画面中军队每到一处都受到群众的热烈欢迎。报道同时以饱满的感情说道："当我走下罗浮山的时候，返身回望，眼泪都流出来了……忍受屈辱，做极大之让步，以求换取全国和平。"⑥与之类似，新四军北撤报道："为了求得共

---

①　中共中央宣传部办公厅编：《中国共产党宣传工作文献选编（1937—1949）》，北京：学习出版社，1996 年，第 614 页。

②　中共中央宣传部办公厅编：《中国共产党宣传工作文献选编（1937—1949）》，北京：学习出版社，1996 年，第 639 页。

③　《法西斯心目中的和平》，《胶东画报》，1946 年第 2 期。

④　《为制止内战实现和平而斗争》，《晋察冀画报》（旬刊），1945 年 12 月 13 日。

⑤　《解放军是和平民主的捍卫者》，《胶东画报》，1946 年第 2 期。

⑥　《欢迎江东纵队来烟台》，《胶东画报》，1946 年第 2 期。

同谈判成功，不惜委曲求全，奉命北撤离开驻地。"[①]"委曲求全""反动派逼着我们打""自卫""反击"等词进一步定位战争正当性。《晋察冀画报》连续发表《粉碎蒋阎伪的进攻》《自卫反击我军解放大同外围各工矿区》《坚决自卫瞄准射击，我军打下蒋机一架》《反对内战，坚持和平》等报道，标题中的主被动关系一目了然[②]。张际春在《人民画报》发刊词中明确指出："人民画报出版的目的有两个：一是把反动派卖国、内战、独裁的丑恶形态刻画和反映出来，提高人民对于反动派的仇恨；一是把人民及其军队为独立、和平、民主的活动刻画和反映出来，给人民学习。"[③]画报从一开始便希望显示中共军队的和平愿望。

（二）威武之师：展示强大的军事力量

图像是符号意义成像过程中的高度聚集，按唐·伊德的观点，"没有单纯的看，只有处于情形中的看"[④]。面对复杂的军事力量消长，画报策略性地突出中共军队军力的强大，鼓舞士气。

第一，集中展示先进武器。解放战争时期，中国共产党军队一改小米加步枪的农民军形象，以军容齐整、纪律严明、武器精良之全新面貌出现。《华东战场第一年画刊》拍摄炮阵，图片里大炮一字排开，特写镜头将武器装备突出呈现，产生震撼的视觉效果（图4-3）。展现式拍摄是为报道精良武器的标准图式。有时为了体现大获全胜，画报也运用类似的拍摄方法对缴获的敌军武器进行拍摄，突出胜利成果。值得注意的是，与抗战时期运用"大刀""剪影"等意象化展现方式不同，此时画报更倾向通过"记录"增强图像真实感，将军队战斗力"眼见为实"地呈现出来，"图像往往以视觉

---

①　《骨肉分离》，《晋察冀画报》（旬刊），1946年1月9日。
②　《自卫反击，连战连胜》，《晋察冀画报》（半月刊），1946年9月15日。
③　张际春：《发刊词》，《人民画报》，1946年8月1日。
④　【美】唐·伊德：《技术与生活世界：从伊甸园到尘世》，韩连庆译，北京：北京大学出版社，2012年，第45页。

符号传递一种明确的'在场感'"①。例如，"一字排开"运用了"真实的转喻法"。现场中的部分武器，通过镜头压缩与聚焦，给人堆积成山的感觉，军力压倒性优势得以显见。罗兰·巴特认为："明示意是对客体机械性的再制，而隐含意则是过程中人为的部分。"② 在这里，机械的"记录"调动了图片修辞结构，将不可战胜的军队形象进一步强化。

图 4-3 《自己武装自己》③

除了装备上的精良，将士们的斗志也是军队实力的重要体现。一时间，"英模功臣""英雄连队"的报道频频出现，通过"树典型"的方式提高了宣传效果。据统计，仅《晋察冀画刊》前 5 期（1946 年 12 月 30 日至 1947 年 4 月 15 日）22 则内容中，就有 11 则运用了典型报道方式。对英模功臣们不仅点名道姓，还单独配发个人照片。既证明了英雄事迹的真实性，也体现出组织对每一个基层战士的重视与关心。"树典型"过程中还结合图像语言。肖像照是展示"功臣"的主要方式，就视觉造型技巧来说，肖像具有"凝

---

① 刘涛：《环境传播：话语、修辞与政治》，北京：北京大学出版社，2011 年，第 209 页。
② 【美】约翰·费斯克：《传播符号学理论》，张锦华译，台北：远流出版社，1995 年，第 116 页。
③ 《自己武装自己》，《华东战场第一年画刊》，1947 年 10 月 1 日。

视""厚重""守护者"的表现特征①，更具严肃性和崇高感。画报记者们还普遍认为，战士不喜欢阴影，照片要直接而简明，画报刊载的图片遵循了这一点。被授予"英模功臣"的战士们，手持武器、怒视前方、笔直站立。这些功臣照影响颇大，有战士表示："当了英模，拍照后印在画报上哪儿都看得见，下次打仗回来看谁上照片。"②（图4-4）事实上，"凝视"是规训的视觉化手段，曾经的抗大便发明过"照相法"，即把人叫到台上让大家给他"照相"，如果面不改色证明内心没有问题③。通过"立功照"战士们反观自身，召唤着更多战士积极投身战场，再立新功。

作为全景式宣传，画报尝试从练兵到战场整体表现军队基层战斗力。记者郝建国拍摄《团结的堡垒排》时发现，6连3排10个月没有逃亡，他希望拍摄一组专题体现"团结"。报道通过"开欢迎会""夺枪运动""吴云生的转变""解放战士胡常岑教新战士瞄三角"等场景，勾勒了团结堡垒排的诞生过程。采访中，记者补拍了排长同新兵交流的过程，"补拍"方式并没产生异议，对宣传来说保证叙事的完整性是第一位的，良好的宣传效果决定了"补拍"是可行的（图4-5）。同样，在《吕顺保怎样带领他的班》的报道中，通过"老兵关爱新兵""军事训练""思想教育""军民互助"等，呈现班长吕顺保带领团队战场立功过程，报道在吕顺保班继续勇猛冲锋中结束④。"英雄团队"报道遵循了"练兵—感化—改造—战场立功"的叙事模式。"塑造典型"起到了很好的宣传效果，"典型"即是比照，起到自我激励和自我警示作用。

①　南希：《肖像画的凝视》，桂林：漓江出版社，2015年，第69页。
②　《战地开展摄影工作的几点经验》，《冀东子弟兵报》，1947年5月21日。
③　徐向前：《历史的回顾》，北京：解放军出版社，1988年，第462页。
④　《吕顺保怎样带领他的班》，《晋察冀画刊》，1947年4月30日。

图 4-4 《缴枪缴炮立功多》①　　　　图 4-5 《团结的堡垒排》②

画报中的"典型"之所以能深入人心，得益于以下几点：其一，"典型"给人以强烈的心理暗示，在荣誉感作用下，大家都被鼓励向"典型"学习；其二，"典型"获得的政治待遇令人向往，画报中"戴红花""立功照"都是这种荣誉的体现；其三，思想洗礼过程中，"典型人物"获得了广泛认同，他们往往和"英雄人物"画上等号。相较抗战时期，此时"典型"塑造得更为立体，记者们已经熟练掌握了这样的报道方式。

第二，呈现节节胜利的战场态势。节节胜利的战场态势体现军队的强大，一批战果总结在画报上集中出现。1947 年，华东画报社出版《中国人民爱国自卫战争：华东战场第一年画刊》，画刊表示："经过一年内线作战大量歼敌，打退了蒋匪军的进攻，主力部队已经达到国民党统治区域。"③刊物不仅介绍军队在 1947 年的辉煌成绩，还表现解放战争由守转攻的战略转变，号召华东军民彻底消灭犯军。与之类似，《快速纵队之歼灭》详尽叙述了 39 小时内歼灭国民党王牌部队的战例。画刊开头刊登了白崇禧训词以嘲讽："快速纵队是国军的精锐，是全国数一数二的部队，是新中国的基础（系蒋介石独裁统治的基础），内战中对你们的希望很大。"最后总结说："蒋军

---

① 《缴枪缴炮立功多》，《晋察冀画刊》，1947 年 3 月 30 日。
② 《团结的堡垒排》，《晋察冀画刊》，1947 年 8 月 25 日。
③ 《序言》，《华东战场第一年画刊》，1947 年 10 月 1 日。

快速纵队据说有两个，一个在东北没有起到很大作用，一个在徐州如今已经全部歼灭。"①证明了即便是蒋军最精锐部队也抵挡不住人民军队的进攻。

图4-6　《临汾攻坚战大捷》局部②　　　图4-7　《我军解放石家庄》局部③

　　节节胜利的战场报道一直延续到战争结束。《塔山英勇守备战画报特刊》于1949年2月出版，画报对锦州战役进行了全面梳理。画刊刊登告全体指战员书："敌人士气低落，进攻精神很差，完全靠火炮吓人，而步兵不敢冲锋。"④渡江战役胜利后，第二野战军政治部出版画刊《向江南进军》，全面展现渡江战役过程。包括"进军路上""紧张进行渡江准备""百万雄师横渡长江"三部分，以备战、冲锋、胜利为叙述顺序，突出军队的势如破竹。此外，随着中共军事实力增强，更为具体的战斗场景见诸报端（图4-6、图4-7）。记者们认为，对战斗报道要偏重突击队，因为突击队往往冲在第一线，画面也最重要⑤。例如，《北关车站争夺战》拍摄了突击队同国民党军展开巷战的激烈场面，包括"车站中的机枪手""冲锋追击敌军""搜索残余敌军"等⑥。为进一步突出激烈战况，图片将机枪与敌军尸体并置，透过模糊晃动

---

　　①　陈士榘：《快速纵队之歼灭》，《快速纵队之歼灭》，1947年第1期。
　　②　《临汾攻坚战大捷》，《华北画报》，1948年10月。
　　③　《我军解放石家庄》，《晋察冀画刊》，1947年11月7日。
　　④　《告全体指战员》，《塔山英勇守备战画报特刊》，1949年2月。
　　⑤　《野战军摄影工作会议》，载石志民编：《晋察冀画报》（文献史料），北京：中国摄影出版社，第1497页。
　　⑥　《北关车站争夺战》，《晋察冀画报》（季刊），1947年3月。

的影像，渲染战斗的紧张气氛。对于一贯强调正面明亮的图像报道来说，这里的"抖动"彰显了真实感，战士们的英勇得以体现。

第三，刊发俘虏与投降敌军。俘获情况是画报的重要议题，各地出版了专门呈现俘获和投诚情况的画刊。1947年，华东画报社出版画刊《生路》，介绍东线放下武器的蒋军军官，刊物一一展示校级以上被俘军官照片，详细介绍6名中将、40名少将的被俘过程。1949年，华东画报社出版《国民党军官兵的四条道路》，画刊总结解放战争以来国民党方面被俘情况，刊登被俘军人并发放路费情景①。除专刊以外，各地画报也都刊登不少俘虏投降内容，如《锦州攻坚战》详细总结了锦州战役及东北全境军事行动，成批被俘官兵刊登在画报上②。

其中，国民党高级军官被俘情况被详细刊出。时任东北剿总副司令郑洞国，他的投诚令国民党颇为难堪，为了稳定军心南京甚至以"杀身成仁"为其安排葬礼。为了揭露国民党的不实宣传，记者郑景康拍摄了《郑洞国到达哈尔滨站》以示证明。图片中的郑洞国神情落寞，其家眷一同出现在哈尔滨火车站。还有《快速纵队之歼灭》对26师师长马励武被俘情况的报道，不但全文刊登马励武日记，而且特别突出马励武和蒋介石合影，以此打击国民党士气。另外，《国民党军官兵的四条道路》也刊登了黄维、杜聿明被俘获时的情景（图4-8、图4-9）。

与此同时，画报集中宣传被俘军人改造过程。《晋察冀画报》（号外）刊登《蒋阎军内督战官下毒手》一文，图片中国民党士兵被督战官打伤，官兵找活路投奔中共军队。"解放战士"们纷纷表示："我们真正认清了敌人是谁，是谁救了我们的命。"③类似报道出现在《生路》中，有被俘军人说："我在初被解放时，心里总觉得羞愤，觉得任何对待都是恶意的讽刺，后来才

---

① 《学习期满学员自由回家》，《国民党军官兵的四条道路》，1949年4月1日。
② 《锦州攻坚战》，《东北画报》，1948年11月15日。
③ 《蒋阎军内督战官下毒手》，《晋察冀画报》（号外），1946年8月27日。

逐渐认识到离开反革命受真理的指导是光荣的。"[①] 山东保安特务团长接受教育后表示："我知道了土改政策，明白了新四军成长与强大以及这般肯吃苦、不怕牺牲人民的力量是伟大的。"[②]

图 4-8 《黄维被解放军押下战场》[③]　　图 4-9 《活捉杜匪聿明》[④]

图 4-10 《刘伯承与杨显明》[⑤]　　图 4-11 《聂司令员赐见被俘之罗历戎
　　　　　　　　　　　　　　　　　　　杨光钰》[⑥]

对待国民党军队起义与投诚（被俘）要有所区别，"国民党军是反革命军队，是革命战争的直接敌人，而起义则是革命行动，只有少数有特殊条件者才能这样运作"[⑦]。因此，对被俘人员的宣传亦有差别，"宣传宽待一般

---

① 姜维朴：《解放军官教导团学习座谈会》，《生路》，1949 年 4 月。
② 隋坚：《我被新四军解放了》，《生路》，1947 年 8 月。
③ 《黄维被解放军押下战场》，《国民党军官兵的四条道路》，1949 年 4 月。
④ 《活捉杜匪聿明》，《国民党军官兵的四条道路》，1949 年 4 月。
⑤ 《刘伯承与杨显明》，《晋察冀画刊》，1947 年 3 月 15 日。
⑥ 《聂司令员赐见被俘之罗历戎杨光钰》，《晋察冀画报》，1947 年第 13 期。
⑦ 《中宣部新华社关于不可轻易宣传敌军起义及利用被俘匪官进行宣传的指示》，《宣传工作通讯》，1949 年第 3 期。

国民党员和一般俘虏，是对的，利用他们来进行瓦解敌军工作，是必要的，但不要给人一种印象，似乎他们一放下武器，就没有罪过了"①。可以发现，画报通过身体姿态体现这种"有限的认可"。图片大多选取被俘敌军低头哈腰，中共将领泰然自若的场景以对比。例如，《刘伯承与杨显明》中，刘伯承昂首挺胸显得神采奕奕，杨显明垂头丧气（图4-10）。同样，聂荣臻与罗历戎、杨光钰报道中，聂荣臻放松地靠在椅背上，泰然自若无不流露着自信，被俘者则以背面示人，文字说明写道："杨光钰颓丧地说战争是不能再打下去了。"（图4-11）

总体而言，解放战争时期画报集中塑造了军队"和平""威武"的形象，强调战争的正义性，展示了军队的势如破竹。主要通过正反两方面叙述，报道中共军队的节节胜利，国民党军队的步步溃败。图片所呈现的战争场景，加深了读者对中国共产党军队强大战力的印象，塑造了不可战胜的军事形象。

二、展现经济建设新面貌

经济建设是夺取政权过程中的重要议题，也关乎党能否在全国范围内站稳脚跟。宣传要求，必须加强城市工业报道，突出"我军进入许多大城市后，工人活动在整个革命事业中的地位已大为提高"②。工业宣传中，画报展现了迅速恢复工业的建设能力，突出工人地位上升。农村经济宣传中，通过打土豪分田地的新旧对比，呈现农民们翻身做主人的新生活。画报展现的经济建设新面貌，强化了工农阶级对中共政党的认同，激发了广大工农投入经济建设的热情。

---

① 中国社会科学院新闻研究所编：《中国共产党新闻工作文件汇编》（上册），北京：新华出版社，1980年，第206页。
② 中国社会科学院新闻研究所编：《中国共产党新闻工作文件汇编》（上册），北京：新华出版社，1980年，第258页。

（一）恢复工业

工业的迅速恢复是经济建设能力的具体体现。画报特别关注各地工业生产恢复情况。报道中，装备优良的大型机械设备得到集中展示，热火朝天的生产复工情况被表现出来。

首先，呈现城市经济从混乱到有序的转变。1947 年，石家庄、张家口、烟台等大城市相继解放，陆续出台了发展城市经济的新政策。内容主要涉及两方面：第一，保护工商业财产；第二，尝试公私合营。中央明确了对官僚资本的接管界限，实行了各按系统、自上而下、原封不动、先接后分的政策。1949 年，天津解放后中央再次下达指示："不要打乱企业组织的原有机构，如原企业的厂长、矿长、局长及工程师，愿意继续服务者应令其担任原有职务；对企业中的各种组织及制度，应照旧保持，不应任意改革及宣布废除。"[①]稳定有序的经济发展状况是画报主要内容之一。

此类报道突出了共产党治理下，工业生产从混乱到有序的变化。东北画报社处于工业基础较好的地区，对恢复工业报道也最为积极，连续刊登抚顺、沈阳橡胶厂、纺纱工业、本溪造铁等内容。报道表示："经过蒋匪几度骚扰的东北大部分工业地区，工业设备都遭受到严重的破坏，在民主政府大力恢复工业建设的号召与协助下，东北工人们即以高度的劳动热忱来积极地修复。"[②]新旧对比中，国民党统治下工业废弛，中共执政后生产能力迅速提高。如第 49 期有文章表示："国民党侵占时期这些工业遭受了巨大的破坏，不但没有能力把它恢复起来，而且给本溪湖带来了更大的灾难……共产党有能力打垮蒋匪帮的罪恶统治，同样也有能力来重建这破大家。"[③]肯定了中共工业建设的突出能力。

---

① 赵凌云主编：《中国共产党经济工作史（1921—2011）》，北京：中国财政经济出版社，2011 年，第 182 页。
② 《新收复区各工厂迅速复工》，《东北画报》，1949 年 1 月 30 日。
③ 齐观山：《本溪湖的生产与恢复》，《东北画报》，1949 年 4 月 15 日。

同时，充分发挥了图画造型能力。为了达到最佳现场效果，画报社请东北电影制片厂协助报道。统一对电力、铁路、钢铁、造纸、纺织等轻重工业系统进行拍摄，刊出系列图片报道（图4-12、图4-13）。画报有意识地将大型设备罗列出来，产业工人穿梭其中，形成了"工人＋机器"的视觉图式，具体营造起有序而热烈的生产氛围。"机器"是大规模工业生产的视觉符码，蕴含着对生产、效率、发展的渴望。就有内容表达了对机器的赞美："气锤气锤，你的力量真大，你能改造社会，你能使工业发展，我真爱你，你也爱我。"[①] 作为符号的"机器"，表征了无限的生产力，而热火朝天的复工情景召唤更多工友投入其中。

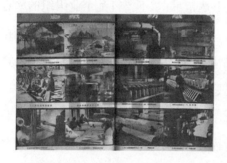 

图4-12 《由小到大的解放区工业》[②]　　　图4-13 《制油厂》[③]

其次，彰显工人地位由低到高的变化过程。 工人阶级地位的提高是新政权实现其政治承诺的重要表现，也是政党革命性与先进性的基础。画报报道了新政权对劳动者的权益保障，具体包括"工会保护"和"劳动保险"两类议题。连环画《炉头老李哥》中，炉头老李哥被资本家开除，一家老小无依无靠，共产党执政后老李哥得到了经济救济，政治地位也相应提高，受此感召他积极投入生产支援前线，成为"新工人"的代表。报道中，老李哥生活境遇的改变主要来自工会的帮助，通过老李哥的讲述我们得知每

---

① 吴鹏汉：《汽锤》，《东北画报》，1949年3月30日。
② 东北电影摄制厂：《由小到大的解放区工业》，《东北画报》，1948年7月15日。
③ 钱嗣杰、施展：《制油厂》，《东北画报》，1949年5月15日。

个工厂都有自己的工会，还设有妇女委员①。"劳动保险"报道表示："劳保委员亲自交给职工生育儿女的补助金，给老职工养老金，给伤残疾病的职工救济金，给死亡家属丧葬费。"②画报完整描述了新旧社会工人的不同处境。

画报还开辟"墙报专栏"让工友们发声。有工人们围绕"过去为资本家干，现在为自己干"发表看法。原本懈怠的工人，在专栏中公开声明，要洗心革面，积极为生产建设贡献力量。有曾经"落后"的工人现身说法："过去脑筋不开，所以没有献出来，今天知道工厂是自己的，这点东西拿出来献给自己的工厂。"③类似的表述也在《工人梁尚友》中出现，工人梁尚友夜以继日地修好了水道，他表示："干吧，现在干活是给咱们自己干的呀，过去吊儿郎当，现在怎么这样卖力？提起过去饿死谁管呀，现在工人阶级做了主人，我有多大劲就出多大劲。"④此处，"为自己干"成为最具号召力的动员口号，不但唤起工人阶级的主体意识，还激发了工人们对中共政权的认同。

工人地位的提高和新政权领导密不可分，有文章表示"坑不是共产党挖的，共产党给填满了；肚子饿不是共产党给的，现在共产党给喂饱了"⑤。歌谣也流露出类似的感恩情绪："自从沈阳解放后，共产党的恩如山，你和我来手拉手，这回真的做了主。"⑥有工人来信表达了对党的感谢："因为你们领导我们无产阶级革命，我们才有今天的胜利，能快乐地过我们自己的节日，我们劳动人民一定要学你们的思想作风，永远跟着你们走，将革命进行到底。"⑦此时画报报道中不仅表明工人翻身、生产恢复，还传递了党的正确领导方向。

在视觉表达上，图像建构了工人们"站起来"的视觉意象，充满当家做主的力量与气魄。最为典型的是，"新工人"以高度凝练的肖像加以呈现（图

---

① 佚名：《炉头老李哥》，《东北画报》，1949 年 3 月 30 日。
② 苏坚：《劳动保险》，《东北画报》，1949 年 5 月 15 日。
③ 陈兴华：《十一斤水银》，《东北画报》，1949 年 3 月 30 日。
④ 苏晖：《工人梁尚友》，《东北画报》，1949 年 5 月 15 日。
⑤ 李纳：《一百七十台机器》，《东北画报》，1949 年 4 月 15 日。
⑥ 张惊涛、马彦学：《顺口溜》，《东北画报》，1949 年 5 月 15 日。
⑦ 宋启运：《来信》，《东北画报》，1949 年 5 月 15 日。

4-14）。图片中，工人们高大魁梧、肌肉结实、朴素而充满干劲，展示了永不疲倦的生产力。坚毅的眼神中，闪烁着对未来的无限憧憬，整体精气神焕然一新。画报中，新工人包括"单一"和"复合"两种图式：单一形象中的肖像包括身体、动作、表情等；复合形象将人物与场景结合起来，以环境渲染新工人的气质。但无论哪种图式，都遵循了"翻身做主""幸福愉快"的主题要求（表4-8）。图像酝酿着感情力量，在感情中现实的工作激情被激活。

图4-14 《东北画报》[①]

表4-8 中共领导下的翻身工人形象

工人形象	单一形象	图式	人物肖像	象征 做主 翻身 愉快 幸福 力量 消费力
		符码	微笑、目光坚毅、肌肉	
		用语	英雄、榜样、模范、标兵	
	复合形象	图式	人物肖像＋环境道具	
		符码	红花、毛巾、矿灯、扳手、机械设备、工厂车间	
		用语	能手、带领、学习、表率	

图片中的翻身工人，为现实劳动者提供镜像。阶级意识的觉醒，预示着资本主义经济制度破产。无产阶级凭借先进的生产管理能力令陈旧的工

---

① 《东北画报》，1949年第51期。

业基地焕然一新。图画中充满了对工业现代化的渴望，新政权领导下"人民工业"百废待兴。

（二）农村土改

中央 1947 年 10 月颁布《中国土地法大纲》，开始在根据地试行平分土地政策。1947 年 12 月，中共中央再次发文，确立贫农雇农在土地改革中的领导地位，提出土地的划分必须经过贫农团讨论，并提交农民大会讨论，取得中农同意后再来办理[①]。仅一年时间，解放区就有近 1 亿农民获得土地，其间中央一再强调避免"左"倾，对地主阶级的斗争要有限度。在中共政治话语体系中，农民的贫苦源于长期封建统治，包括帝国主义侵略者、地主阶级、国民党腐朽政权。经济上极为窘迫，"贫下中农"即一种经济问题归因后形成的政治话语。《华北画报》有内容说："地主穿绸又穿缎，住的金屋和宝殿，粮食堆成山，银钱花不完，慢慢想细细算，那样不是农民的血和汗。"[②] 压迫与被压迫借由图片语言表现出来，如"骑在头上""踩在脚下""鞭打在地""酣睡""叉腰""漫骂"，农民们"低头""哭泣""哀求"（图4-15）。

图 4-15　《农民苦》局部 [③]

---

①　张静如、梁志祥、镡德山主编：《中国共产党通志》，北京：中央文献出版社，2001 年，第 545 页。

②　《农民的血汗，地主的财富》，《华北画报》，1948 年 10 月。

③　《农民苦》，《华北画报》，1948 年 10 月。

图 4-16 《斗地主》局部 ①　　　　图 4-17 《说理，申诉》局部 ②

宣传将"诉苦"和"分田地"结合起来报道，既在精神层面召唤忆苦思甜情感，也在物质层面表现农民们获得土地的喜悦。研究者们认为，"诉苦"是进行情感动员的方式，激发仇恨促使原本沉默的农民向统治阶级发起攻击 ③。画报对各地诉苦大会进行报道：图画集中展示地主地契、珠宝、车辆、粮食、细软、房屋等各种"不义之财"；通常选取抱小孩的妇女、破衣旧衫的老农，突出诉苦者底层形象；图片还频繁使用了视觉对比，农民们浩浩荡荡形成了巩固的阵营，标语、锦旗、镰刀锄头烘托会场气氛，地主们形单影只位于中间，在围观者的不断呐喊中诉苦者登场（图 4-16、图 4-17）。为了避免现实诉苦中的暴力场景，图片大多定格于贫农们手指地主痛斥罪行、将象征经济剥削的地契撕毁、扑向或挥舞拳头等"温和场面"。"诉苦"本质上是一次情感释放，视觉手段再次演绎了诉苦过程，将农村的诉苦活动传播到更远的区域，凝练诉苦的情感动员效果。

"分田地"是"诉苦"的最后环节。"平分图""丰收图"集中反映了农村经济变化。这部分内容呈现方式相对直接。"平分图"主要包括分配粮食、土地登记、丈量、讨论生产等。获得解放的农村恢复平静，风景秀美一片

---

① 《斗地主》，《华北画报》，1948 年 10 月。
② 《说理，申诉》，《华北画报》，1948 年 10 月。
③ 参见李里峰：《土改中的诉苦：一种民众动员技术的微观分析》，《南京大学学报》，2007 年第 9 期。

祥和，老乡们三三两两地围坐一圈，享受着分田带来的喜悦，歌谣唱道："物归原主，地回老家，农民翻身，古树开花。""领回红契心欢喜，缺了劳力辅畜力，挨饿的乞儿有饭吃。"①（图4-18）"丰收图"反映翻身农民物质上的满足，画面中农民们手举谷物，脸上洋溢着微笑，身后的农村风光洋溢着和谐的氛围。如《女的纺织，男的下地》一图中，夫妇分别拿着纺织工具和农作物，在阳光下对着镜头面带微笑（图4-19）。和上文表现贫苦的强烈写实感不同，"丰收图"对富足的表达更倾向于搭建一个田园牧歌式的理想场景，"是情感的浓缩形式"②。

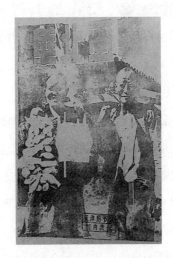

图4-18　《平分图》③　　　　图4-19　《女的纺织，男的下地》④

　　画报宣传让积压已久的不满情绪找到了释放的出口，过去生活的窘迫，如今经济上的翻身，工农们充满了斗争热情。画报最大限度地激发斗争热情，动员工农们为战争贡献自己的力量。

---

① 彦涵：《平分图》，《华北画报》，1948年10月。
② 马敏：《政治象征》，北京：中央编译出版社，2012年，第53页。
③ 彦涵：《平分图》，《华北画报》，1948年10月。
④ 《女的纺织，男的下地》，《华北画报》，1948年10月。

三、抒写党的光辉历史

画报集中回顾中国共产党革命历程，展示党的历史功绩。一方面，让更多新解放区群众了解党；另一方面，也将历史叙述引入政权合法性建构中。一时间，不仅综合性画报开始对历史进行总结，一类专门介绍党史的画册也相继出版。包括《八路军与老百姓》《晋察冀的控诉》《民主的晋察冀》《人民战争》《解放军史画》《二万五千里长征史画》《学生解放运动史画》《蒋美勾结透视》《八路军抗日画史》《中国人民解放军对宗教的政策》等。这些刊物将目光聚焦历史抒写，着力呈现具有光荣传统的先进政党的形成。

（一）总结党的历史功绩

首先，阐述中共对中国革命的贡献。 解放战争期间，革命的历史叙述已经形成了较为完善的体系：五四新文化运动、大革命、土地革命、抗战、解放战争成为近代中国革命历史主线，其过程与中国共产党发展历程一致。1948 年毛泽东发表《在晋绥干部会议上的讲话》，将无产阶级领导的"新民主主义革命"与资产阶级领导的"旧民主主义革命"对照。系统提出了"无产阶级领导的，人民大众的，反对帝国主义、封建主义与官僚资本主义"总路线[①]。至此，中国革命史有了全面而清晰的框架，画报也立足于此，集中阐述中共对中国革命的贡献。《人民战争》特别强调，中国共产党在抗日战争中发挥的核心作用：

> 中国八年神圣的抗日战争是人民的战争，抗日战争的重心不
> 是国民党战场而是解放区战场。抗日人民战争的支持者，抗日人

[①] 中共中央文献编辑委员会编：《毛泽东选集》（第 4 卷），北京：人民出版社，1991 年，第 1314 页。

民战争的中流砥柱不是蒋介石卖国独裁政策支配下的国民党军队，而是八路军、新四军、华南抗日纵队。[①]

与此同时，画报还选取了历史过程中的关键事件突出表现。《解放军史画》通过五四运动、北伐、井冈山时期、苏维埃政府、对日宣战、两万五千里长征、日本投降、解放全国等几个阶段，全景地展示了中共领导下的光辉革命历程[②]。上文提及《八路军与老百姓》《晋察冀的控诉》《民主的晋察冀》《人民战争》《解放军史画》《二万五千里长征史画》《学生解放运动史画》等画刊，皆在"卷首语"部分或多或少地勾勒共产党在反帝反封建与民族战争中的功绩。

其次，回顾党和群众的鱼水关系。《民主的晋察冀》总结了抗战以来的民主政策，以"人民获得真正的选举权""为人民兴利除弊"[③]为主题，表现中共政权优越性。画刊《八路军与老百姓》以"拥政爱民，拥军优抗"为主题，呈现军队和群众的鱼水关系，突出军民一家的优良传统[④]。画报还在比较中陈述共产党与国民党的不同。华东画报社出版画刊《中国人民解放军对宗教的政策》，抨击"蒋匪"用炸药炸平天主教堂，同时阐明了中共一直以来对宗教事务的关注，画刊表示："陕甘宁边区政府现正帮助延安市回民重建被胡匪破坏之清真寺，蒋胡匪军经常在该寺殿聚赌，有时竟强拉妇女到殿奸污，拆毁大殿引起回民极度愤慨。"[⑤]客观来说，政治组织难以具象表现，画报通过高度凝练"红旗""党徽"表征"党"的实体。例如，《共产党是老百姓的救星》以连环画形式，描绘人民军队在党旗指引下向反动势力发起进攻（图4-20）。深厚的群众基础证明了"这是共产党高尚道德的

① 《人民战争》，晋察冀画报社，1946年7月。
② 《解放军史画》，联合画报社，1949年6月。
③ 《民主的晋察冀》，晋察冀画报社，1946年5月。
④ 《八路军和老百姓》，晋察冀画报社，1946年3月。
⑤ 新华社：《陕甘宁边区政府帮助回民重建清真寺》，《中国人民解放军对宗教的政策》，1949年第1期。

表现"①。

图 4-20 《共产党是老百姓的救星》②

　　画报从军事和政治两个层面对党的历史贡献进行总结，进而从革命视角出发，强调党在民族战争和中国革命中的核心地位，表明取得"新民主主义革命"胜利过程中，五四、新文化运动、北伐、建立农村根据地等历史的重要意义。同时，画报还围绕人民群众和中国共产党的鱼水关系，塑造"人民政党"的历史形象。此种对党历史贡献的系统总结一直延续到社会主义建设时期，从这里提出的历史阐释影响至今。

（二）展示领袖伟人形象

　　画报打造的众多形象中，领袖形象无疑具有标志性。"一个政党的初创阶段，领袖追随者的关系总会和领袖的声望有关"③，党的最高领导者代表了整个党组织。由于战争形势的不断变化，新解放区需要大量领袖照。因为没有标准样式，一些图片难以满足宣传要求，甚至出现了不符合要求的领袖图像。华北地区的宣传部门报告，近期发现个别地方任意冲洗毛主席照

---

①　袁克忠：《贯彻民主运动，放手发动群众》，《人民》，1946年8月。
②　《共产党是老百姓的救星》，《人民画报》，1946年6月20日。
③　【意】安格鲁·帕尼比昂科：《政党：组织与权力》，周建勇译，上海：上海人民出版社，2013年，第60页。

片出售，此种照片未经过选择，有的照得很不好。同时，各地不少毛主席、朱总司令的画像画得很不好。这种对人民领袖的画像，不慎重不严肃地处理以至随便乱画的现象，会给予我党的形象及群众的教育以很大害处，必须严格防止纠正①。宣传部门对打造何种领导人形象下达具体指示。画报机构主要承担制作领袖图像的任务。晋察冀画报社出版专门画刊《毛泽东近影集》，内容包括"毛泽东在延安举行第七次全国代表大会""接见美国记者""参加重庆谈判"等几部分，涵盖了不同革命时期的精彩瞬间。同样《东北画报》也在第13期刊载专版《中国人民领袖毛主席》，画刊以时间为顺序展现"拟订作战计划""与群众交流""生活瞬间"等几方面。

此外，画报分门别类地刊登"领袖与家人在一起"与"领袖与人民在一起"两类照片。内容并非展示"高大"的惯常方式，而以自然谦和突出领袖生活化的一面。具体来说，毛泽东、周恩来、朱德等中共领导人更多以一种"智慧型"领袖的形象示人②。纵览画报拍摄的"做报告""大会发言""会见来访""批示文件"等活动，毛泽东大多眉头微皱、若有所思，给人运筹帷幄决胜千里的深刻印象。如《毛泽东会见记》中曾这样描述："在他强有力的前额后面，是一个稀有的，清晰而明敏的脑子。"③记者蔡子谔更直接表示此类图片"把我党无产阶级革命家的崇高人格表现出来，大都具有凝重、沉静、睿智等神情、气质和风范"④。实际生活中，毛泽东更希望以一种非军人形象示人，他真正像军人那样穿军服的时候并不多，武器也从未出现过⑤。从拍摄者角度说，生活化场景难能可贵，类似"亲民""不修边幅"也成为中共领导人的普遍特征，周恩来、邓小平、刘伯承、聂荣臻等一批军事将领都曾以"脚绑武装带""头发凌乱衣着朴素""与群众亲切交谈"

①　《乱画领袖像的通令》，《建设周刊》，1949年第9期。
②　《毛泽东与朱德商讨对日作战》，《东北画报》，1947年7月15日。
③　【英】冈瑟·斯坦因：《毛泽东会见记》，《东北画报》，1947年7月15日。
④　蔡子谔、顾棣：《崇高美的历史再现》，太原：山西人民出版社，1995年，第556页。
⑤　《毛泽东与吴满友交谈》，《东北画报》，1947年7月15日。

等形象出现在画报上。在此，领袖光辉形象的造型方式源于延安时期，有所不同的是，面对即将到来的全国解放，此时图片范式趋向稳定。《胶东画报》创刊词总结说："哪里看得见毛泽东旗帜，哪里就有民主、有自由、有饭吃，在毛泽东的旗帜下工人、农民、士兵们追求光明，战胜黑暗。"[①] 经过不断的实践操演，1949 年以前的画报形象建构能力已经趋于成熟，之后中共领袖形象得到不断升华，画报社更为深入地介入领袖标准照制作过程中。

① 《创刊词》，《胶东画报》，1946 年 5 月 15 日。

小　结

解放战争时期，随着国共两党军事力量变化，中国共产党战场态势由弱变强。此过程中，画报宣传也变得更为复杂，既要考虑战争地区和解放区的不同，也要适应城市宣传和农村宣传的不同。但总体而言，画报宣传重心逐渐向城市位移，画报事业版图不断拓展。

面对城市宣传以及围绕城市展开的区域战争，宣传系统以创建"大党报"为主要调整方向，将分散的力量集中起来。根据地画报也走出农村进入城市。分别组建了东北画报社、华北画报社、华东画报等区域性画报社，出版了一系列战场画刊。具体宣传工作为了适应城市居民，提高工商业报道占比，增加娱乐性内容。工作方式上尝试运用内刊，在加强各地记者联系基础上，上传下达、聆听基层声音，进而还尝试将组织管理制度化。

本阶段国共两党进行了全面而激烈的斗争，画报集中力量，向外界提供了具有先进性的政党形象，为解放战争胜利贡献力量。3 年时间画报在很多方面的尝试具有开创性，但由于时间较短，加之斗争环境不断变化，区域性画报社及面向市场的探索很快调整，面向社会主义建设的画报宣传事业面临继承与发展。

第五章

中国共产党画报事业发展的历史规律与贡献

当新媒体强烈冲击印刷媒介所构筑的新闻活动时，我们考察革命年代画报的发展历程是一件颇有启发的事。作为中国共产党整体宣传事业上的一环，画报发展与革命路线步调一致，整体上受城市革命与农村革命间的互动转换影响，有关"大众化""现实主义""中国作风""民族化""开门办报""群众路线"等宏观宣传方针在画报事业发展中都能找到具体现象。但本书更为聚焦画报这一具体类型刊物，尝试从中观维度深入联系宏观方针与微观表现，若从中国共产党整体图像化宣传来说，1949年以前建立起的画报事业已经是漫画、木刻、年画等各种视觉宣传内容的中心纽带，围绕"办画报"，不仅实践了宣传提出的大众化道路，而且广泛建立起属于新中国的图像宣传表达范式。

从1920年代就一直在宣传基层工作的力群，他对画报有过如下看法，可以作为画报在整体宣传系统中认识、效果与定位的一个理念缩影。"我们办画报的人提出了向劳动人民学习语言的任务，《人民画报》排版以整洁、醒目、明朗为原则。不允许在排版上玩弄花样，宁可平板，而不离乱，为什么要这样做呢？因为我们必须考虑到农民的阅读能力，所有这些都在说明我们'群众观点'"，"当画报发下去群众争购，当做年画；为小学教员重视当做公民课本；为乡村干部欢迎，当成一种集体学习的文件；为炭工所喜爱，向报贩大量购买；为战士所欢迎，说看不到它好像少吃顿饭"①。能够发现，经过历史洗礼后的画报已然与大众化宣传理念融为一体，并作为理念

---

① 力群：《我的艺术生涯》，太原：北岳文艺出版社，1997年，第126、128页。

共识，自上而下地落实到每一位基层宣传工作者。文章最后一部分着力回答以下两个问题：中国共产党领导下的红色画报事业历史演进有何规律？产生了哪些历史贡献？

第一节　中共画报发展的历史规律

画报作为一种视觉化的传播载体，进入宣传视野时无异于一种"新媒体"。随着整体社会变迁及党组织自身发展，画报业本身呈现了一些规律性特征。罗杰·菲德勒认为，很多情况下我们所认为当然的东西都有其发展脉络，媒介也同样如此①。目前而言，虽然不同史家对"历史规律"的看法各异，但在具体讨论"历史规律"时仍肯定了寻求"规律"的积极意义②。这里所提及的"规律"，并非决定论视角下轮回式的线性判断，而是探寻整体性、趋势性、方向性的"内在稳定秩序"③。呈现画报发展过程中的各种本质的、普遍的联系，是经验的而非先验的。据此，总结画报事业的历史规律，能够帮助我们加深对宣传及媒体的认识，更好地审视历史演变的逻辑。

一、画报发展受社会环境影响

组织化的新闻生产并非个人能独立完成，它是社会生产、社会交往的

① 【美】罗杰·菲德勒：《媒介形态变化》，明安香译，北京：华夏出版社，2000年，第3页。
② 据学者董新春总结，对于历史规律存在性的认识大致分为三种：a.肯定派，以苏联为代表的社会主义阵营，坚持传统历史规律观；b.否定派，以波普、哈耶克、柏林、阿隆等自由主义者为代表；c.中间派，既对教条化的传统历史规律观表示不满，又将自由主义否定历史规律视为偏激。当下较为普遍的认识是，"历史规律"与"自由选择"并行不悖，虽然在一定程度上面临"叙事危机""话语危机"，但仍具有强大的解释力，对历史规律的追寻并未终结。参见董新春：《在历史规律与自由选择之间——20世纪历史规律存在性之争及其启示》，天津师范大学博士学位论文，2010年；【英】安德鲁·甘布尔：《政治与命运》，胡晓进等译，南京：江苏人民出版社，2003年，第18页。
③ 庞卓恒、吴英：《什么是规律：当代科学哲学的一个难题》，《天津师大学报》，2000年第2期。

过程，遵循了一些规则和程序，塔奇曼便将报业生产视为"组织化的新闻实践"①。据此，中共画报发展受技术、文化、政治、战争等多重因素的交互影响，这些因素是画报业不断壮大的原动力。

就技术而言，画报的发展与出版印刷技术的革新密不可分，或者可以说，中共画报史也是宣传组织掌握、运用画报的媒介技术史。建党前后，上海印刷工会能够最先运用画报进行革命宣传，就因其掌握了出版画报的印刷技术。苏区时期，由于缺少印刷设备，画报大多以油印维持，内容也以容易复制的手绘图画为主，在数量、精致程度、发刊周期上都受制于技术条件。与国统区画报相比，此时的中共画报尤为"简陋"，摄影技术也未能与画报相结合。抗战期间，华北根据地能够从北京、天津等城市获得出版器材，晋察冀成为中共画报发展领先地区。沙飞们为了出版更精致的摄影画报，在筹建晋察冀画报社时便将吸收印刷人才视为工作核心，这为精细画报出版提供了技术保障。解放战争时期，从农村根据地走出的中共画报社，特别重视印刷设备、摄影器材、技术资料收集。进入城市后，一些大型画报社获得了较为完善的生产设备，摄影器材较根据地有显著提高。画报出版无论是数量上还是质量上，都有了较大跨越。能够看出，中共画报发展和生产设备、印刷工艺、制图方式等技术因素息息相关。

同样，画报进入政党视野和彼时文化情境关系密切，文化是推动中共发展画报的关键因素。普遍的文化氛围决定着人们能否接受、理解、认同党的政治主张。其一，20 世纪 20 年代，读图成为时人颇为流行的阅读方式，读画报、拍照片甚至是市民阶层的身份象征。在这样的文化情境中，处于"多党竞革"政治生态中的共产党，需要通过画报把自己的政治主张直观生动地呈现出来。从实践来看，契合这样的读图氛围，满足了人们视觉欲望的同时，也向读者们传递了党的声音。其二，"到民间去"的文化运动席卷

---

① 参见【美】盖伊·塔奇曼：《做新闻》，麻争旗、刘笑盈、徐扬译，北京：华夏出版社，2008 年。

全国，李大钊等早期革命者是这一文化运动的推动者，经由青年学生参与，这场文化运动逐步扩大了影响。图画连同歌谣、文学、谚语一起成为政治精英"文化下乡"的路径，画报也被视为平民容易接受的宣传形式。

就政治因素而言，大众媒介具有政治社会化功能，政治体系会借助各种交流工具实现其政治诉求，媒介为了获得广泛的社会影响力也积极介入政治中，画报亦是如此。具体而言，中共画报之所以能自成体系，皆因政党支持，宣传组织始终将画报视为工作的一部分，不断对其加大投入，在探寻农村革命道路的过程中积极倡导图画宣传，以期更好地对群众进行政治动员。简单来说，画报事业在党的直接作用下发展起来，作为党报类型之一。其介入政治议题的能力决定了整个行业的兴衰，画报业本身就是党组织的一部分。当下，新媒体发展日新月异，相较于电影、电视等更具吸引力的媒介形式，画报很大程度上失去了视觉传播的垄断优势，但作为政党发布信息的窗口，依然是党报体系中不可或缺的部分，我们能够明显看出政治因素所起的决定性作用。

此外，中共画报发展还和战争息息相关，革命史视角中的画报演变通常与战事有关。画报事业孕育于大革命时期，此后在十年内战、抗日战争、解放战争中不断壮大，每逢战事出现变化，画报也相应有所调整。从另一个角度来说，恰是战争环境让画报在制造舆论、宣传党义、政治动员等方面发挥了作用，我们不仅能看出战争对画报的深刻影响，还能通过画报管窥革命道路的数次调整。

统而视之，红色画报的发展脱离不了整体社会语境，研究画报史实质上是在考察画报与技术、文化、政治、战争等多重因素的互动过程。

二、发展画报源自现实需要

中共发展画报有其现实动因，画报对党的革命事业长期是"有用"的。

整体而言，作为党报的画报承担着输出意识形态的任务，是政党宣传与动员的工具。所谓宣传，即通过画报将自己的政治主张灌输于民众之中，培养群众对政治体系的忠诚。所谓动员，即个体将画报中的政治行为内化为自己的政治信念，进而外化为现实的行动。在拉斯韦尔看来，宣传是一种以符号来控制意见的特殊传播活动，动员则进一步影响人们的行动①。在这里，画报媒介是沟通政党与民众的桥梁，个体被组织起来成为合格的政治人起到了宣传与动员的纽带作用。

　　具体来说，不同历史阶段中党对画报的规划与使用各有侧重：建党前后，致力于对知识阶层进行宣传的党小组，需面向普通群众出版刊物，画报以其通俗、灵活的形式进入宣传视野。此时的画报以宣传马列主义为主要议题，极力推动城市工人运动。北伐前后，画报承担了团结工农阶级的组织任务，在巩固各地工会农会的同时为军事战斗进行舆论准备。土地革命时期，面对农村群众文化水平普遍较低的现实状况，宣传部门尝试通过直观的图画语言，深入浅出地传播党的政治主张，有效地弥补了农民识字率较低之不足，唤起了根据地群众政治意识，为抵御国民党围剿、巩固农村武装割据提供支持；抗日战争时期，面对敌后作战形势，中共对内充分动员根据地力量，对外既要反击日军宣传攻势，又亟须传播共产党的抗日事实，更为直观高效的摄影画报应运而生，在宣传动员工作中有效地鼓舞了抗敌士气，获得了更多的外界支持；解放战争时期，党组织由农村走向城市，与国民党竞争趋于白热化，完备的宣传体系既是政党实力的象征，也是获得战争胜利、争取更多城市居民支持的必备条件，大区域画报的出现满足了中共面向城市战争的需要。

　　综上所述，宏观上画报与其他党报并无不同，忠实履行了党报宣传和组织的责任。然而，具体落实到画报的各时期，宣传工作支持、推动、壮

---

　　①　【美】哈罗德·D.拉斯韦尔：《世界大战中的宣传技巧》，张洁、田青译，北京：中国人民大学出版社，2003年，第11页。

大画报业的原因各异，既有对内的动员，也有对外的抗争，既包含了对画报媒介特征考虑，也体现了斗争环境的变化。一言以蔽之，党组织不断推动画报事业的发展不外乎革命斗争形势的需要。

三、党的方针政策决定了画报发展方向

哈林和曼奇尼认为："媒介体制本质上反映了社会结构（如政党体制）。"① 换句话说，对于政党社会控制体制，媒介是一种"外生变量"，政党的总体规划始终指导着党媒的发展。就画报而言，它既是新闻事业的一部分，也是文艺活动的组成，党的新闻方针与文艺路线共同决定画报走向。历史地看，指引中共画报发展的路线基础来自 1942 年的两次重要改革：一是党报改革，二是延安文艺座谈会。

党报改革是中共新闻领域的重要事件，《解放日报》改版成为党报"从不完全党报到完全党报"的标志。作为延安整风运动的一部分，这次党报改革确立了"以组织喉舌为性质，以党的一元化领导为体制，四性一统（党性、群众性、战斗性、指导性，统一在党性之下）"的办报模式②。也正是通过这次改革，画报人明确了何以为画报的党报道路：党组织的一部分（传播者），坚持用图片传递信息（传播内容），以取得革命最终胜利为目标（传播目的）。与此同时，这次党报改革指明了画报发展方向：响应党的号召，结合自身媒介特征，给予革命运动具体而实际的指导。在此基础上，画报事业的发展产生了变化，覆盖范围由贫农进一步扩展至整个劳动阶级，呈现方式由提供"口号"到提供"事实"，办刊目的由单纯的鼓动到更为丰富的宣传、动员、组织、教育。

与此同时，画报还被视为文艺期刊的一类，特别是摄影画报广为出现

---

① 【美】丹尼尔·C.哈林、【意】保罗·曼奇尼：《比较媒介体制：媒介与政治的三种模式》，陈娟、展江等译，北京：中国人民大学出版社，2012 年，第 8 页。
② 李金铨主编：《文人论证：知识分子与报刊》，桂林：广西师范大学出版社，2008 年，第 279 页。

后，视觉媒介的表达特点与传统文字类报刊区别明显，更为文艺界所重视。一时间，《整顿党风学风文风》《反对党八股》《新民主主义论》等政治宣言影响到文艺领域，毛泽东区分了文化的"新与旧""先进与落后"。继而画报高举"民族性""现实主义"旗帜，对木刻、歌谣、戏剧的刊登更为频繁，特别是1942年后党的"文艺路线"被奉为画报工作的圭臬，各地画报社培训班如雨后春笋般出现，教授"第一课"通常以毛泽东在延安文艺座谈会上的讲话为讲义，明确"阶级性""群众性"创作理念，树立为工农兵服务的办刊方向，形成了画报为政治武器的功能观。

值得注意的是，画报对各类指示的吸收是一个动态过程。全面抗战爆发前，画报与报刊宣传联系紧密，也更多地遵循党对新闻工作的要求，而全面抗战爆发后，特别是大型摄影画报的出现，令其艺术性更受人瞩目。沙飞们多以摄影艺术家的身份加入中共组织，画报人对"文艺工作者"的认同开始强于"报人"，对"艺术"的关注也多于"新闻"。相对而言，此时文艺政策对画报的指导更频繁。事实上，宣传非常清楚新闻与文艺规律，提倡运用这些规律为我所用，例如，认为新闻事实非常重要，在此基础上强调"用事实说话"，重视文艺的艺术价值，提出"阶级斗争是生活实践的本质""艺术为主题服务"等。

统而视之，画报发展方向以党的政策为蓝图，遵循新闻与文艺方针，宣传组织通过这些指示规划画报发展原则，厘清了众多对立而统一问题，如"政治标准与艺术标准""事实与说话""讴歌与暴露""知识分子与工农兵""内容与形式""技术与艺术"等。受党报改革与延安文艺座谈会的重要影响，画报办刊理念成熟于延安时期，确立了画报为政治服务的本质。

四、画报发展遵循其媒介特征

日本学者浜田正秀把语言和形象视为"两种精神武器"，他认为这两种武器各有特色，"形象比语言更为具体、更可感觉、更不易捉摸，形象和语言的关系，类似于生命与形式、感性与理性、体验与认识"①。纵观画报发展历程，视觉媒介的直观性与建构性得到充分重视。

一方面，和文字相比，图片具有清晰可见的直观性特征，主要表现在信息传播可视化上。起初，画报受中共组织重视，就源自图片是通俗易懂的表达方式。北伐前后，毛泽东曾指出宣传上"偏于市民，缺于通民"的问题，要求大力发展图画对一般群众进行鼓动，这样的认识贯穿此后画报事业发展各阶段。宣传部门始终坚持图片的优势在于直观呈现，能够绕过文字将政治主张灌输给群众，让更多文化水平较低者参与到政治运动中。具体实践上，画报也确实发挥了图片语言的特点，以简单的图式刻画敌我阵营、展示阶级立场、表达爱恨情感、形塑典型人物等。特别是摄影与画报广泛结合后，图片提供形象的能力更进一步，照片将中共活动更为具象地复制出来，增强了画报的权威感和真实感，以视觉观看激发读者兴趣，借助形象传播政治主张。

另一方面，承"语言学的转向"影响，当下学者普遍认同图片并非"镜像的再现"而是"建构的再现"。丹尼尔·哈林和保罗·曼奇尼指出，媒介有框架选择原则，旨在"刻意强调的、阐释的和呈现的符码，新闻的事实是新闻从业者采集的结果"②。在组织视野中，宣传工作极为清楚媒介的建构功能，始终将报刊定位为"党这一巨大集体的喉舌"，陆定一就曾表示要把"新闻真实与立场、与革命性联系起来考虑，包含了选择和报道事实的动机、目的，即价值判断的内容"③。同样，视觉符号具备很强的煽动性，"操控影

---

① 【日】浜田正秀：《文艺学概论》，陈秋峰、杨国华译，北京：中国戏剧出版社，1985年，第32页。
② 【美】盖伊·塔奇曼：《做新闻》，麻争旗、刘笑盈、徐扬译，北京：华夏出版社，2008年，第2~4页。
③ 黄旦：《耳目喉舌：中国百年新闻思想主潮论》，复旦大学博士学位论文，1998年，第104页。

像者常常运用修辞技巧隐喻、转喻、夸饰、拟人、象征等唤起大众的兴趣"[1]。图像的解释性体现在能凸显某种"外在世界"的意义[2]。

若从内容生产的角度来看，画报媒介的直观性和建构性体现得更为明显，沙飞们将其统称为"表现力"，将图片报道置于"艺术"中深入阐释，强调摄影者要熟练地运用色彩、构图、光影等技术手段，照片要"拍得好，抓得住"。令画报工作者感到振奋的是，照片容易让人产生信赖，像证词一般显示出事件的确凿无疑，"容易获得一种直接性和权威性，大规模的制作与传播远胜于文字记述"[3]。换句话来说，画报对摄影图片的运用具有"矛盾性"，如实"记录"基础恰是制造意义。

表 5-1　图像与文字的表现倾向

	图像	文字
主要特征	直观性、建构性	逻辑性、叙事性
报道视角	底层	高层
话语来源	群众	政府
角色塑造	响应党的号召	发布党的指令

总结来说，以图像为主要载体的画报有直观性、建构性特征，宣传组织发挥了画报的媒介特点。报道视角上倾向底层，话语来源上立足群众，角色塑造上响应党的号召（表 5-1）。中国革命不仅是政治革命、军事革命，还是一场全民参与的社会革命，将政治话语置于人民群众喜闻乐见的形式中，有助于面对更多底层群众。从这一点上来说，宣传工作不仅了解报刊宣传动员功能，同时也深谙媒介本身之特质。

---

① 廖新田：《表面的真实：后现代主义的视觉观》，载周宪、从丛主编：《历史情境与文化空间》，北京：三联书店，2015 年，第 135 页。
② 【美】Vilem.Flusser：《摄影的哲学思考》，李文吉译，台北：远流出版事业股份有限公司，1994 年，第 29 页。
③ 【美】苏珊·桑塔格：《关于他人的痛苦》，上海：上海译文出版社，2006 年，第 21 页。

第二节　中共画报的历史贡献

探讨中国共产党画报事业的历史贡献，是希望厘清画报在革命道路中发挥的积极作用。就历史研究而言，探求往事的意义要将其放置于历史语境中，通过不同时间段的前后比较，在变化与关系中评述其价值。1949 年以前中共画报的历史贡献，既为数次内外战争胜利贡献了力量，也为政治革命道路添砖加瓦；既为社会主义建设时期的宣传系统奠定了基础，也在更为广泛的影像政治文化中发挥作用。

一、为战时宣传贡献力量

众所周知，报刊与战争宣传关系密切，拉斯韦尔的研究首次将宣传放置在战争核心位置[①]，同时代的郭沫若也在《战时宣传工作》中说："革命来临时，宣传是一切工作的开始，无论是哪一种思想，哪一种主张，或是某一种行动，某一种运动，要取得多数人的拥护与参加都得先经过宣传。"[②] 据统计，1937 年至 1945 年间出版的近 70 种新闻学著作中，有关战争宣传的就有 25 种[③]。不难理解，为革命宣传是战争年代画报的历史任务，事实上它也确实为共产党取得数次战争胜利贡献了力量。

---

　　① 参见【美】哈罗德·D.拉斯韦尔：《世界大战中的宣传技巧》，张洁、田青译，北京：中国人民大学出版社，2003 年。
　　② 郭沫若：《战时宣传工作》，重庆：青年书店，1938 年，第 11 页。
　　③ 转引自彭芳群《政治传播视角下的解放区广播研究》，北京：中国传媒大学出版社，2014 年，第 9 页。

　　不同历史阶段中，画报的宣传重心各有侧重，发挥的作用亦有不同。建党前后，画报刊登马列主义内容，为组织工农运动制造舆论；北伐时期画报号召群众打倒北洋军阀统治，产生了卓有成效的军事动员效果；土地革命时期，中共画报以一种喜闻乐见的轻松形式，将反帝反封建的革命意识灌输于农民，起到了唤醒群众的作用；抗战时期，摄影画报的出现大大提升了中共的宣传能力，图片将敌后根据地情况传播出去，画报是对内制造认同对外进行抗争的有效手段；解放战争时期，中共将农村画报的办报经验推广开来，适应了新的斗争要求，同样也起到了战时动员的作用。需要强调的是，在中共画报宣传整体视角下，制造舆论、唤醒民众、政治动员、获取认同并没有一个绝对的界限，发挥某一作用时其他条件也相互转换，在理论解释上也有很强的共通性。

　　画报战时宣传起到了不错的效果。首先，形塑了广大军民支持中共的政治态度。金巴尔多和埃贝森认为，政治态度包含3个因素，即政治认知、政治情感、政治意向[1]，政治态度一旦形成便会产生相对稳定的价值倾向，最终影响政治行为。在政治态度形成过程中，媒介发挥着重要作用，人们"对事物的感知、判断及采取的行动，大都以他们看到、听到的媒介现实为依据"[2]。在这里，画报坚持宣传党的政治主张，树立党的正面形象，在各种议题中强调党的先进性，影响了人们的思想与态度。其次，画报呈现了共产党人的政治人格。人格通常指人的气质和特质，是"构成特殊个体鲜明特征的思想、感觉与自我观照模式"[3]。作为组织化的人，画报将"无产阶级""劳动者""革命者""党员"等能够代表中共的群体展示出来，他们大多具备质朴、果敢、坚毅、不怕牺牲、大公无私等超凡的革命精神，突出了共产党人高尚的政治人格。

---

　　① 【美】克特·巴克主编：《社会心理学》，南开大学社会学系译，天津：南开大学出版社，1986年，第242页。
　　② 张国良主编：《新闻媒介与社会》，上海：人民出版社，2001年，第62~63页。
　　③ 【美】戴维·波普诺：《社会学》，李强译，北京：中国人民大学出版社，1999年，第169页。

革命年代作为党报的画报，不仅发挥了"耳目喉舌"功能，其媒介本身也是政党政治的重要组成。画报的历史演变与革命道路的发展亦步亦趋，无论是对外作战还是对内动员，画报始终为政治目标服务。以上所发挥的作用与产生的效果，充分说明了画报是战时不可或缺的宣传力量，促成了中共革命的最终胜利。

二、画报健全了党报

列宁的党报思想对中共宣传体系影响深远，他曾提出口号："报纸不仅是集体的宣传员和鼓动员，也是集体的组织者。"[①] 换句话说，报纸创造联系，党报不仅能宣传，还能将革命者、中央与地方组织联系起来。一来面向大众，二来面向革命组织者。毛泽东对党报也极其重视，多次强调"枪杆子"和"笔杆子"的辩证关系，既需知道"政权是由枪杆子里取得的"[②]，也要注意"政治工作和宣传工作"[③]。历史地看，毛泽东对列宁的党报思想有所发展：一方面，他并不认为党报只需一张"全俄党报"，要多种多样、深入基层；另一方面，毛泽东还提出宣传是实现政治目标的手段而非中心。文章无意于印证画报是党报刊，而是希望通过梳理画报的历史演变，管窥历史变迁下画报自身的改变与调试，以期丰富我们在画报层面对中共党报的认知。

第一，画报拓展了党报形式。以《中国共产党党报》《红星报》《红色中华》《解放日报》《人民日报》等为代表的中共党报，均以文字为主要形式。与之相较，《红星画报》《前线画报》《晋察冀画报》《东北画报》等报刊构成了中共党报的画报类型。这些画报以图片为主要传播载体，将党的方针政策通过绘画、影像等视觉形式表现出来，有力地补充了党报类型，发挥

---

① 列宁：《列宁选集》（第 1 卷），北京：人民出版社，1995 年，第 441 页。
② 毛泽东：《毛泽东文集》（第 1 卷），北京：人民出版社，1993 年，第 47 页。
③ 毛泽东：《毛泽东选集》（第 1 卷），北京：人民出版社，1991 年，第 86 页。

了更强的战斗力量。

第二，画报丰富了党报内容。综观中共画报，内容包括绘画、照片、诗歌、戏剧、音乐等多种形式，这些文艺内容经由画报刊载出来，改变了党报"政策报""文件报"的一般现状，体现了党报的多样性和丰富性。画报发挥了类似桥梁的作用，将文艺宣传与报刊宣传勾连起来，壮大了党报宣传鼓动的统合能力。

第三，画报扩大了党报的影响。不同时期推动画报发展，和图片"简单""直接""具象""感性"等表达特点有直接关系，在法国心理学家勒庞看来，群众容易听从感情，受符号的暗示和影响，集群是通过图像进行思维[①]。也就是说，图片能引起文化水平较低者的阅读兴趣，让不识字的群众接受理解中共的政治主张。因此，在文字类党报覆盖人群的基础上，画报扩大了党报受众范围，增强了党报在底层群众中的宣传广度与深度。

总之，画报以"喜闻乐见"的形式，补充了文字刊物的不足，实践了中共党报"大众化宣传""到民间去""树典型"等宣传方针，践行了共产党所倡导的农村宣传路线，为健全党报贡献了力量。

三、奠定了中共画报宣传体系的基础

新中国成立后的中共画报体系由 1949 年以前发展而来，解放战争时期形成的"大区域画报社＋地方画报社"模式得到发展，进而形成"中央画报社＋地方画报社"模式。先后出现了三大中央级画报社（人民画报社、解放军画报社、民族画报社），构成了社会主义建设时期中国画报体系的主干。《人民画报》于 1950 年 7 月在北京创刊，由东北画报社发展而来，《人民画报》同时以《中国画报》为名面向国际发行，包括"5 种少数民族文字

---

① 刘海龙：《宣传：观念、话语及其正当化》，北京：中国百科大全书出版社，2013 年，第 58 页。

和 14 种外国文字"①。《解放军画报》于 1950 年 9 月在华北画报社基础上发展起来，吴群、裴植、高帆、袁克忠等一批老记者在创刊阶段发挥了重要作用②。《民族画报》于 1955 年 2 月创刊，在《人民画报》副刊基础上发展而来，报社成员由北影厂、人民画报社、解放军画报社、西北画报社抽调。地方画报出版机构中，新中国成立前的山东画报社被保留下来，是地方画报社中最为优秀的出版机构之一。此外，新疆画报社、黑龙江画报社、安徽画报社、云南画报社、四川画报社、吉林画报社、河北画报社等画报出版机构纷纷成立，共同组成了全国画报出版机构整体。

就画报管理机构而言，1949 年 10 月 19 日，中央人民政府新闻总署成立，领导与管理全国新闻媒体。下属有一厅（办公厅）、一社（新华社）、三局（广播事业局、国际新闻局、新闻摄影局）、一校（北京新闻学校），其中新闻摄影局于 1950 年组建领导全国的新闻摄影工作。1952 年，新闻总署撤销，新闻摄影工作又被划归新华社摄影部。很长一段时间里，"新闻摄影局""新华社摄影部"是红色图片管理体系中独具特色的制度性设计，这两个图片管理部门的负责人石少华以及骨干成员，均来自晋察冀画报等根据地画报社。事实上，画报与新闻摄影关系密切，管理上也相互协调。新中国成立前，由于摄影技术普及程度不高，战时发行渠道较不稳定，为了集中宣传力量，摄影图片与其他文艺内容都以画报为载体集中传播，管理方面多以军区政治部下的画报社为主。新中国成立后，各种文艺形式获得更多发展空间，自成一体，歌谣、诗歌等内容逐步与画报剥离，但摄影图片被最大限度地保留下来，成为画报独树一帜的内容。因此，以新闻摄影为主体的管理机构同样也是画报管理机构。"新闻摄影局""新华社摄影部"的管理内容和新中国成立前画报社所承担的任务一致：第一，统筹国内国外图片用稿；第二，

---

① 高占祥等主编：《中国文化大百科全书》（综合卷），长春：长春出版社，1994 年，第 539 页。
② 《与人民军队一起前进——〈解放军画报〉创刊 50 周年纪念文集》，北京：长城出版社，2001 年，第 15~16 页。

收集和保存有价值的照片资料；第三，创办《摄影业务》《新闻摄影》等内部刊物规范工作[①]。

不止于此，新中国成立前画报事业的发展还为其他与画报有关机构的成立奠定基础。20世纪50年代，根据地和解放区的画报记者们纷纷进入研究单位，"新华社新闻摄影部理论研究室""新华社新闻摄影部技术研究室"成立。理论研究室的任务"以马列主义、毛泽东思想的基本原理为指导，研究新闻摄影的理论基础和采编经验"。技术研究室的任务是，"技术研究室负责在技术、技巧方面提高和培养摄影记者"[②]。另外一些人还进入复旦大学、中国人民大学、北京大学等新闻专业，教授"新闻摄影"课程。在石少华的推动下，中国摄影学会于1956年成立，后改名为"中国摄影家协会"，在官方叙述中它是"最具有广泛代表性的摄影团体，是党和政府联系广大摄影艺术创作者的纽带，把全国的摄影艺术工作者组织起来"[③]。这些衍生组织虽未以"画报"直接命名，但其成立多得益于从根据地走出的画报社记者，这些组织构成了新中国成立后中共画报系统的一部分。

整体上，1949年前红色画报事业发展，在出版机构、管理机构、衍生组织三方面为社会主义建设时期的画报体系奠定了基础。虽然此后这些组织机构以"新闻摄影""摄影家协会""美术家协会"等名称出现，但实际上都和画报关系密切，或由新中国成立前画报社发展而来，或在老一辈画报人推动下形成。

---

① 参见李勇军：《新中国期刊（1949—1959）》，上海：上海远东出版社，2014年，第139页；孙宝传：《新华社通信技术发展纪实》，北京：新华出版社，2015年，第235页。

② 中国社会科学院新闻研究所编：《中国新闻年鉴（1984）》，北京：人民日报出版社，1984年，第525页。

③ 陈申、徐景希：《中国摄影艺术史》，北京：三联书店，2011年，第423页。

四、孕育了中共的政治图像文化

宏观上，画报图像只是红色图像文化整体的一部分，但如上文所言，随着画报事业的发展壮大，画报社从单一的报刊出版机构发展为综合的图像生产机构，影响范围也从报界拓展至整个影像界。客观来说，中共的图像生产事实上交由画报社完成，通过画报图片我们能够观察广泛意义上的政治图像文化。

"文化"的概念纷繁复杂，在此提出两点考虑：其一，图像作品通常划归视觉文化范畴，作为一种经验类型为人普遍理解；其二，按照霍尔的认识，文化是复杂总体的统一，媒介文化重点关注媒介与意识形态、权力的关系[①]，这与本文考察画报出发点一致。也就是说，画报所呈现的图像文化，是一种政治图像文化。公丕祥和李义生认为："政治文化乃是在一定社会物质生活条件作用下，民族、国家、阶级和集团所建构的政治规范、政治制度和体系，以及人们关于政治现象的态度、感情、心理、价值观念和学说理论的复合有机体。"[②]文章这里所探讨的图像文化，实质上是在言说图像在意识形态表达中的规范性特征，具体有以下两方面为后世继承。

一方面，形成了以政治表达为中心的图片内容。画报图片为政党政治服务，集中表现共产党人的革命性、阶级性、正义性、先进性。新中国成立后，画报紧跟政治局势，努力展示了新国家、新制度、新生活。虽然 1949 年前后画报具体内容不相同，但以政治话语为主导的创作理念始终未变。沿此路线，社会主义建设时期的图像文化实际上依然是政治的图片表达。

另一方面，建立了以视觉规训为主导的图片观看方式。表现于两点。第一，视觉观看有其自身逻辑，有学者将其解读为"感觉＋选择＋理解＝观看"

---

① 石义彬：《批判视野下的西方传播思想》，北京：商务印书馆，2014 年，第 129~131 页。
② 公丕祥、李义生：《商品经济与政治文化观念》，《政治学研究》，1987 年第 1 期。

的过程①，这种信息传播方式倾向于通过"感觉"对事物产生知觉，而不仅是对个别物②。换句话说，图片有一眼便能"看出道理"的能力，这使得视觉规训始终处于一种潜移默化的状态中。第二，"观看"行为本身即是意识形态行动，通过"观看"，读者与图片建立联系，西美尔认为"注视或许是最直接最纯粹的互动方式"③。换句话说，观者通过图片中各种形象反观自身，被观看者成为一面"镜子"，时刻提醒人们"响应号召""向典型学习""以此为鉴"，这恰恰印证了福柯对"规训"知识性与生产性的论断。

质言之，看的内容与看的方式共同构成了图片文化整体，规范性特征并没因政治体制变革而出现质变，新中国成立前画报所营造的政治图片文化得到延续。就价值而言，画报发展为此后中共图像文化的形成提供了土壤。上述图片文化在特定时期内发挥了积极作用，动员群众投入新中国建设中，也为政局稳定贡献了力量。

---

① 【美】保罗·M.莱斯特：《视觉传播：形象载动信息》，霍文利、史雪云、王海茹译，北京：北京广播学院出版社，2003年，第3页。

② 【美】鲁道夫·阿恩海姆：《视觉思维：审美直觉心理学》，滕守尧译，成都：四川人民出版社，1998年，第13页。

③ 【德】齐奥尔格·西美尔：《时尚的哲学》，费勇、吴曾译，北京：文化艺术出版社，2001年，第2页。

小　结

　　中国共产党画报事业的发展规律有其普遍性与独特性。一方面，遵循了政党报刊发展规律；另一方面，又包含图像化媒体的自身特点。总的来说，是在充分运用自身特点的基础上发挥了媒介建构与视觉动员功能。画报事业的发展对当时和此后都有积极贡献，在推动社会发展、支持革命路线、获得战争胜利等方面有所裨益，也在更为广泛的影像文化领域发挥作用。画报的价值与意义不仅在忠实践行了党对宣传的要求，更在于通过画报描绘了一个能够被看见的"党"。

结　语

如果要为近代中国历史寻找主题的话恐怕"现代化"与"革命"最具影响，没有现代化和革命的中国近代史几乎是难以想象的。就历史研究来说，以现代化与革命进程为主线的论述比比皆是，这同样体现在画报史研究中。

近年来，关于"都市画报"的研究多少与"现代"有关，上海是民国时期画报出版业的中心，沪上画报成为这类研究的关注重点。叶文心在《上海繁华》一书中认为："《良友》的成功证明，结合年轻女子的照片，形象与现代生活场景，这种商业模式是可行的。"[①]这种解读实际上将画报与城市发展勾连起来，类似关于《上海画报》《时报·图画周刊》《北洋画报》等研究，也都在现代化进程中解读画报，进而探讨画报所呈现的现代性问题[②]。

与之相对，中国共产党画报呈现了截然不同的历史面貌，它与革命事业的发展联系紧密。常见画报史论述中，无论是从商业画报还是从政党画报出发，都不能完全理解红色画报的独特面貌。通过本文能够发现，城市与农村的空间转移，是影响中共画报发展的重要因素，据此提供了一个新

---

① 叶文心：《上海繁华》，台北：时报文化出版企业股份有限公司，2010年，第92页。
② 这部分研究参见徐沛：《近代画报研究的文化转向及其价值》，《国际新闻界》，2013年第3期。

的面向，即"农村画报"。或许可以这样说，本研究既关注画报历史进程，也以画报为视角管窥中共革命道路，在画报史研究中回应了近代中国的"革命"议题。这里所谈论的"都市画报"与"农村画报"，并非只着眼于文本，而是提出这两类画报"后面潜藏着的意识倾向和文化语境"①。

纵观民国时期中共画报的历史演变，道路曲折但并不复杂，如从整体脉络上看4个阶段实际就是一条主线：中国共产党革命宣传道路的探索。具体到画报上，"政治需要"是画报事业发展之关键，其历史进程呈现出以下基本特点。

第一，以政治为办报动机。画报事业建设过程中，从未具备完善的设备与成熟的技术，也从未提出要做读者的"良友"使其精神放松。从陈独秀支持《友世画报》出版，到毛泽东强调图画宣传，再到郭沫若提出画报为特殊武器，直至聂荣臻倡导创办摄影画报，其中皆因政治形势的变动与推动。本质上，行业发展与媒介自身规律对中共画报影响不大，画报"为政治"的办报宗旨一以贯之。

第二，以机构建设为发展方向。中共画报事业发展经历了从无到有、由弱变强的过程。在宣传画、传单、小册子基础上发展起来的画报出版物，起初只由几个人，在演讲集会场所散发；第一次国共合作后依托工会、农会出版画报也多为临时；土地革命时期，开始筹建画报机构，在军队里组建艺术股，在中央政府设立绘图团体，但此时人员流动性强，宣传员们多一兼多职，仍未出现独立的画报社；全面抗战爆发后，依托军队政治部的画报社陆续出现，特别是1942年战争进入相持阶段后，更多画报人才来到中共根据地，专门出版画报且更为独立的画报社建成；解放战争时期，画报组织已经颇具规模，各军区、重要城市都设有画报出版机构。总结一点，在画报机构不断完善的过程中，技术进步与人员培养贯彻始终。值得注意的是，真

---

① 【美】李欧梵：《上海摩登：一种新都市文化在中国（1930—1945）》（修订本），毛尖译，北京：人民文学出版社，2010年，第75页。

正影响其发展的是报刊"宣传员""组织者"之定位。完善的画报事业其实就是完善宣传机关。没有机构，人员便始终处于松散状态，党的指示、决定、政策难以落实，一体化的宣传体制更无从谈起。就此来说，机构建设既是中共画报事业发展壮大的方向，也遵循了党报的组织化、制度化要求。

第三，以功能为价值取向。从"政治为体，报刊为用"角度来看待画报，其价值始终建筑在政治功能上，沙飞们一再强调画报为"武器"，便是有力证明。媒介的价值主要发生在两个层面：一是顺着媒介环境学派提出的"媒介本身就是信息"；二是从文本内容出发，探寻媒体的社会作用。然而，在宣传视野中，画报视觉媒介的技术逻辑，被理解为一种功能"特点"：一方面，图片的直观性、建构性、感受性有利于对文化水平较低者进行政治灌输；另一方面，所谓"视觉冲击力"是引起兴趣、调动感情、唤起记忆的最佳手段。也正因如此，宣传部门一直把画报放在优先位置，管理和调控也更加严密。经文艺座谈会、党报改革等整风运动洗礼的画报业，一直围绕"有何用""如何用"进行调整。

本文考察中共画报历史进程时，将其分期构建在革命史基础之上，这样的划分虽不完美但亦有一定合理性。在各历史时段的叙述中，集中关注组织设置、人员培养、技术运用、工作重心等几方面，以画报事业统摄画报整体，契合了中共发展画报的方向。具体内容上，以画报功能为考察中心，辨析各发展阶段中画报功能的变与不变，以此审视特定的社会背景及中共革命道路。最后，文章充分肯定了中共画报在唤醒民众、战争动员、营造舆论等方面的积极作用。就此而言，这样的叙述框架与中共画报发展的基本特点相契合。

事实上，关注画报的历史进程还来自一些经验性的思考，当我们翻开仍在出版的《人民画报》，或在各种资讯中瞥见政治图片时，那些充满象征的图式指导着我们走进历史。特别在革命困难时期，画报是中共为数不多的影像生产机构，数量和覆盖范围远超电影，历史研究的一项任务就是"以史为鉴"，希望能够追根溯源在现实的表象中找到历史的回响，在此中共画报有以下两点影响。

第一，革命年代的中国共产党画报发展，确立了办刊原则，框定了画报业的基本格局。就画报生产方式而言，无论是从意识形态、霸权还是从文化领导力出发，政党影像生产都具有组织社会学色彩。画报所建构的图像宣传体系，确立了一种"计划影像"的生产范式，从报道选题到呈现效果需要经过严格规范。作为共享意义的载体，这样的生产方式能够最大限度发挥政治功能，"影像加入新闻业队伍，就是要引起注意、震荡、吃惊"[①]。一则，最大限度释放动员力量，使人们团结在党的周围，响应党的号召。二则，集中展示党的正面形象，读者通过这些光辉事迹产生心理上的认同。三则，充分发挥规训作用，画报中的歌颂或批判时刻提醒人们规范自身，不断召唤个人意识对政治意志的服从。

就办刊原则而言，画报为政治服务得到延续，并从画报业扩展至整个图像领域。例如，20世纪50年代，新闻摄影局局长萨空了看到美国报纸上所刊登的毛泽东像还是延安时期的，与斯大林的大元帅服相比相形见绌，于是在1951年、1959年、1964年先后制作了标准照，这些视觉符号构成了日常生活的政治[②]。再如，1956年至1959年间，新闻摄影领域对"新闻图片的真实性""组织加工与摆布""什么样的趣味"等重要问题展开争辩，石少华、吴印咸、罗光达、裴植等老记者们，凭借"一手拿枪，一手拿照相机"的革命经验，在若干次争辩中一锤定音，统一了思想[③]。1957年，这些记者也参与到新闻真实的大讨论中，延安时期所形成的一体化宣传在此起着决定性作用，"新闻"和"宣传"被放置在同一层面使用，其中价值论层面的知识构造影响至今。

---

　　① 【美】苏珊·桑塔格：《关于他人的痛苦》，黄灿然译，上海：上海译文出版社，2006年，第19页。
　　② 陈石林：《我加工、制作毛泽东标准像的点滴回忆》，《党史文献》，2000年第3期。
　　③ 晋永权：《红旗照相馆：1956—1959中国摄影争辩》，北京：金城出版社，2009年，第17页。

就画报业格局而言，主要体现在机构与人员上。机构上，中央级画报《人民画报》《解放军画报》《民族画报》继承了 1949 年前画报发展的方向。地方级画报社中，山东画报社仍是当下最具规模的画报出版机构。据不完全统计，1949 年前后全国共有画报社 50 余家，这一数字直到 20 世纪 90 年代仍保持稳定。人员上，从根据地画报走出的摄影记者们，纷纷进入人民日报社、新华社、电影制片厂等媒体机构从事影像工作。吴印咸们投入新中国电影工作中；徐肖冰们成为领导人的专职摄影师；石少华们管理着全国的新闻摄影工作。人才的流动把画报和整体宣传联系起来，加之这些画报工作者在行业中大多具有较高影响力，他们长期活跃在工作一线，奠定了报业格局的稳定。

第二，画报宣传不仅是一个关乎报刊的问题，也是一个关乎政治文化的问题。 除了组织层面的积累，依托画报所形成的图像政治有其影响。作为文化机构的画报社，长期管理着人们看到了什么，以及如何看。美国历史学者林·亨特在《权力的诗学》中探讨过，普遍化的文化象征符号在构建“文化架构”时，最终形塑了民众对权力的认同[1]。符号学者们同样认为：“符号是构建个体成为社会文化成员的过程。”[2] 据此，画报不仅是承载各种符号的容器，其本身就是政治文化的一部分。一方面，画报所打造的图像立足于文本之上，人们以这些影像为依据想象历史事件，走入历史记忆。文本具有互文性，每一个文本都是对其他文本的吸收和转化[3]，从这个意义上说，无论何时但凡涉及革命年代的图像，都和本文关注的画报事业有关，这事实上是在加工过去，创造图像文化中的“历史”。另一方面，画报图片的传播范围越来越广，逐步将人们带入日常的观看环境中，图像嵌入社会

---

①　【美】林·亨特：《法国大革命中的政治、文化和阶级》，汪珍珠译，郑州：河南人民出版社，2011 年，第 107 页。

②　【美】约翰·费斯克：《传播符号学理论》，张锦华译，台北：远流出版社，1995 年，第 15 页。

③　刘桂兰：《论重译的世俗化》，武汉：武汉大学出版社，2015 年，第 44 页。

生活各个角落。1951 年，在北京召开的第一次宣传工作会议上，胡乔木提出："要在一切群众活动场所，例如，工作场所、娱乐场所、游览场所等，进行经常性的宣传，使我们的国家整个变为一座伟大的学校。"① 图像就是这所学校的"黑板报"，由画报社及影像机构生产出的政治图片，被大量张贴于工厂、教室、日用品和各种集会中，凡有 3 人以上的公共场所总有毛主席像。图片所传达的热爱与憎恨，形塑了社会成员的集体情感，所有人都被置于看与被看的关系中。随着政权在全国范围内建立，政治图像成为新社会景观中的重要组成，画报生产出的领袖肖像在全国热销，脸谱化的造型手法在各种典型人物身上得到运用，工农兵的团结图式张贴于大街小巷。

1949 年并不意味着中共画报事业发展的终结，革命也远未结束，另一场更深入更具规模性的革命即将开始。毛泽东就认为，夺取政权只是革命前奏，要以政权的力量进一步改造社会和改造人②。虽然画报只是宣传、教育工具中的沧海一粟，但"工具"是不能独立存在的，它和整个时代语境、革命进程、政党发展、文化变迁息息相关。学者顾铮认为，政治影像能够建构起自己的权力体系，各种符号都将服从这一体系，由政治影像变为影像政治③。红色画报便实践了一套政治图片的生产范式，在内容选择、呈现方式、传播路径、解读空间方面都经过规范。表面上看，社会主义建设时期这样的图片生产更加繁荣，但实质上是一个承上启下的过程。

随着社会不断发展，在市场经济以及新媒体影响下，当代中国的宣传观念正经历着新的分化与转型。无论是画报还是更为广泛的影像宣传、视觉宣传都发生着重大改变，在当下"国家形象工程"的打造过程中④，历史上的宣传经验更值得借鉴与审视。

---

① 中央宣传部办公厅编：《党的宣传工作会议概况和文献（1951—1992）》，北京：中共中央党校出版社，1994 年，第 20 页。
② 中共中央文献研究室编：《毛泽东文集（第 1 卷）》，北京：人民出版社，1993 年，第 4 页。
③ 顾铮：《政治的影像，影像的政治》，《中国摄影家杂志》，2016 年第 5 期。
④ 李希光、刘康等：《妖魔化中国的背后》，北京：中国社会科学出版社，1996 年。

附　录

一、新中国成立前中国共产党画报画刊总名录

时间	名称	详情
（大革命时期） 1920 年 12 月创刊	《友世画报》	上海共产主义小组领导下的上海印刷工会主办
1926 年创刊	《工人画报》	现有第 5、8、10、11、15、18、19、28 期
1926 年年初创刊	《农民画报》	湖北省农民协会主办，编辑龚士希
1926	《山东农民画报》	济南出版
1927	《农民画报》	江西省农民协会筹备处出版
（土地革命战争 时期） 1927	《三师画报》	湖南省 8 军 3 师政治部出版
1929	《工人画报》	中国共产党顺直省委主办出版
1930	《画报》	闽西苏维埃政府主办，现见第 4 期，1930 年 6 月 30 日
1930	《永定画报》	闽西永定县苏维埃政府出版
1930	《星期画报》	上海，中国革命互济会，现有第 6 期
1931	《战斗画报》	湘鄂赣省苏维埃代表大会特刊
1931	《湖南决战画报》	湖南省苏维埃政府宣传委员会主办，石印，4 开

续表

时间	名称	详情
1931	《画报周刊》	中国共产党厦门中心市委主办，1931年8月创刊，1932年4月出版第3期
1932	《红星画报》	中国工农红军总政治部，不定期，创刊《纪念李卢专号》
1932	《革命与战争画报》	中国工农红军总政治部出版
1932	《瞄准画报》	湘鄂赣军区政治部
1933	《选举运动画报》《春耕运动画报》	中华苏维埃，临时刊物
1933	《革命画报》	上海，中华全国总工会编印，现有第4、55期
1933	《猛进画报》	红军第五军团政治部，现有第1期
1933	《民众画报》《反帝画报》《工人画报》《慰劳画报》	上海木刻团，陈烟桥等创作的左翼画报
1934	《工农画报》	中国共产党闽粤边区特委机关报，1937年停刊
（抗日战争时期）1938	《战地画刊》	第二战区民族革命战争地总动员委员会宣传部，共20多期
1938	《前线画报》	八路军总政治部，1938—1942年停刊
1938	《抗敌画报》	新四军宣教部主办，月刊，1941年停办
1938	《抗敌画报》	晋察冀军区政治部主办，油印改石印，主编唐炎，后并入《晋察冀画报》
1938	《老百姓画刊》	新四军战地服务团绘画组主办，1941年停刊
1938	《战地画刊》	共出版20多期，第二战区民族革命战争战地总动员委员会总宣传部
1941	《华北画报》	晋东南文化界抗战建国联合会主办，1941年创刊
1941	《群众画刊》	中国共产党清河区委机关业余漫画
1941	《解放画报》	在华日人反战同盟晋察冀支部编辑的日刊物，最早的摄影画刊

时间	名称	详情
1941	《战士朋友》	发刊于 1941 年春天，由《前线画报》发展而来，办刊取向也从对外宣传转向对内宣传，刊物表示将努力为士兵群众服务，提高部队士兵和工农干部文化。
1941	《战场画报》	高帆、熊雪夫、梁坤生一起创办，单页木刻石印，1944 年第 12 期有摄影作品
1942	《晋察冀画报》	1942—1947 年，晋察冀画报社主办，包括增刊系列
1943	《大众画报》	盐阜大众社主办，月刊，现有 3 期
1943	《山东画报》	八路军山东军区政治部主办，月刊
1943	《战场画报》	八路军 129 师政治部主办
1943	《战友画报》	八路军冀鲁豫军区政治部
1943	《冀察热辽画报》	冀察热辽政治部主办
1943	《大众画报》	新四军第 7 师政治部主办，共 3 期
1943	《苏北画报》	新四军 3 师政治部，16 开套色石印画刊
1943—1944	《盐阜画报》《先锋画报》《淮海画报》《儿童画报》《江海画报》《前哨画报》	苏北抗日根据地画报
1943	《部队生活》	陕甘宁边区机关报，1947 年停刊，共出 400 多期，文字与图画并重，标题常有装饰画，连环画、漫画、战士画较多
1944	《渤海画报》	渤海区宣传部、军区政治部主办，月刊，后期半月刊
1944	《胶东画报》	山东军区胶东军区政治部主办，月刊，现有第 3~7 期
1944	《战斗画报》	新四军第 1 师第 3 旅第 7 团政治处，现有第 4 期
1944	《苏中画报》	苏中军区政治部，月刊，1944 年创刊，共 8 期，1946 年并入《江淮画报》
1944	《苏北画报》	丁达明为美术编辑，以木刻为主

时间	名称	详情
1944	《拂晓画报》	1945 年与《苏中画报》合并
1944	《前哨画报》	新四军第 6 师第 18 旅，1948 年改为《火线画报》
1944	《战斗画报》	新四军浙东纵队政治部主办
1945	《解放》	晋察冀军区政治部摄影科和敌工科联合主办画报，半月刊
1945	《冀热辽画报》	罗光达创办，冀热辽军区政治部，后改为《东北画报》
1945	《武装画报》	新四军第 7 师主办
1945	《挺进画报》	抗日挺进队，不定期，油印
（解放战争时期）1945	《战士画报》	1946 年停刊，改出《山东画报》
1946	《人民画报》	1946—1948 年，晋冀鲁豫军区政治部出版，共出 8 期，以刊登新闻照片为主
1946	《东北画报》	中央东北局宣传部，沈阳出版，社长罗光达，1952 年改出《辽宁画报》。开始季刊合并《东北漫画》和《东北画刊》，1947 第 5 期起为半月刊
1946	《山东画报》	前身是《战士画报》，1947 年上半年停刊，改出《华东画报》
1946	《华东画报》	前身《山东画报》，1949 年 3 月出至第 49 期
1946	《东北画报》（增刊）《东北画刊》	东北画报社主办
1946	《人民画报》	晋冀鲁豫创办，后在抗战日报社又改晋绥日报社，半月刊，1947 年 5 月停刊，共 32 期
1946	《东北画刊》	东北人民自治军政治部主办，月刊，第 15 期并入《东北画报》
1946	《东北画报》	东北民主联军政治部，东北画报社主办，1949 年后继续出版
1946	《子弟兵画报》	晋察冀画报社主办
1946	《江淮画报》	华中野战军江淮画报社编辑出版

续表

时间	名称	详情
1947	《华东画报》	1949 年出版 49 期
1947	《前哨画报》	苏中军区第二分区政治部主办
1947	《内蒙古剪影》	东北画报社印，张绍柯到内蒙古后采编而成
1947	《中国人民爱国自卫战争华东战场画刊》	大众日报社、华东新华社合编
1948	《工农画报》	苏中区泰州工农画报社，现有第 121~137 期
1948	《战士文化》	1948.10—1949.1，华东军区政治部华东画报社编辑出版，月刊，每期 36 页，共出 4 期
1948	《战士文化——人民解放战争华东战场特辑》	1948 年 10—12 月，华东画报社
1948	《大众画报》	大众画报社，4 日刊，1948—1949 年共出 27 期
1948	《华北画刊》	华北军区政治部华北报社主办，1948—1949
1948	《华北画报》	华北军区政治部，共出版 3 期
1948	《中原画刊》	1948 年 9 月 30 日创刊，中原军区、中原野战军政治部联合出版，季刊，从第 6 期起改由第二野战军政治部出版
1949	《新津画报》	天津新津画报社
1949	《新华画刊》	中原新闻画刊社主办
1949	《人民军队画报》	第一野战军政治部主办，创刊号纪念八一建军节
1949	《中原画刊》	中原野战军政治部
1949	《前卫画报》	鲁中南军区政治部，美术作品和新闻照片并重，1949 年出版 15 期
1949	《前锋画刊》	华东军区渤海军区政治部主办，月刊，共出 3 期，1949 年冬停刊
1949	《前线画报》	郑景康筹建，四野政治部宣传科长那狄主持，月刊
1949	《塔山英勇守备战画报特刊》	中国人民解放军第 41 军政治部 1949 年 2 月特刊

二、重要画报画刊及其保存地

时间	地区	名称	详情
1920	上海	《友世画报》	早期上海工人运动刊物，孤本一册，内容为创刊号，个人收藏
1926	上海	《工人画报》	上海总工会主办，现存第5、8、10、11、15、18、19、28期，上海图书馆藏，方正图片数据库存有部分插页
1927	江西	《农民画报》	江西省农民协会筹备处，现存第1期，刊载于《南方文物》
1927	湖南	《三师画报》	湖南省8军3师政治部，现存两册，湖南省图书馆藏，中国国家图书馆地方特色文献数据库
1931	江西苏区	《红星》漫画	中国工农红军总政治部编辑出版
1931	江西苏区	《红色中华》漫画	中国工农红军总政治部编辑出版
1932	江西苏区	《红星画报》	中国工农红军总政治部，红军历史上第一份画报，现存7期，中国国家博物馆存
1933	江西苏区	《春耕运动画报》	中华苏维埃临时中央政府，现存1期，中国国家图书馆藏
1933	江西苏区	《选举运动画报》	中华苏维埃临时中央政府，现存1期，井冈山革命博物馆藏
1933	江西苏区	《互济画报》	由中央苏区互济总会筹备出版，现有图册出版
1933	江西苏区	《少共国际师画报》	现有图册出版
1933	湘鄂赣根据地	《纪念八一画报》	现存湖南省博物馆
1934	江西苏区	《三八画报》	由反帝拥苏总同盟、全总执行局、少先队总队共同出版，工农印刷社编绘，现有图册
1939	延安	《前线画报》	八路军总政治部主办，1938年8月创刊，1942年4月停刊，现存2册，中国国家图书馆藏

续表

时间	地区	名称	详情
1942	八路军晋察冀根据地	《晋察冀画报》	1942 年至 1947 年，晋察冀军区政治部主办，全部 13 期，史料集出版
1942	八路军晋察冀根据地	《晋察冀画报》（时事专刊）	1942 年至 1946 年，全部 26 期包括月刊、旬刊、新闻摄影专刊、号外、半月刊、丛刊，史料集出版
1943	山东根据地	《山东画报》	1943 年至 1949 年，原由山东军区政治部编印，从第 2 期起改由山东画报社编辑，山东新华书店发行。社长康矛召，主编先后由那狄、龙实担任。石印美术刊物，16 开本，初为月刊，后改为半月刊，页数不定。从 1945 年 7 月 1 日出版的第 25 期起开始刊登铜版时事照片。以后开本不断变动，不定期出。山东省图书馆、山东大学图书馆藏
1944	八路军山西根据地	《战场画报》	129 师政治部战地画报社编辑，现有 1 册，中国国家图书馆藏
1944	山东	《胶东画报》	山东军区胶东军区政治部主办，现有第 3~7 期，山东省图书馆藏
1945	河北	《冀热辽画报》	冀热辽军区政治部主办，现存河北省图书馆、解放军画报社
1946	八路军晋察冀军区	《晋察冀画刊》	1946 年至 1948 年，共 45 期，史料集出版
1946	八路军晋冀鲁豫军区	《人民画报》	1946 年至 1948 年，晋冀鲁豫军区政治部编，现有 2 册，中国国家图书馆藏
1946	八路军晋绥根据地	《人民画报》	1946 年 1 月创刊，每月 2 期，共计 32 期，增加特刊《五一画报》，藏于山西省博物院，现有网络版 http//www.shanximuseum.com.cn /collect/topic/renminhuabao.html.
1946	东北	《东北画报》	1946 年至 1949 年，现有 3 册，中国国家图书馆、辽宁图书馆藏

续表

时间	地区	名称	详情
1947	山西	《摄影网通讯》	1947 年至 1948 年，画报业务专刊，共 17 期，史料集出版
1947	山东	《中国人民爱国自卫战争华东战场画刊》	大众日报社、华东新华社合编，现有 1 册，全国图书馆微缩中心、上海图书馆藏
1947	山东	《山东画报丛刊》	山东画报社出版，存《快速纵队之歼灭》1 期，中国国家图书馆藏
1948	山东	《战士文化》	华东军区政治部编辑，现有 4 册，中国国家图书馆藏
1948	江苏泰州	《工农画报》	苏中区泰州工农画报社，现有第 121~137 期。中国国家图书馆藏
1948	河北	《华北画报》	中国人民解放军华北军区政治部，现存 1 册，中国国家图书馆藏
1948	东北	《八路军到新解放区》	东北画报社编辑，3 册，中国国家图书馆藏
1949	上海	《华东画报》	1949 至 1953 年，华东人民美术出版社，月刊，现存上海图书馆
1949	上海	《解放军画史》	上海联合画报社，现有 1 册，中国国家图书馆藏

参考文献

（一）画报画刊

1.《八路军到新解放区》，辽宁，1948 年。

2.《春耕运动画报》，江西，1933 年。

3.《东北画报》，辽宁，1946 年。

4.《东北人民解放军 1947 年战绩》，东北，1947 年。

5.《革命画集》，江西，1933 年。

6.《工农画报》，江苏，1948 年。

7.《工人画报》，上海，1926 年。

8.《国民党军官的四条出路》，华东，1949 年。

9.《红色中华》，江西，1931 年。

10.《红五月画报》，江西，1933 年。

11.《红星》，江西，1931 年。

12.《红星画报》，江西，1932 年。

13.《湖南农民画报》，湖南，1927 年。

14.《互济画报》，江西，1933 年。

15.《华北画报》，河北，1948 年。

16.《华东画报》，上海，1949 年。

17.《画报业务》，东北，1949 年。

18.《纪念八一画报》，江西，1933 年。

19.《冀热辽画报》，河北，1945 年。

20.《江西农民画报》，江西，1927 年。

21.《胶东画报》，山东，1944 年。

22.《解放军画史》，上海，1949 年。

23.《晋察冀画报》，山西，1942 年。

24.《晋察冀画报》（时事专刊），山西，1942 年。

25.《晋察冀画刊》，山西，1946 年。

26.《快速纵队之歼灭》，山东，1947 年。

27.《农民画报》，江西，1927 年。

28.《前线画报》，陕西，1939 年。

29.《人民画报》，河北，1946 年。

30.《人民画报》，山西，1946 年。

31.《三八画报》，江西，1933 年。

32.《三师画报》，湖南，1927 年。

33.《山东画报》，山东，1943 年。

34.《山东画报丛刊》，山东，1947 年。

35.《少共国际师画报》，江西，1933 年。

36.《摄影网通讯》，山西，1947 年。

37.《生路》，华东，1946 年。

38.《塔山英勇守备战画报特刊》，1949 年。

39.《向江南进军》，1949 年。

40.《选举运动画报》，江西，1933 年。

41.《友世画报》，上海，1920 年。

42.《战场画报》，山西，1944年。

43.《战士文化》，山东，1948年。

44.《长征画集》，1934年。

45.《中国人民爱国自卫战争华东战场第一年画刊》，华东，1947年。

46.《中国人民爱国自卫战争华东战场画刊》，山东，1947年。

47.《中国人民解放军三年战绩》，1949年。

（二）史料汇编

1. 杜敬编：《冀中报刊史料集》，石家庄：河北教育出版社，1995年。

2. 江西省、福建省文化厅革命文化史料征集工作委员会编：《中央苏区革命文化史料汇编》，南昌：江西人民出版社，1994年。

3. 甘肃省社会科学历史研究室编：《陕甘宁革命根据地史料选辑》，兰州：甘肃人民出版社，1983年。

4. 广州农民运动讲习所旧址纪念馆编：《广东农民运动资料选编》，北京：人民出版社，1986年。

5. 河北出版史志编辑部编：《河北出版史志资料选辑》，内部资料，1989年。

6. 河北出版史志编辑组编：《河北出版史志资料选辑》，1989年。

7. 河北省社会科学院历史研究所编：《晋察冀抗日根据地史料选编》，石家庄：河北人民出版社，1983年。

8. 河北省新闻出版局出版史志编辑部编：《中国共产党晋察冀边区出版史资料选编》，石家庄：河北人民出版社，1991年。

9. 江苏出版史志编辑组编：《江苏出版史志》，1990年。

10. 江西省新闻出版局编：《中国共产党江西出版史料》，内部资料，1989年。

11. 江西文艺史料编辑组编：《江西文艺史料》，内部资料，1989年。

12. 金紫光、何浴：《延安文艺丛书》（文艺理论卷），长沙：湖南人民出版社，1984年。

13. 晋察冀革命文化史料征集协作组编：《晋察冀革命文化艺术大事记》，石家庄：花山文艺出版社，1998年。

14. 晋察冀革命文化史料征集协作组编：《晋察冀革命文化艺术人物志》，太原：山西人民出版社，2003年。

15. 晋察冀抗日根据地史料丛书编审委员会编：《晋察冀抗日根据地文献选编》，北京：中共党史资料出版社，1989年。

16. 李西宁、王玉梅：《民国时期山东报刊目录提要》（上、下册），北京：国家图书馆出版社，2016年。

17. 李永璞、林治理：《中国共产党历史报刊名录（1919—1949）》，济南：山东人民出版社，1991年。

18. 刘昌福、叶绪惠：《川陕苏区报刊资料选编》，成都：四川省社会科学院出版社，1987年。

19. 全国图书馆文献缩微复制中心：《民国漫画期刊集萃》，北京：中国国家图书馆，2003年。

20. 全国图书馆文献缩微复制中心：《清代报刊图画集成》，北京：中国国家图书馆，2000年。

21. 全国图书馆文献缩微复制中心：《清末民初报刊图画集成》，北京：中国国家图书馆，2003年。

22. 全国图书馆文献缩微复制中心：《清末民初报刊图画集成续编》，北京：中国国家图书馆，2005年。

23. 山东省出版总社出版志编辑室编：《山东出版志资料》（内部资料），1988年。

24. 陕西出版史志资料选编编辑部编：《陕西出版史资料选编》，西安：陕西人民出版社，1989年。

25. 孙照海选编：《陕甘宁边区见闻史料汇编》（第 1 册），北京：国家图书馆出版社，2010 年。

26. 吴本立、钱筱璋：《延安文艺丛书》（电影、摄影卷），长沙：湖南人民出版社，1984 年。

27. 新华书店编：《书店工作史料》（4 辑），北京：新华书店，1987 年。

28. 新四军和华中抗日根据地研究会编：《江海激浪》，南京：江苏人民出版社，1988 年。

29. 延安报刊志编纂委员会编：《延安报刊志》，西安：陕西人民出版社，1993 年。

30. 延安清凉山新闻出版革命纪念馆编：《万众瞩目清凉山：延安时期新闻出版文史资料》，内部资料，1986 年。

31. 佚名：《1927—1937 年中国工农红军发行史简编》，北京：解放军出版社，1986 年。

32. 张静庐编：《中国现代出版史料》，北京：中华书局，1954 年。

33. 中共中央组织部等编：《中国共产党组织史资料》（第 1 卷），北京：中央党史出版社，2000 年。

34. 中共革命博物馆、湖南省博物馆编：《湖南农民运动资料选编》，北京：人民出版社，1998 年。

35. 中国人民解放军文艺史料编辑部编：《中国人民解放军文艺史料选编（红军时期）》，北京：解放军出版社，1986 年。

36. 中国人民解放军文艺史料编辑部编：《中国人民解放军文艺史料选编（解放战争时期）》，北京：解放军出版社，1986 年。

37. 中国人民解放军文艺史料编辑部编：《中国人民解放军文艺史料选编（抗日战争时期）》，北京：解放军出版社，1986 年。

38. 中国社会科学院新闻研究所编：《中国共产党新闻工作文件汇编（上）》，北京：新华出版社，1980 年。

39. 中国社会科学院新闻研究所中国报刊史研究室编：《延安文萃》（上、下），北京：北京出版社，1984年。

40. 中国摄影家协会创作理论研究部编：《中国摄影史料》（内部资料），1982年。

41. 中央档案馆编：《中共中央文件选集》，北京：中共中央党校出版社，1991年。

42. 中央宣传部办公厅编：《党的宣传工作文件选编（1915—1949）》，北京：学习出版社，1996年。

43. 钟敬之、金紫光：《延安文艺丛书》（文艺史料卷）（上、下），长沙：湖南人民出版社，1984年。

（三）专著

1.【德】瓦尔特·本雅明：《发达资本主义时代的抒情诗人》，张旭东、魏文生译，北京：三联书店，1989年。

2.【德】埃里希鲁登道夫：《总体战》，戴耀先译，北京：解放军出版社，2005年。

3.【法】古斯塔夫·勒庞：《乌合之众：大众心理研究》，冯克利译，北京：中央编译出版社，2005年。

4.【法】加布里埃尔·塔尔德、【美】特里·N.克拉克：《传播与社会影响》，何道宽译，北京：中国人民大学出版社，2005年。

5.【法】居伊·德波：《景观社会》，王昭风译，南京：南京大学出版社，2006年。

6.【法】罗兰·巴特：《明室》，赵克非译，北京：中国人民大学出版社，2011年。

7.【法】莫尼克·西卡尔：《视觉工厂》，杨元良译，长沙：湖南文艺出版社，2001年。

8.【美】爱德华·S.赫尔曼、诺姆·乔姆斯基:《制造共识:大众传媒的政治经济学》,北京:北京大学出版社,2011年。

9.【美】J.阿特休尔:《权力的媒介》,北京:华夏出版社,1989年。

10.【美】Vilem Flusser:《摄影的哲学思考》,李文吉译,台北:远流出版社,1994年。

11.【美】查尔斯·蒂利、西德尼·塔罗:《抗争政治》,李义中译,南京:译林出版社,2010年。

12.【美】丹尼尔·C.哈林、【意】保罗·曼奇尼:《比较媒介体制:媒介与政治的三种模式》,陈娟、展江等译,北京:中国人民大学出版社,2012年。

13.【荷】凡·迪克:《作为话语的新闻》,曾庆香译,北京:华夏出版社,2003年。

14.【美】洪长泰:《到民间去:中国知识分子与民间文学(1918—1937)》,董晓萍译,北京:中国人民大学出版社,2015年。

15.【美】胡素珊:《中国的内战:1945—1949年的政治斗争》,启蒙编译所译,北京:当代中国出版社,2015年。

16.【美】哈罗德·D.拉斯韦尔:《世界大战中的宣传技巧》,张浩、田青译,北京:中国人民大学出版社,2003年。

17.【美】李欧梵:《上海摩登:一种新都市文化在中国》(修订版),毛尖译,北京:人民文学出版社,2010年。

18.【美】罗杰·菲德勒:《媒介形态变化——认识新媒介》,明安香译,北京:华夏出版社,2000年。

19.【美】马克·赛尔登:《革命中的中国:延安道路》,魏晓明、冯崇译,北京:社会科学文献出版社,2002年。

20.【美】迈克尔·罗斯金:《政治科学》,林震译,北京:华夏出版社,2001年。

21.【美】迈克尔·舒德森:《广告:艰难的说服》,陈安全译,北京:华夏出版社，2004 年。

22.【美】苏珊·桑塔格：《关于他人的痛苦》，黄灿然译，上海：上海译文出版社，2006 年。

23.【美】苏珊·桑塔格：《论摄影》，黄灿然译，上海：上海译文出版社，2010 年。

24.【美】唐·伊德：《技术与生活世界：从伊甸园到尘世》，韩连庆译，北京：北京大学出版社，2012 年。

25.【美】托德·吉特林：《新左派运动的媒介镜像》，胡正荣、张锐译，北京：华夏出版社，2007 年。

26.【美】沃尔特·李普曼：《公众舆论》，阎克文、江红译，上海：上海人民出版社，2002 年。

27.【美】亚伯纳·科恩：《权力结构与符号象征》，宋光宇译，台北：金枫出版社，1987 年。

28.【美】叶文心：《上海繁华》，王琴、刘润堂译，台北：时报文化出版企业股份有限公司，2010 年。

29.【美】苏珊·泰勒·伊斯特曼：《媒介宣传研究》，张丽华、陈颖译，北京：中国传媒大学，2008 年。

30.【美】约翰·费斯克：《传播符号学理论》，张锦华译，台北：远流出版社，1995 年。

31.【美】约翰·费斯克：《传播研究导论：过程与符号》，许静译，北京：北京大学出版社，2008 年。

32.【美】W. 兰斯·本奈特、罗伯特·M. 恩特曼：《媒介化政治：政治传播新论》，董关鹏译，北京：清华大学出版社，2011 年。

33.【美】詹姆斯·麦格雷戈·伯恩斯：《领袖论》，刘李胜等译，北京：中国社会科学出版社，1996 年。

34.【日】森哲郎编著：《中国抗日漫画史》，于钦德、鲍文雄译，济南：

山东画报出版社，1999 年。

35.【以】马丁·范克勒韦尔德:《战争的文化》，李阳译，北京:三联书店，2010 年。

36.【意】安格鲁·帕尼比昂科:《政党:组织与权力》，周建勇译，上海:上海人民出版社，2013 年。

37.【英】彼得·帕克:《图像证史》，杨豫译，北京:北京大学出版社，2008 年。

38.【英】彼得·帕克:《制造路易十四》，郝名玮译，北京:商务印书馆，2007 年。

39.【英】斯图尔特·霍尔:《表征:文化表征与意指实践》，徐亮、陆兴华译，北京:商务印书馆，2013 年。

40.【英】利萨·泰勒等:《媒介研究:文本、机构与受众》，吴靖、黄佩译，北京:北京大学出版社，2005 年。

41.【英】吉莉恩·罗斯:《观看的方法:如何解读视觉材料》，肖伟胜译，重庆:重庆大学出版社，2017 年。

42.【英】米兰达·布鲁斯:《符号与象征》，周继岚译，北京:三联书店，2010 年。

43.【英】尼克·库尔德里:《媒介仪式:一种批判的视角》，崔玺译，北京:中国人民大学出版社，2016 年。

44. 毕克官、黄远林:《中国漫画史》，北京:文化艺术出版社，2006 年。

45. 蔡子谔、顾棣:《崇高美学的历史再现》，山西:山西人民出版社，1995 年。

46. 常紫钟、林理明:《延安时代新文化出版史》，陕西:陕西人民出版社，2001 年。

47. 陈斌发:《地方对外宣传概论》，北京:北京出版社，1986 年。

48. 陈平原、夏晓虹编:《图像晚清》，天津:百花文艺出版社，2001 年。

49. 陈平原：《左图右史与西学东渐》，香港：三联书店，2008 年。

50. 陈申、徐希景：《中国摄影艺术史》，北京：三联书店，2011 年。

51. 陈维东主编：《中国漫画史》，北京：现代出版社，2015 年。

52. 陈沄主编：《江西苏区新闻史》，南昌：江西人民出版社，1994 年。

53. 范军：《中国共产党出版史研究综论》，武汉：华中师范大学出版社，2015 年。

54. 方汉奇：《中国近代报刊史》，太原：山西人民出版社，1981 年。

55. 方汉奇主编：《中国新闻事业通史》（第 2 卷），北京：中国人民大学出版社，1996 年。

56. 傅柒生、李贞刚：《红色记忆：中央苏区报刊图史》，北京：解放军出版社，2011 年。

57. 傅义桂、曹耀芳：《江苏革命出版活动纪事》，南京：江苏人民出版社，1994 年。

58. 甘险峰：《中国漫画史》，济南：山东画报出版社，2008 年。

59. 甘险峰：《中国新闻摄影史》，北京：中国摄影出版社，2008 年。

60. 葛红兵、宋耕：《身体政治》，上海：三联书店，2005 年。

61. 顾棣、方伟：《中国解放区摄影史略》，太原：山西人民出版社，1989 年。

62. 顾棣编著：《中国红色摄影史录》（上、下），太原：山西人民出版社，2009 年。

63. 韩丛耀：《中国近代图像新闻史》（6 卷），南京：南京大学出版社，2012 年。

64. 韩丛耀：《中国影像史》（6、7、8、10 卷），北京：中国摄影出版社，2014 年。

65. 何静：《身体意象与身体图式》，上海：华东师范大学出版社，2013 年。

66. 河北省新闻出版局出版史志编委会：《中国共产党晋察冀边区出版

史》，石家庄：河北人民出版社，1991 年。

67. 洪荣华主编：《红色号角：中央苏区新闻出版印刷发行工作》，福州：福建人民出版社，1993 年。

68. 胡志川，马运增：《中国摄影史（1840—1937）》，北京：中国摄影出版社，1987 年。

69. 黄河、张之华编著：《中国人民军队报刊史》，北京：解放军出版社，1986 年。

70. 江西省文化厅革命文化史料征集工作委员会编：《江西苏区文化研究》，内部发行，2001 年。

71. 蒋齐生：《新闻摄影一百四十年》，北京：新华出版社，1989 年。

72. 蒋齐生等编著：《中国摄影史（1937—1949）》，北京：中国摄影出版社，1998 年。

73. 李龙牧：《中国新闻事业史稿》，上海：上海人民出版社，1985 年。

74. 李秀云：《中国新闻学术史》，北京：新华出版社，2004 年。

75. 刘桂林编著：《山东抗日根据地的宣传》，北京：中共党史出版社，2005 年。

76. 刘海龙：《宣传：观念、话语及其正当化》，北京：中国大百科全书出版社，2013 年。

77. 刘涛：《环境传播：话语、修辞与政治》，北京：北京大学出版社，2011 年。

78. 刘维开：《影像近代中国》，台北：政大出版社，2013 年。

79. 刘晓红、卜卫：《大众传播心理研究》，北京：中国广播电视出版社，2001 年。

80. 刘兴豪：《报刊舆论与近代中国政治——从维新变法说起》，北京：中央编译出版社，2011 年。

81. 龙憙祖：《中国近代摄影艺术美术文选》，北京：中国民族摄影艺术出版社，2015 年。

82. 罗志田：《乱世潜流：民族主义与民国政治》，北京：中国人民大学出版社，2013 年。

83. 马敏：《政治象征》，北京：中央编译出版社，2012 年。

84. 穆欣：《抗日烽火中的中国报业》，重庆：重庆出版社，1992 年。

85. 倪炎元：《再现的政治："他者"建构的论述分析》，台北：韦伯文化国际出版有限公司，2005 年。

86. 彭永祥编著：《中国画报画刊》，北京：中国摄影出版社，2015 年。

87. 奇峰、李雪枫：《山西革命根据地出版史》，太原：山西人民出版社，2013 年。

88. 钱承军：《建国前中国共产党报刊研究》，北京：中国文联出版社，2009 年。

89. 秦德君：《领导者公共形象管理》，太原：山西人民出版社，2006 年。

90. 任文：《延安时期的社团活动》，西安：陕西师范大学出版社，2014 年。

91. 任悦：《视觉传播概论》，北京：中国人民大学出版社，2008 年。

92. 上海摄影家协会、上海大学文学院编著：《上海摄影史》，上海：人民美术出版社，1992 年。

93. 上海摄影家协会编：《上海摄影史》，上海：上海人民出版社，1992 年。

94. 邵培仁主编：《政治传播学》，南京：江苏人民出版社，1991 年。

95. 田建平、张金凤：《晋察冀抗日根据地书报传播（1938—1945）》，保定：河北大学出版社，2010 年。

96. 田建平、张金凤：《晋察冀抗日根据地新闻出版史研究》，北京：北京人民出版社，2010 年。

97. 王建伟：《民族主义政治口号史研究》，北京：社会科学文献出版社，2011 年。

98. 王剑清、冯健男主编：《晋察冀文艺史》，北京：中国文联出版社，

1989 年。

99. 王奇生主编:《新史学·第七卷·20 世纪中国革命的再阐释》,北京:中华书局,2014 年。

100. 王晓岚:《喉舌之战:抗战中的新闻对垒》,桂林:广西师范大学出版社,2001 年。

101. 王晓岚:《中国共产党报刊发行史》,北京:中国社会科学出版社,2009 年。

102. 王余光、吴永贵:《中国出版通史》(民国卷),北京:中国书籍出版社,2009 年。

103. 吴筑清、张岱:《延安电影团故事》,北京:中国人民大学出版社,2008 年。

104. 肖伟胜:《视觉文化与图像意识》,北京:北京大学出版社,2011 年。

105. 新四军暨华中抗日根据地研究会:《烽火年代的印刷战线》,北京:解放军出版社,1987 年。

106. 徐彬:《抗日战争时期中国共产党政治动员研究》,北京:中国社会科学出版社,2013 年。

107. 严帆:《万里播火者:红军长征岁月的新闻宣传》,南昌:江西高校出版社,2005 年。

108. 严帆:《中央革命根据地新闻出版史》,南昌:江西高校出版社,1991 年。

109. 严帆:《中央苏区新闻出版印刷发行史》,北京:中国社会科学出版社,2009 年。

110. 杨奎松:《国民党的"联共"与"反共"》,北京:社会科学文献出版社,2008 年。

111. 杨念群主编:《新史学:感觉·图像·叙事》,北京:中华书局,2007 年。

112. 叶美兰、黄正林、张玉龙、张艳：《中华民国专题史·第七卷·中共农村道路探索》，南京：南京大学出版社，2015年。

113. 叶文益：《广东革命报刊史（1919—1949）》，北京：中共党史出版社，2001年。

114. 余敏玲：《形塑新人：中共宣传与苏联经验》，台北：中央研究院近代史研究所专刊，2015年。

115. 张军锋编：《延安文艺座谈会的台前幕后》（回忆录），西安：陕西师范大学出版社，2014年。

116. 张军锋编：《延安文艺座谈会的台前幕后》（口述实录），西安：陕西师范大学出版社，2014年。

117. 张昆：《大众媒介的政治社会化功能》，武汉：武汉大学出版社，2003年。

118. 张挺、王海：《中国红色报刊图史》，太原：山西经济出版社，2011年。

119. 张宪文、穆纬铭：《江苏民国时期出版史》，江苏：江苏人民出版社，1993年。

120. 张晓峰、赵鸿燕：《政治传播研究：理论、载体、形态、符号》，北京：中国传媒大学出版社，2011年。

121. 赵俊毅：《中国摄影史拾珠》，北京：中国民族摄影出版社，2013年。

122. 郑保卫主编：《中国共产党新闻思想史》，福建：福建人民出版社，2004年。

123. 中共江苏省委党史工作办公室编：《新四军和华中抗日根据地文化建设史》，内部刊物，2000年。

124. 中国社科院新闻研究所编：《抗日战争时期的中国新闻界》，重庆：重庆出版社，1987年。

125. 周爱民：《延安木刻艺术研究》，石家庄：河北教育出版社，2009。

126. 周海燕：《记忆的政治》，北京：中国发展出版社，2013 年。

127. 周天泽、周岩、王仁：《华中解放区出版事业简史》，江苏：江苏人民出版社，1995 年。

128. 周维东：《中国共产党的文化战略与延安时期的文学生产》，广州：花城出版社，2014。

129. 祝均宙：《图鉴百年文献：晚清民国年间画报源流特点探究》，台湾：华艺学术出版社，2012 年。

130. 祝帅、杨简茹：《民国摄影文论》，北京：中国摄影出版社，2014 年。

（四）论文

1. 薄松年：《工农革命运动初期的美术宣传活动》，《美术研究》，1959 年第 12 期。

2. 曹建林：《苏北根据地抗战文艺研究（1940—1945）》，博士学位论文，苏州大学，2012 年。

3. 陈平原：《鼓动风潮与书写革命——从〈时事画报〉到〈真相画报〉》，《文艺研究》，2013 年第 4 期。

4. 陈青娇、龙小玲、曾宪英、帅初根：《中央苏区报刊研究》，《井冈山学院学报》（社会科学版），2008 年第 3 期。

5. 陈阳：《〈真相画报〉与"视觉现代性"》，博士学位论文，复旦大学，2014 年。

6. 陈佑慎：《迁台前的国军电影事业（1926—1949）》，《国史馆馆刊》，2012 年 12 月。

7. 代红凯：《抗战时期毛泽东对国外媒体宣传中共形象的努力》，《毛泽东研究》，2015 年第 9 期。

8. 丁卯：《政治规约与思想传播——历史视域下的解放区木刻研究（1937—1945）》，博士学位论文，西安美术学院，2014 年。

9. 东流：《博古的"报纸文艺"观》，《瞭望周刊》，1993 年第 18 期。

10. 尕锋盘山：《中国共产党典型宣传工作研究》，博士学位论文，西南大学，2011 年。

11. 高初：《吸纳、转化、改造：从战争时期摄影到新中国摄影》，《中国摄影家》，2015 年第 1 期。

12. 葛传根：《中共早期宣传工作研究（1921—1927）》，博士学位论文，中共中央党校，2009 年。

13. 顾棣：《〈人民画报〉的创刊与出版》，《新闻出版交流》，1995 年第 2 期。

14. 何扬鸣：《概述中国共产党在建国前创办的画报》，《新闻大学》，2000 年第 3 期。

15. 何扬鸣：《中共画报发展简述》，《编辑学刊》，2005 年第 5 期。

16. 胡正强、李海龙：《论抗战时期中国共产党漫画宣传的主题与特色》，《南京政治学院学报》，2015 年第 4 期。

17. 黄河、张之华：《中国工农红军报刊概貌》，《新闻研究资料》，1983 年第 6 期。

18. 黄健：《政治图像的艺术空间与视觉语言——以政治宣传画〈毛主席万岁〉为例》，《文化研究》，2013 年。

19. 黄可：《解放区的报刊装饰画》，《读书》，1980 年第 11 期。

20. 蒋齐生：《沙飞和〈晋察冀画报〉》，《中国记者》，1992 年第 4 期。

21. 晋驼：《对延安〈部队文艺〉和鹰社的回忆》，《新文学史料》，1982 年第 2 期。

22. 孔祥宇：《漫画中的历史》，《百年潮》，2014 年第 5 期。

23. 李欧梵：《印刷文化与现代性建构》，载《上海摩登：一种都市文化在中国》，北京：北京大学出版社，2001 年。

24. 李仁渊：《思想转型时期的传播媒介：清末民初的报刊与新式出版

业》，载《中国近代思想史的转型时代》，台北：联经出版社，2007年。

25. 李夏：《抗战时期延安木刻版画民族特色研究》，博士学位论文，西安美术学院，2007年。

26. 刘锦满：《延安时期的军直文艺室和〈部队文艺〉》，《新文学史料》，1982年第1期。

27. 刘苏华：《延安出版业研究（1937—1947）》，博士学位论文，湖南师范大学，2008年。

28. 刘苏华：《延安时期中国共产党图书出版情况统计与分析研究（1937—1947）》，《出版科学》，2012年第2期。

29. 刘永昶：《作为时代图像志的〈良友画报〉——一个现代性视域中的媒介研究》，博士学位论文，华中科技大学，2007年。

30. 陆地：《〈苏中画报〉和〈江淮画报〉》，《新文化史料》，1997年第1期。

31. 罗微：《延安时期中共政治形象的建构》，博士学位论文，中共中央党校，2016年。

32. 宁树藩：《中国工人阶级报刊的产生和初步发展》，《复旦学报》，1956年第11期。

33. 彭永祥：《旧中国画报见闻录》，《新闻研究资料》，1980年第6期。

34. 孙玉坤：《革命宣传画中的美术与政治》，《黑龙江史志》，2015年第5期。

35. 谭琪红：《中央苏区红色文化传播载体研究》，博士学位论文，南昌大学，2015年。

36. 王海燕：《新中国国家形象塑造：建国17年绘画题材研究》，博士学位论文，上海大学，2010年。

37. 王贺新：《摄影宣传与抗日共同体的想象》，《新闻摄影》，2011年第5期。

38. 王静：《苏区美术活动简述》，《美术研究》，1959年第12期。

39. 王利民：《晋察冀边区党的新闻宣传研究》，博士学位论文，河北大学，2014 年。

40. 王奇生：《北伐中的漫画与漫画中的北伐》，《民国研究》，2004 年第 3 期。

41. 王晏殊：《民国时期天津〈北洋画报〉研究》，博士学位论文，南开大学，2013 年。

42. 王有红：《延安时期中国共产党文化理论发展研究》，博士学位论文，西北大学，2013 年。

43. 渥然：《回忆东北画报》，《美术研究》，1959 年第 4 期。

44. 吴果中：《民国时期〈良友〉画报与上海都市文化研究》，博士学位论文，中国人民大学，2007 年。

45. 吴果中：《中国近代画报的历史考略》，《新闻与传播研究》，2007 年第 2 期。

46. 吴群：《刘邓大军创办的几种摄影画报画刊》，《中国记者》，1993 年第 12 期。

47. 谢春：《抗战时期大后方木刻艺术研究》，博士学位论文，四川大学，2007 年。

48. 谢依阳：《抗战时期延安木刻中的风景及权力关系》，博士学位论文，中国艺术研究院，2015 年。

49. 新闻研究所新闻摄影研究室：《根据地画报宣传一览》，《新闻研究资料》，1983 年第 5 期。

50. 徐沛、周丹：《早期中国画报的表征及其意义》，《文艺研究》，2007 年第 6 期。

51. 徐沛：《近代画报研究的文化转向及其价值》，《国际新闻界》，2013 年第 3 期。

52. 徐沛：《图像与现代性——中国近代画报视觉文化研究（1884—

1937）》，博士学位论文，四川大学，2008 年。

53. 徐信华：《中国共产党早期报刊研究——以马克思主义大众化为视角》，博士学位论文，武汉大学，2010 年。

54. 徐勇：《"宣传下乡"：中国共产党对乡土社会的动员与整合》，《中共党史研究》，2010 年第 10 期。

55. 杨帆：《井冈山革命根据地群众工作研究》，博士学位论文，中共中央党校，2015 年。

56. 杨健：《政治、宣传与摄影——以〈晋察冀画报〉为中心的考察》，博士学位论文，复旦大学，2014 年。

57. 杨卫民：《摩登上海的红色革命传播：以中共出版人的社会生活实践为例（1920—1937）》，博士学位论文，上海大学，2013 年。

58. 杨震：《珍贵的画刊》，《美术》，1959 年第 2 期。

59. 佚名：《根据地的第一本新闻摄影画报》，《新闻研究资料》，1983 年第 2 期。

60. 佚名：《根据地画报宣传一览》，《新闻研究资料》，1983 年第 2 期。

61. 阴艳：《美者其目标——〈北洋画报〉与城市现代生活》，博士学位论文，东北师范大学，2015 年。

62. 张静庐：《第一次国内革命战争时期出版物简目（1921—1927）》，载《中国现代出版史》甲编，北京：中华书局，1954 年。

63. 张世瑛：《派系与宣传：中国国民党内的漫画战（1928—1931）》，《国史馆馆刊》，2016 年 6 月。

64. 张燚：《宣传：政党领导的合法性建构——以中国共产党为研究对象》，博士学位论文，复旦大学，2010 年。

65. 赵兴：《意识形态的镜像——作为权力关系的摄影》，博士学位论文，中央美术学院，2013 年。

66. 周成璐：《抗战时期的漫画传播》，《上海大学学报》，2015 年第 9 期。

67. 周俊：《毛泽东〈在延安文艺座谈会上的讲话〉研究》，博士学位论文，山东大学，2009年。

68. 朱正明：《〈红色中华〉报文艺副刊的一些情况》，《新文学史料》，1983年第3期。

（五）画册、回忆录、文集

1. 艾克恩编：《延安文艺回忆录》，北京：中国社会科学出版社，1992年。

2. 艾克恩主编：《延安城头望柳青：毛泽东同志在延安文艺座谈会上的讲话学习文集》，北京：文化艺术出版社，1991年。

3. 蔡若虹：《赤脚天堂：延安回忆录》，长沙：湖南美术出版社，2000年。

4. 蔡子谔：《沙飞传》，北京：中国文联出版社，2002年。

5. 邓拓：《邓拓文集》，北京：北京出版社，1986年。

6. 复旦大学新闻学系编：《中国报刊研究文集》，上海：上海人民出版社，1960年。

7. 傅崇碧、史进前、徐信主编：《晋察冀暨华北人民解放军征战图集》，北京：长城出版社，2001年。

8. 赣州市文化局编：《红色印迹：赣南苏区标语漫画选》，北京：文物出版社，2006年。

9. 高琴主编：《中国战地摄影师访谈（1937—1949）》，北京：中国摄影出版社，2009年。

10. 高亚雄编：《老战士摄影》，沈阳：辽宁美术出版社，1983年。

11. 郝建东：《郝建东摄影集》，北京：人民美术出版社，1983年。

12. 胡乔木：《胡乔木谈新闻出版》，北京：人民出版社，1999年。

13. 华东抗日解放战争摄影集编辑组：《华东抗日解放战争摄影集》，杭州：杭州西湖摄影艺术出版社，1987年。

14. 黄远林编著：《百年漫画》，北京：现代出版社，2000年。

15. 黄镇：《长征画集》，北京：人民美术出版社，1977 年。

16. 晋察冀抗日根据地史料丛书编审委员会编：《晋察冀抗日根据地回忆录选编》，北京：中共党史出版社，1991 年。

17. 晋察冀文艺研究组编：《文艺战士话当年》（1、10、14 辑），北京：文化艺术出版社，1989 年。

18. 军史资料图集编辑组：《中国人民解放军历史图集》（抗日战争时期、解放战争时期），北京：长城出版社，1981 年。

19. 李俊洁：《徐肖冰传》，南京：江苏人民出版社，2010 年。

20. 李忠清、杨小民编：《漫画时政》，北京：现代出版社，1999 年。

21. 辽沈战役纪念馆编：《辽沈战役图片集》，上海：上海教育出版社，1979 年。

22. 侯波、徐肖冰口述，刘明银整理：《带翅膀的摄影机——侯波　徐肖冰口述回忆录》，北京：北京大学出版社，1999 年。

23. 刘梓良主编：《新闻经典》（漫画卷），北京：人民出版社，2013 年。

24. 陆定一：《陆定一文集》，北京：人民出版社，1992 年。

25. 罗光达：《罗光达摄影作品·论文选集》，沈阳：辽宁美术出版社，1995 年。

26. 罗光达主编：《冀热辽烽火》，沈阳：辽宁美术出版社，1991 年。

27. 毛泽东：《毛泽东文集》，北京：人民出版社，1996 年。

28. 毛泽东：《毛泽东新闻工作文选》，北京：新华出版社，1983 年。

29. 倪震：《背着摄影机走向延安：吴印咸传》，北京：中国电影出版社，2008 年。

30. 任文主编：《延安时期的社团活动》，西安：陕西师范大学出版社，2014 年。

31. 任文主编：《永远的鲁艺》，西安：陕西师范大学出版社，2014 年。

32. 萨空了：《萨空了文集》，上海：上海科学技术文献出版社，2002 年。

33. 沙飞：《沙飞摄影集》，沈阳：辽宁美术出版社，1986年。

34. 沙飞：《中国抗战：晋察冀根据地抗日影像》，太原：山西人民出版社，2015年。

35. 陕西日报社编：《延安时期新闻出版工作者回忆录》，内部刊物，2006年。

36. 石志民主编：《晋察冀画报文献全集》，北京：中国摄影出版社，2015年。

37. 司苏实：《红色影像》，北京：北京联合出版公司，2015年。

38. 孙新元、尚德周编：《延安岁月：延安时期革命美术活动回忆录》，西安：陕西人民美术出版社，1985年。

39. 田涌、田武：《晋察冀画报——中国红色战地摄影纪实》，北京：金城出版社，2012年。

40. 王雁编：《沙飞摄影全集》，北京：长城出版社，2005年。

41. 王雁编：《我的父亲沙飞》，北京：社会科学文献出版社，2005年。

42. 吴印咸：《吴印咸摄影集》，哈尔滨：黑龙江人民出版社，1981年。

43. 新华社摄影部编：《日本侵华图片史料集》，北京：新华出版社，1984年。

44. 新华社新闻研究所编：《新华社回忆录》，北京：新华出版社，1986年。

45. 新华通讯社编：《毛泽东论新闻宣传》，北京：新华出版社，2000年。

46. 阳振乐主编：《红色画典：红色中华漫画通览》，北京：中共党史出版社，2015年。

47. 杨涵：《新四军美术工作回忆录》，上海：上海人民美术出版社，1982年。

48. 佚名：《晋绥解放区木刻选》，成都：四川人民出版社，1982年。

49. 张爱萍：《江淮敌后烽火》，北京：人民美术出版社，1979年。

50. 张洋编：《红军漫画》，北京：解放军出版社，2009年。

51. 张之华编：《中国新闻事业史文选》，北京：中国人民大学出版社，1999年。

52. 郑士德编：《新华书店五十春秋》，北京：新华书店，1987年。

53. 中国新闻摄影学会编辑：《中国新闻摄影年鉴》，北京：新华出版社，1986年。

54. 邹雅、李平凡编：《解放区木刻》，北京：人民美术出版社，1962年。